더베이스레슨의
# 12주 완성 베이스 기타

samhoETM

# 감사의 글

『더베이스레슨의 12주 완성 베이스 기타』 교본을 만들 수 있도록 기회를 주신

삼호뮤직·삼호ETM 관계자분들께 진심으로 감사드립니다.

약 1년 가까운 시간 동안 끊임없이 소통하며 밤낮없이 함께 만들어 주신 덕분에,

이 교본이 현재의 모습으로 완성될 수 있었습니다.


제 원고를 꼼꼼하게 다듬어 주시고, 한 권의 책으로 완성해 주셔서 깊이 감사드립니다.

또한 첫 베이스 교본을 준비하는 과정에서 곁에서 아낌없이 응원해 준 아내와 아들에게,

늘 든든한 버팀목이 되어 주신 양가 부모님과 가족, 친구, 선·후배들, 더베이스레슨 강사 선생님들과 회원님들께도

이 자리를 빌려 감사의 마음을 전합니다.


앞으로도 더 많은 분들이 베이스 기타를 쉽고 즐겁게 만날 수 있도록 계속 연구하고, 만들고, 나누겠습니다.

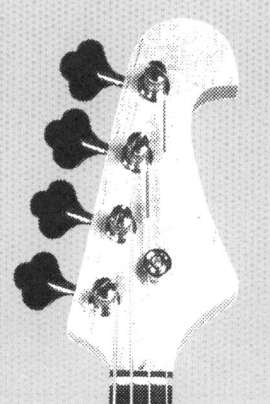

짧고 굵게 배우는 실전 베이스 레슨

더베이스레슨의
# 12주 완성 베이스 기타

theBass
Lesson,

박종현 지음

# 머리말

베이스 기타를 배우고 싶어도 막상 시작이 쉽지 않을 때가 있습니다.

사실 전국에 베이스 기타만 전문적으로 가르치는 학원은 거의 없다시피 합니다.

레슨을 받으려 해도 비용이 부담될 때가 있고, 인터넷에는 정보가 넘쳐나지만, 막상 뭐부터 해야 할지 막막하죠.

그래서 생각했어요.

'혼자서 연습해도 이 정도는 꼭 알면 좋겠다.'

그런 가이드 라인을 베이스 기타 전문 학원에서 알려주면 어떨까 하고요.


혼자 하다 보면 작은 부분에서 막히는 경우가 많습니다.

사실은 누가 알려주면 1분 만에 해결될 문제인데, 혼자서는 며칠, 길게는 일주일 넘게 고민해야 할 때도 있죠.

이 책은 그런 시간을 줄여드리고, 연습이 조금 더 즐거워지길 바라는 마음으로 시작했습니다.


그리고 단순히 교재만 제공하는 데 그치지 않습니다.

연습하다가 막히는 부분이 있으면 언제든지 질문을 남겨주세요. 제가 직접 답을 드리며 함께 풀어갈 수 있습니다.

혼자 하는 연습이지만, 결코 혼자 두지는 않겠습니다.

또, 기존 교재들을 보면 너무 딱딱하고 교과서처럼 느껴질 때가 많습니다.

그래서 15년 이상 레슨을 하면서 정말 필요하고 실용적인 내용만 뽑아 최대한 쉽고 재미있게 담아보려고 했습니다.

순서도 기존 교재와는 다르고, 내용도 훨씬 압축적입니다.

12주 동안 기본기를 쌓으면서도 실제 연주에 바로 적용할 수 있는 것들을 중심으로 구성했습니다.


베이스 기타는 단순히 반주만 하는 악기가 아니라, 음악 전체를 움직이게 하는 리듬의 중심입니다.

이 책이 여러분이 베이스 기타의 매력을 제대로 느끼고, 혼자서도 끝까지 즐겁게 연습할 수 있는 길잡이가 되었으면 합니다.


2025년 12월

저자 더베이스레슨, 박종현

댓글로 질문
한 줄 남기기

# 교재 활용법

이 교재는 12주 동안 차근차근 베이스 기타를 배워갈 수 있도록 만든 로드맵이에요.
그렇다고 꼭 1주 차부터 12주 차까지 정해진 시간표대로 따라가야 하는 건 아닙니다.
각자 속도와 상황에 맞게 조절하면서 편하게 사용하시면 됩니다.

## 1. 주 차별 학습
교재는 1주 차부터 12주 차까지 나누어 구성되어 있어요.
한 주 차의 분량이 많게 느껴진다면 조급해하지 말고 2주, 3주에 나눠서 연습해도 괜찮습니다.
중요한 건 빨리 끝내는 게 아니라, 기본기를 확실하게 익히는 거예요.

## 2. QR 코드 활용
각 주 차마다 QR 코드를 넣어 두었어요.
악보만 보는 것보다 영상을 함께 참고하면 훨씬 이해가 빠르고 쉽게 따라 할 수 있습니다.
연습하다 막히는 부분이 생기면 QR 코드를 열어, 연주 동작과 소리를 직접 보고 따라 해보세요.
**Tip**: 1주 차부터 12주 차까지 QR 코드를 한 장에 모아 정리해 두었습니다.
체크리스트처럼 활용하면서 필요할 때마다 바로 열어보시면 편리해요.

## 3. 자기 점검
각 주 차의 끝에는 이번 주에 꼭 점검해야 할 포인트를 정리해 두었습니다.
악보를 끝까지 연주하는 것보다, 포인트를 놓치지 않고 확인하는 게 훨씬 중요합니다.

## 4. 복습과 병행
새로운 내용을 배우더라도, 이전 주차 연습을 가볍게 복습해 주세요.
예를 들어, 4주 차에 새로운 테크닉을 배우더라도 1~3주 차 기본기를 5분이라도 반복하면 연주가 훨씬 안정됩니다.
또, 본인이 좋아하는 곡을 병행해서 연습하면 지루하지 않고 재미있게 이어갈 수 있습니다.

## 5. 질문 활용
혼자 연습하다 보면 작은 부분에서 막히는 경우가 꼭 생깁니다.
그럴 땐 뒷장에 있는 각 레슨 영상 QR 코드로 들어가 댓글에 바로 질문을 남겨 주세요.
며칠, 길게는 일주일을 고민할 부분도 금방 해결하고 연습을 이어갈 수 있습니다.

## 정리
이 교재는 단순히 '혼자 보는 책'이 아닙니다.
영상, 질문, 체크 포인트까지 함께 활용하는 입체적인 교재예요.
12주를 끝까지 완주하신다면 베이스 기타 연주의 기초는 확실히 다져질 겁니다.

# QR 코드 모음

**1주 차**

베이스 기타의 구조·명칭 / 튜닝 / 타브악보 /
연주 자세 / 개방현 8비트 /
연주곡: WOODZ — Drowning

**2주 차**

베이스 기타 종류 / 줄 스트레칭 /
개방현 8비트 / 손가락 자세·크로매틱 /
연습곡: WOODZ — Drowning 심화

**3주 차**

박자표·마디 / 개방현 8비트 심화 / 크로매틱
'4321' 패턴 / 운지법 / 음표·쉼표 /
연습곡: Aimyon — 사랑을 전하고 싶다든가

**4주 차**

크로매틱 심화 / 스타카토 /
슬라이드·글리산도 /
연습곡: Earth, Wind & Fire — September

**5주 차**

롤링 / 옥타브 / 코스 요리 연습법 /
연습곡: 쏜애플 — 멸종

**6주 차**

리듬 읽기 / 붙임줄(싱코페이션) & 이음줄
(해머링 온·풀링 오프) / 뮤트 피킹(고스트 노트) /
연습곡: Tom Misch — Disco Yes

**7주 차**

리듬 스타일(스트레이트·셔플·바운스) /
리듬 읽기 심화 /
연습곡: 루시 — 히어로

**8주 차**

셔플 리듬 & 하프타임 셔플 리듬 /
연습곡: AKMU — Re-Bye,
Toto — Rosanna

**9주 차**

3박자 리듬(3/8·6/8·12/8) / 표현 테크닉 심화 /
연습곡: John Mayer — Gravity,
박효신 — 야생화

**10주 차**

팜 뮤트 / 레이백 /
연습곡: D'Angelo — When We Get By,
Daniel Caesar — Get You

**11주 차**

피크 피킹 /
연습곡: Men I Trust — Lauren,
wave to earth — bad

**12주 차**

슬랩 /
연습곡: Bruno Mars — Treasure,
Cory Wong — Cosmic Sans

# 차례

# 1주 차

# 베이스 기타 독학러들의
# 첫 번째 시간

❶ 베이스 기타의 구조와 명칭
❷ 튜닝하기
❸ 타브 악보 읽는 법
❹ 연주하는 자세
❺ 개방현 8비트 연습

🎸 WOODZ — Drowning

**theBass Lesson,** 첫 주차는 베이스 기타와 친해지는 시간이에요.
처음이라 손이 어색하고 어렵게 느껴질 수도 있지만 걱정하지 마세요. 이론보다는 악기와 함께 호흡하는 즐거움
에 집중해 보세요. 연습곡을 틀어 놓고 직접 소리를 만들어낼 때 느껴지는 짜릿함, 그 순간이 바로 베이스 기타의
가장 큰 매력입니다. 즐겁게 베이스 기타와 첫 한 주를 보내 보세요.
2주 차부터는 왼손 크로매틱과 더 다양한 주법을 연습해 보실 수 있어요.

# ① 베이스 기타의 구조와 명칭

베이스 기타는 크게 **헤드**, **넥**, **바디**로 구분합니다.

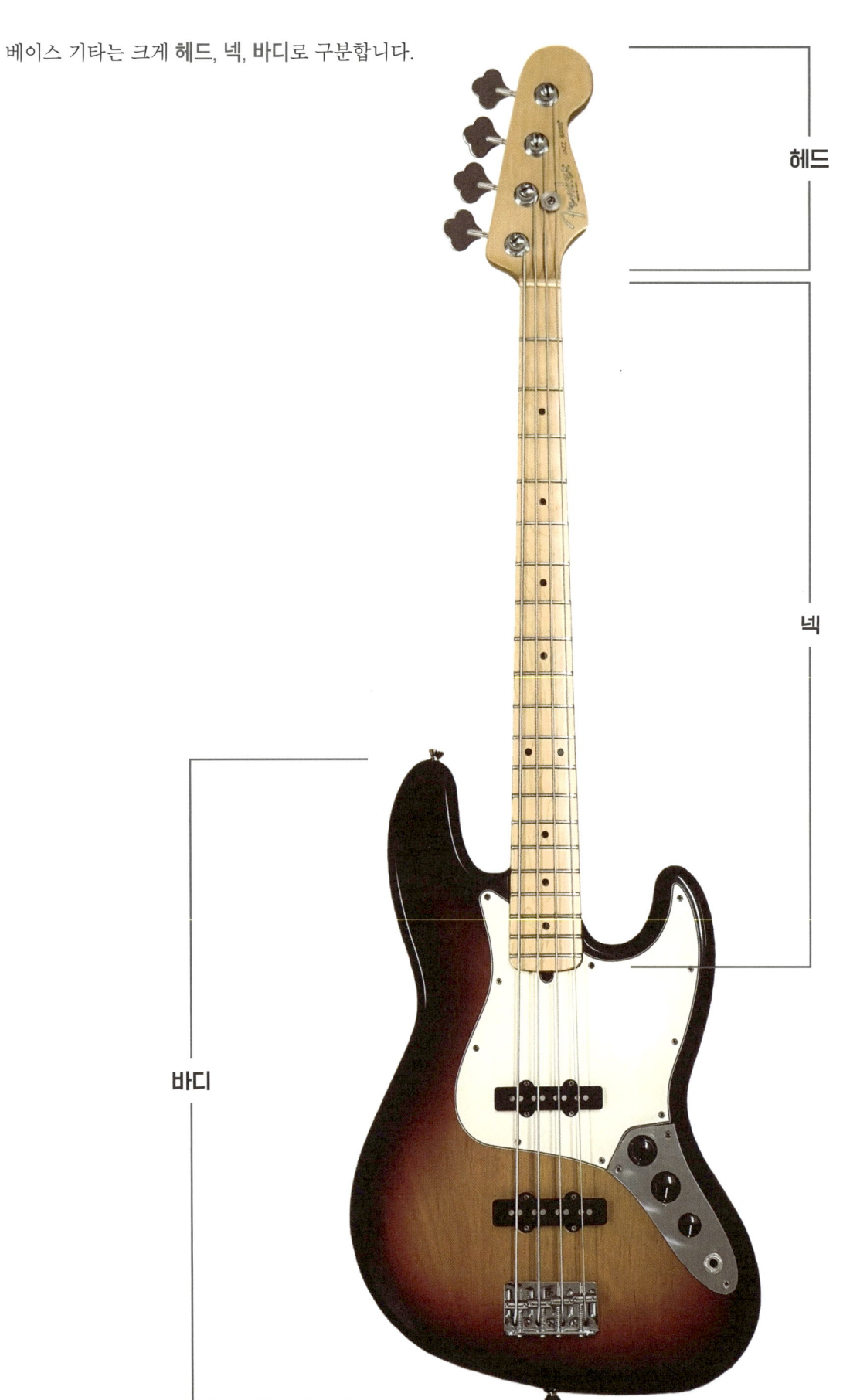

헤드

넥

바디

## 헤드

베이스 기타의 헤드는 줄을 조율하고 고정하는 중요한 역할을 하는 부분입니다.
헤드에는 두 가지 장치가 있는데, 자세히 알아봅시다.

### 튜닝 페그

먼저 튜닝 페그는 줄을 감아올리거나 풀어서 음정을 맞출 때
사용합니다.
베이스 기타의 기본 튜닝은 4번 줄(가장 굵은 줄)부터 차례대
로 E−A−D−G로 맞추면 돼요.

### 스트링 가이드

다음은 스트링 가이드예요.
줄을 눌러 주어 네 줄이 고르게 장력을 유지하도록 도와주는
장치죠.
튜닝의 안정성을 높이고 잡음을 줄여줍니다.

## 넥

베이스 기타의 넥에는 연주하는 데 중요한 네 가지 구성 요소가 있어요.
**너트, 프렛, 포지션 마크, 지판**입니다.

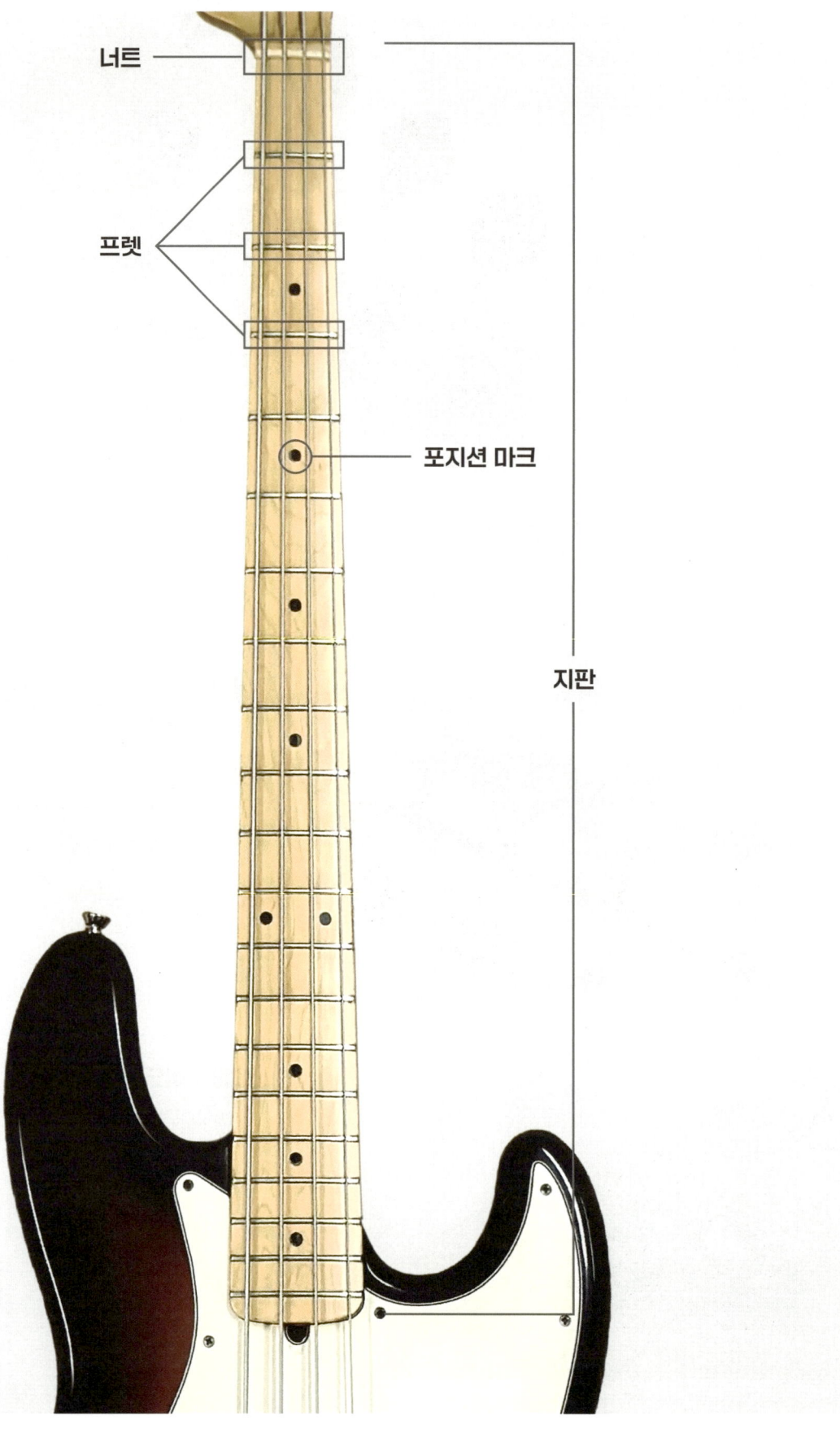

너트

프렛

포지션 마크

지판

## 너트

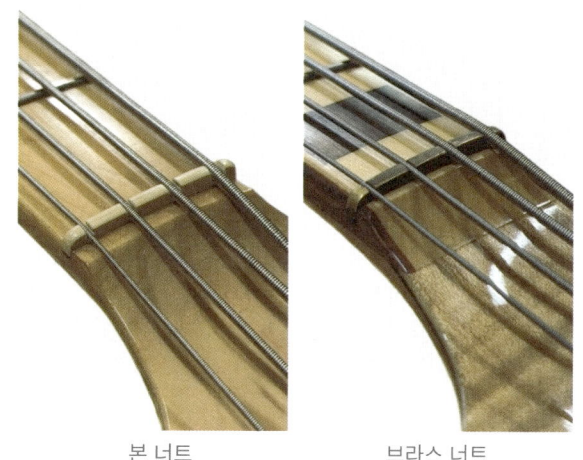

본 너트는 동물의 뼈로 만들어졌어요. 따뜻하고 부드러운 소리를 내며, 음이 자연스럽게 전달됩니다. 다만 내구성이 약해서 오래 사용하면 부스러지거나 가루가 생길 수 있습니다.

브라스 너트는 황동으로 만들어진 금속 재질이에요. 밝고 선명한 소리를 내고, 서스테인이 길어 음이 오래 이어집니다. 하지만 금속 특유의 날카로운 느낌이 있어, 소리가 조금 거칠게 들릴 수 있습니다.

본 너트          브라스 너트

## 프렛

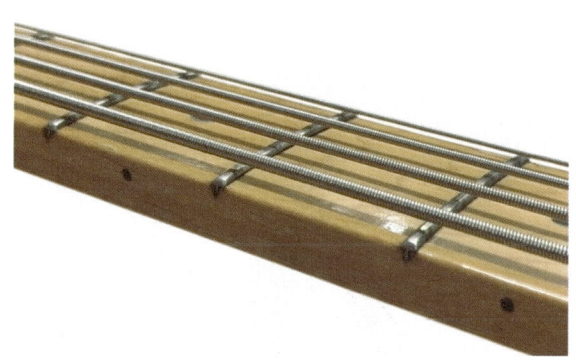

프렛은 음의 위치를 구분하는 금속 막대예요. 오른쪽으로 한 칸씩 이동할 때마다 소리가 반음씩 높아집니다.

## 포지션 마크

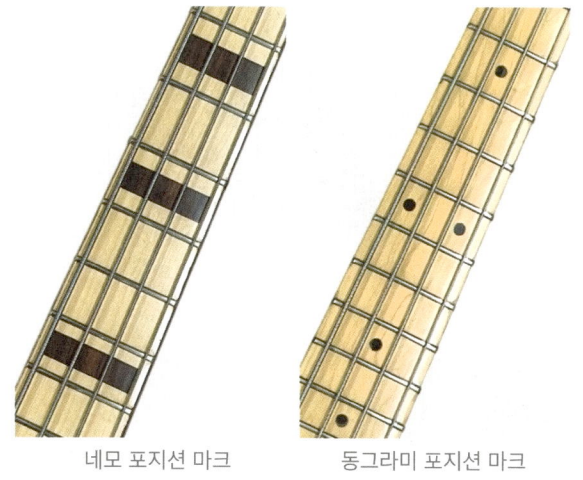

포지션 마크는 동그라미, 네모, 달 모양 등 다양한 모양으로 표시되는데, 대부분 같은 위치에 있어서 음을 빠르게 찾는 데 도움을 줍니다.

네모 포지션 마크          동그라미 포지션 마크

## 지판

지판은 넥 위에 붙어 있는 나무를 말해요. 보통 로즈우드 지판이나 메이플 지판을 많이 사용합니다. 로즈우드는 풍성하고 따뜻한 소리를, 메이플은 밝고 선명한 소리를 들려줍니다. 무난하고 안정적인 톤을 원하신다면 로즈우드 지판을, 밝고 시원한 톤을 원하신다면 메이플 지판을 선택해 보세요. 이 외에도 다양한 지판이 있으며, 각자 다른 특성을 가지고 있습니다. 가능하면 직접 연주해 보고 선택해 보시길 추천합니다.

로즈우드 지판          메이플 지판

## 바디

베이스 기타의 바디에는 여러 가지 중요한 부품이 모여 있어요.
대표적으로 **스트랩 핀**, **트러스 로드**, **픽업**, **픽가드**, **브릿지**, **컨트롤 노브**, **잭 포트**가 있습니다.

스트랩 핀

트러스 로드

픽가드

픽업

컨트롤 노브

브릿지

잭 포트

스트랩 핀

### 스트랩 핀

스트랩 핀은 명칭 그대로 스트랩을 걸 수 있는 장치예요.
보통 바디의 앞쪽과 뒤쪽에 하나씩 달려 있습니다.

### 픽가드

바디를 보호하는 판이에요. 특히 슬랩이나 피크 주법을 할
때 흠집이 나는 것을 막아줍니다.

### 트러스 로드

트러스 로드는 넥 속에 들어 있는 금속 막대로, 육각 렌치를
이용해 넥이 휘는 정도를 조절할 수 있습니다. 모델에 따라
조절부 위치가 헤드 쪽에 있기도 하고, 바디 쪽에 있기도
해요.

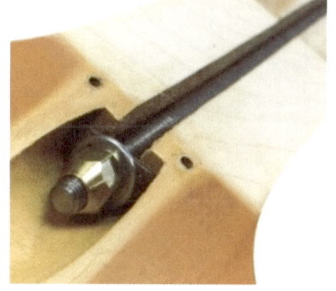

재즈 베이스 픽업             프레시전 베이스 픽업

### 픽업

픽업은 줄의 진동을 전기 신호로 바꿔주는 장치입니다.
종류에 따라 베이스 기타의 성격이 달라지는데, 재즈 베이스
는 선명한 소리가 특징이고, 프레시전 베이스는 좀 더 투박
하고 힘 있는 소리가 납니다.

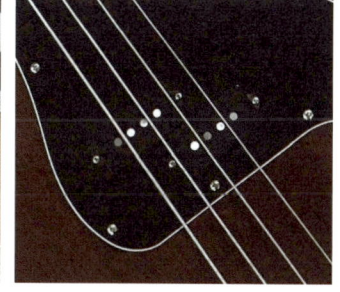

### 브릿지

줄을 고정하는 부분으로, 줄 높이를 조
절하거나 미세하게 튜닝을 할 수 있습
니다. 보통 3~4개월에 한 번 조정해 주
는 게 좋아요.

### 컨트롤 노브

볼륨, 톤, EQ 등을 조절해서 원하는 소
리를 만들 수 있도록 돕습니다. 컨트롤
노브는 악기마다 다르게 구성되어 있
습니다. (재즈 베이스 기타 '볼륨(프론트 픽업)-볼륨(리
어픽업)-톤' 구성, 프레시전 베이스 기타 '볼륨-톤' 구성)

### 잭 포트

케이블을 연결하는 부분입니다.
보통 바디의 앞면이나 아래쪽에 위치
해 있어요.

# ② 튜닝하기

| 계이름 | 도 | 레 | 미 | 파 | 솔 | 라 | 시 | 도 |
|---|---|---|---|---|---|---|---|---|
| 영어 | C | D | E | F | G | A | B | C |

튜닝은 악기의 각 줄이 올바른 높이로 울리도록 음을 맞추는 과정입니다. 튜닝 음의 명칭은 여러 가지가 있지만, 여기서는 두 가지만 기억하면 충분합니다.

위 두 가지는 서로 다른 표기법이지만, 같은 음을 가리킵니다. 즉, '도'라고 부르는 음은 영어로는 C라고 합니다.

이 관계만 기억해 두면 튜닝을 할 때 훨씬 쉽게 이해할 수 있습니다.

## 기본 튜닝(4현 베이스 기타)

베이스 기타의 기본 튜닝은 4번 줄(가장 굵은 줄)부터 차례대로 E(미)-A(라)-D(레)-G(솔) 순서예요.

튜닝 페그를 조이면 음 높이가 올라가고, 풀면 내려갑니다.

G(솔) 1번줄
D(레) 2번줄
A(라) 3번줄
E(미) 4번줄

튜닝할 때는 튜너를 사용하면 돼요. 보통 클립 튜너나 스마트폰 앱을 많이 쓰는데, 조용한 환경이라면 스마트폰 앱만으로도 충분합니다.(앱 마켓에서 '튜너'를 검색하면 무료 앱이 많이 나옵니다.)

방법은 간단합니다. 한 줄씩 소리를 내면서 튜너 화면의 반응을 확인하고, 그것에 맞게 페그를 돌려주세요. 줄이 울리는 동안 페그를 조금씩 조절하고, 소리가 멈추면 다시 줄을 튕겨 확인하며 미세하게 맞추면 됩니다.

## 5현 베이스 기타

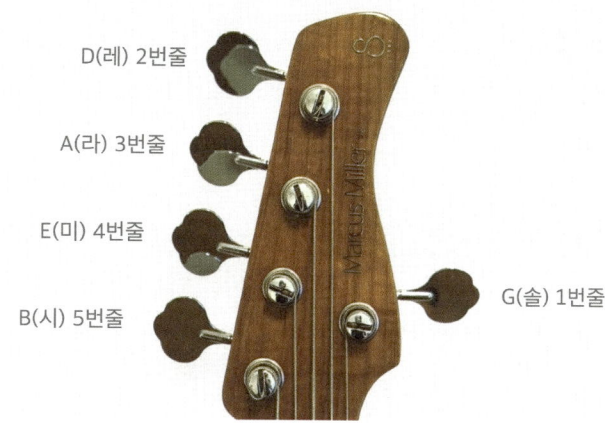

일반적으로는 4현 베이스 기타가 많지만, 상황에 따라 5현이나 6현 베이스 기타를 사용하기도 합니다.

5현 베이스 기타는 보통 B(시), E(미), A(라), D(레), G(솔)로 튜닝합니다. 이때 B(시)줄이 더해지면서 훨씬 낮은 음역을 연주할 수 있어요.

## 6현 베이스 기타

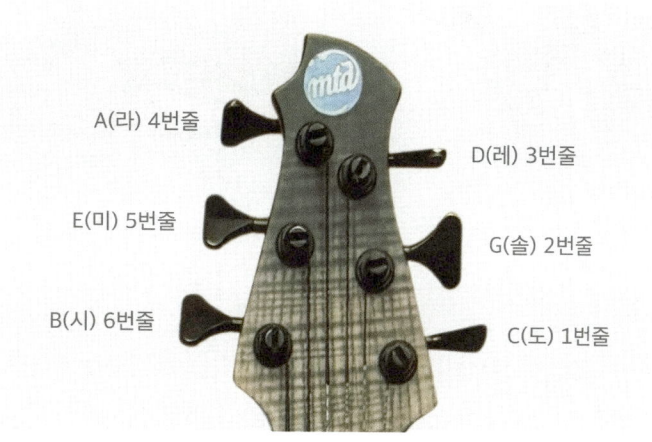

6현 베이스 기타는 5현에 한 줄이 더 추가된 형태예요.

보통 B(시), E(미), A(라), D(레), G(솔), C(도)로 튜닝합니다. 낮은 B부터 높은 C까지 음역이 넓어져서, 저음과 고음을 모두 자유롭게 연주할 수 있다는 장점이 있어요.

---

 **Tip**

튜닝할 때는 줄을 풀어서 맞추는 것보다, 조여서 음을 올려 맞추는 방식이 더 안정적이에요.

# ❸ 타브 악보 읽는 법

타브 악보는 '태블래처(TAB)'를 줄여 부르는 말로, 베이스 기타의 네 줄을 그대로 옮겨 놓은 악보 형식이에요.
맨 아랫줄은 가장 굵은 4번 줄을 의미하고, 그 위로 올라가면서 3번, 2번, 1번 줄을 나타냅니다. 줄 위에 적힌 숫자는 지판의 프렛 번호를 뜻합니다. 맨 왼쪽이 1번 프렛, 오른쪽으로 갈수록 2번, 3번, 4번 프렛처럼 숫자가 커지죠. 숫자 0은 왼손으로 줄을 누르지 않고 연주하는 개방현을 뜻합니다.
즉, 타브 악보는 몇 번 줄을, 몇 번 프렛에서 눌러야 하는지를 바로 보여주기 때문에, 악보를 처음 접하는 사람도 쉽게 연주를 시작할 수 있도록 도와줍니다.

## 프렛을 잡는 올바른 위치

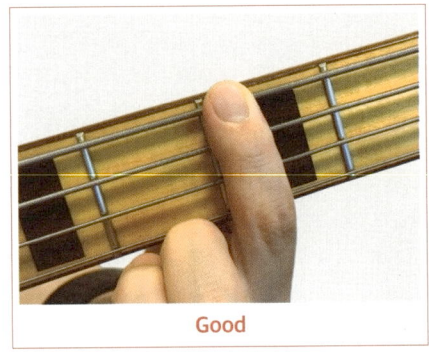

Good

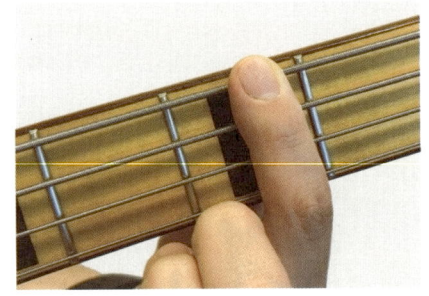

Bad

## ▶ Tip

프렛을 누를 때는 한 칸의 오른쪽 끝부분을 눌러야 맑은소리가 나요. 타브 악보에 적힌 숫자가 표시된 줄을 그대로 눌러서 연주하면 됩니다. 간혹 5현 베이스 기타용 타브 악보가 나올 때가 있어요. 이 경우 타브 악보의 맨 아랫줄은 5번 줄(가장 굵은 줄)을 의미합니다.

포지션 마크는 보통 3, 5, 7, 9번처럼 홀수 프렛에 표시되어 있어요. 그리고 특별히 12번 프렛에는 두 개의 마크가 들어갑니다. 따라서 타브 악보에서 홀수 번호가 나오면, 포지션 마크를 기준으로 금방 찾을 수 있어요.
짝수 번호가 나오면 바로 옆 칸을 확인하면 되기 때문에 훨씬 쉽게 위치를 파악할 수 있습니다.

# ④ 연주하는 자세

## 연주시 기본 자세

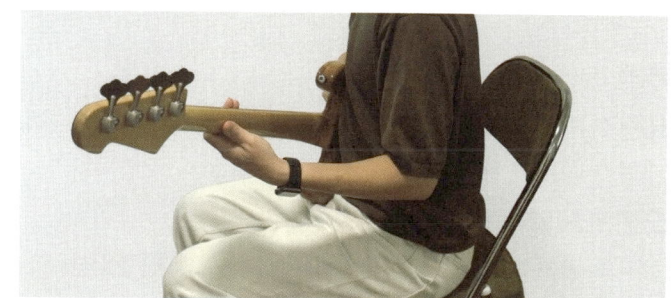

### 앉은 자세

앉아서 베이스 기타를 연주할 때는 의자에 살짝 앞으로 앉은 자세가 좋아요. 악기는 오른쪽 다리 위에 올리고 몸에 밀착시켜 주세요. 오른팔은 자연스럽게 바디 위에 얹고, 왼손은 넥을 잡아주면 됩니다. 이때 악기의 헤드는 살짝 앞으로, 넥은 약간 위로 올려 주면 안정적인 자세가 만들어집니다. 필요하다면 스트랩을 함께 착용하거나, 오른발 아래에 발판을 두어 편한 위치를 찾는 것도 좋습니다. 무엇보다 중요한 건, 악기를 몸에 단단히 고정해 흔들리지 않도록 하는 것입니다.

스트랩을 짧게 매고 연주하는 사진        스트랩을 길게 매고 연주하는 사진

### 서 있는 자세

서서 베이스 기타를 연주할 때는 반드시 스트랩을 사용해야 해요. 앉아서 연주하던 느낌을 그대로 유지하고 싶다면, 스트랩 길이를 짧게 조절하는 것이 좋습니다. 이렇게 하면 앉은 자세와 비슷한 높이가 유지돼서, 서서 연주할 때도 크게 불편하지 않아요. 반대로 퍼포먼스나 개성을 위해 스트랩을 길게 늘여 사용하는 경우도 있습니다. 다만 이때는 앉아서 연주할 때와 자세가 많이 달라지기 때문에, 새로운 자세에 맞춰 다시 연습해야 합니다. 그래서 초보자라면 먼저 안정적인 자세에 익숙해진 뒤, 그다음에 스트랩 길이를 조절해 다양한 스타일을 시도하는 것이 좋아요.

## 오른손 기본 자세

### 얼터네이트 핑거 피킹
오른손의 검지와 중지를 번갈아 사용하는 핑거 피킹입니다.

정면과 위에서 본 오른손 핑거 피킹 연주

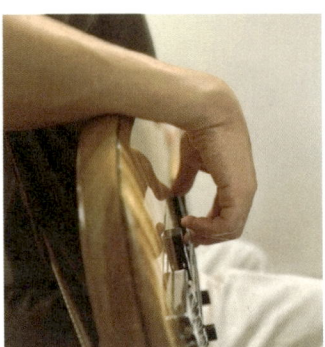

옆에서 본 오른손 핑거 피킹 연주

### 주법
베이스 기타 연주 방법에는 크게 핑거 피킹, 슬랩, 피크 피킹이 있어요. 이 중 우리가 듣는 대부분의 음악은 핑거 피킹으로 연주되기 때문에, 베이스를 처음 시작할 때는 이 방법부터 익히는 것이 좋습니다.

### 오른손 모양
검지와 중지를 사용해 줄을 밀어 올리며 소리를 냅니다. 약지와 소지는 자연스럽게 쥐여주세요. 마치 날달걀을 손에 살짝 올려놓은 것처럼, 너무 세지도 약하지도 않게 힘을 유지하는 게 포인트예요.

### 손 위치
엄지는 보통 앞 픽업(프론트 픽업) 위에 올려 둡니다. 그 상태에서 검지와 중지로 3번 줄(두꺼운 4번 줄 바로 아래)을 밀어 올려 연주해 보세요. 검지와 중지를 번갈아 사용하며 연주합니다. 이때 검지나 중지가 3번 줄을 밀어 올린 뒤, 자연스럽게 위의 4번 줄에 안착한다는 느낌으로 연습하면 잡음을 줄이고 안정적인 톤을 만들 수 있어요.

## 핑거 피킹 타점

베이스 기타에는 보통 픽업이 한 개 또는 두 개 달려 있어요. 픽업이 두 개라면, 그 사이 중앙을 타점(소리를 내는 지점)으로 잡아 보세요. 줄이 바뀌더라도 같은 타점을 유지하는 습관을 들이면 안정적인 소리를 만들 수 있습니다.

픽업이 하나라면, 자신에게 편한 위치를 하나 정해두고 줄이 바뀌어도 그대로 유지하는 것이 좋아요. 이렇게 하면 톤이 흔들리지 않고 균일하게 유지됩니다.

또 한 가지! 타점 위치에 따라서도 소리가 달라져요. 브릿지(줄이 고정된 쪽) 가까이에서 연주하면 소리가 더 날카롭고 선명해집니다. 반대로 넥 쪽에서 연주하면 따뜻하고 부드러운 소리가 나요.

여러 위치를 직접 비교하면서, 어떤 톤이 가장 마음에 드는지 스스로 찾아보는 게 가장 좋은 연습 방법입니다.

  **Tip**
같은 타점(일정한 위치)을 유지해 톤을 균일하게 하고 브릿지 쪽은 날카롭게, 넥 쪽은 부드럽게 들린다는 걸 기억하세요.

# 오른손 핑거 피킹 자세

## 연주 각도

베이스 기타를 연주할 때는 손가락의 각도가 아주 중요해요. 핑거 피킹을 할 때에는 손가락이 줄과 수평을 이루도록 해 주세요. 그 상태에서 줄을 자연스럽게 밀어 올리듯 연주한 뒤, 손가락이 윗줄을 향해 수직으로 부드럽게 올라가는 흐름을 만들어 주면 좋습니다. 이렇게 각도를 잡고 연주하면 소리가 두껍고 단단하면서도 따뜻하고 풍성한 톤을 얻을 수 있어요.

오른손 각도가 왼쪽으로

Good 오른손 각도가 줄과 수평 유지

오른손 각도가 오른쪽으로

## 관절 사용하기

베이스 기타를 연주할 때는 손가락 관절을 어떻게 쓰느냐도 중요한 포인트예요. 손가락에는 두 개의 관절이 있다고 생각해 보세요. 이때 첫 번째 관절은 세우지 말고, 살짝 눕힌 상태에서 연주하는 게 좋아요. 이렇게 하면 줄에 힘이 곧게 전달되고, 소리가 더 안정적이면서도 자연스럽게 낼 수 있습니다.

Good 오른손 핑거 피킹 관절

Bad

## 줄에 붙이기

베이스 기타를 연주할 때는 소리를 낸 손가락을 바로 떼지 않고, 자연스럽게 윗줄에 붙여 주는 것이 좋아요. 즉, 손가락으로 줄을 밀어 올려 소리를 냈다면, 그 손가락은 그대로 윗줄에 안착한다고 생각해 주세요. 이렇게 연주하면 소리가 깔끔하게 정리되고, 불필요한 잡음을 줄이면서 안정된 톤과 리듬감을 만들 수 있습니다.

Good 오른손 핑거 피킹 관절

Good 연주 후 4번줄에 검지 붙이기

Bad 연주 후 줄에서 떨어진 상태

# ⑤ 개방현 8비트 연습

## 오른손 기본기 연습

오른손의 첫 번째 기본기 연습은 개방현 8비트예요.

> 개방현: 왼손으로 줄을 누르지 않고, 열린 상태 그대로 연주하는 것
>
> 8비트: 8분음표 리듬으로 연주한다는 의미

즉, 한 마디를 1 & 2 & 3 & 4 & 로 일정하게 나누어 리듬에 맞춰 연습하는 방식입니다.

## 연습 방법

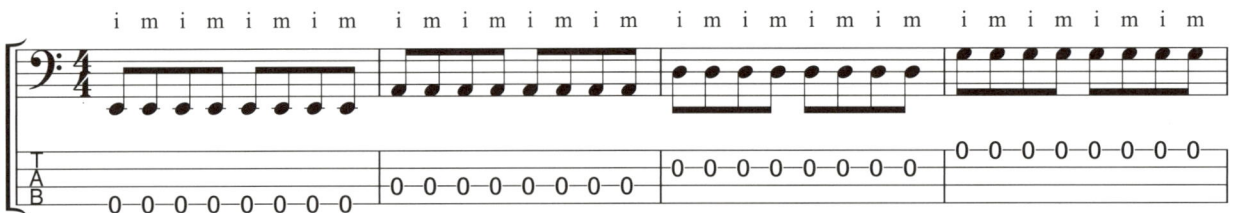

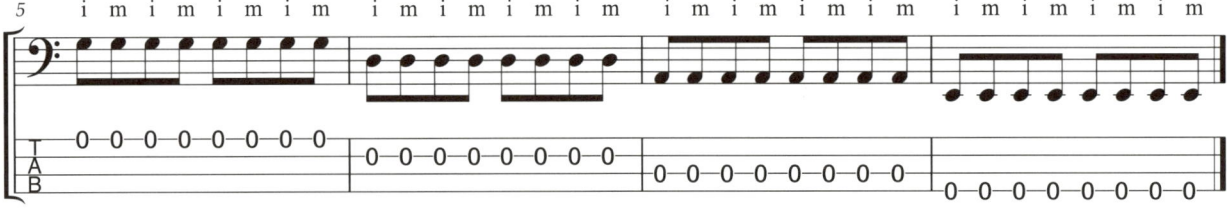

### 1 줄 이동(얼터네이트 핑거 피킹)

제일 두꺼운 4번 줄부터 시작해 8번씩 연주하고, 한 줄씩 내려가 보세요.

오른손은 검지와 중지를 번갈아 가며 연주합니다. 1번 줄까지 내려갔다가, 다시 4번 줄로 올라옵니다.

> 검지 손가락 표기 → i(Index Finger)
>
> 중지 손가락 표기 → m(Middle Finger)

### 2 양손 뮤트

베이스 기타는 보통 한 줄만 연주하기 때문에, 나머지 줄은 항상 양손으로 소리를 막아주는 것이 중요해요.

줄 위에 살짝 얹는 느낌으로 잡는 왼손 뮤트, 엄지·검지·중지 손가락을 활용해 나머지 줄을 눌러주는 오른손 뮤트가 있습니다. 이렇게 불필요한 소리가 나지 않게 막는 것을 양손 뮤트라고 합니다.

### 3 줄별 뮤트 방법

4번 줄 연주
↓
왼손으로 3·2·1번 줄 뮤트

3번 줄 연주
↓
왼손으로 2·1번 줄 뮤트 + 오른손 검지·중지가 4번 줄 뮤트

2번 줄 연주
↓
왼손으로 1번 줄 뮤트 + 오른손 엄지가 4번 줄,
검지·중지가 3번 줄 뮤트

1번 줄 연주
↓
왼손은 엄지는 붙이고 나머지는 살짝 띄우기 + 오른손 엄지가 4·3번 줄,
검지·중지가 2번 줄 뮤트

---

 **Tip**

왼손 뮤트는 손가락 면적을 프렛 3칸 정도에 위치하고, 네 손가락을 다 활용해서 줄을 막아주세요. 오른손 뮤트는 '한 손가락 이 막고 있다가, 다음 손가락이 오면 교대한다' 라는 느낌으로 연습하면 좋아요. 줄을 이동할 때마다 자세가 자연스럽게 이어 지도록 천천히 연습해 보세요.

# 🎸 1주 차 응용 연습곡

이번에는 실제 곡을 활용해서 8비트 리듬을 연습해 볼게요.

오른손은 얼터네이트 핑거 피킹으로 연주하고 검지(i)와 중지(m)를 번갈아 사용합니다. 시작은 검지(i)로도, 중지(m)로도 각각 연습해 보세요. 연습에 익숙해지기 전에는 코드보다는 타브 악보에 표시된 숫자를 먼저 보면서 연습해 보세요. 그게 훨씬 직관적이고 부담 없이 시작하기 좋습니다.

## 연습 방법

**↓ 2~3마디**

4번 줄의 4번 프렛을 눌러서 연주합니다. 왼손은 넥 뒤쪽에 엄지를 대고, 힘이 좋은 검지나 중지로 눌러 주세요.

**↓ 4~5마디**

한 줄 아래로 내려와서, 3번 줄의 3번 프렛을 눌러서 연주합니다.

이런 방법으로 한 음씩 찾아가며 연주해 보세요. 박자는 앞에서 연습한 개방현 8비트와 동일하게, 항상 일정하게 유지하는 것이 중요합니다.

## ▶ Tip

왼손으로 줄을 누를 때는 항상 검지가 아래 줄 뮤트를 담당합니다. 검지, 중지, 약지, 소지 중 어떤 손가락으로 프렛을 누르더라도, 검지를 막대기처럼 줄 위에 올려 두어 뮤트하는 습관을 들여 보세요.

Good 왼손 검지가 줄을 뮤트하는 사진

Bad

작사 WOODZ
작곡 WOODZ 외 2명
노래 WOODZ

# Drowning

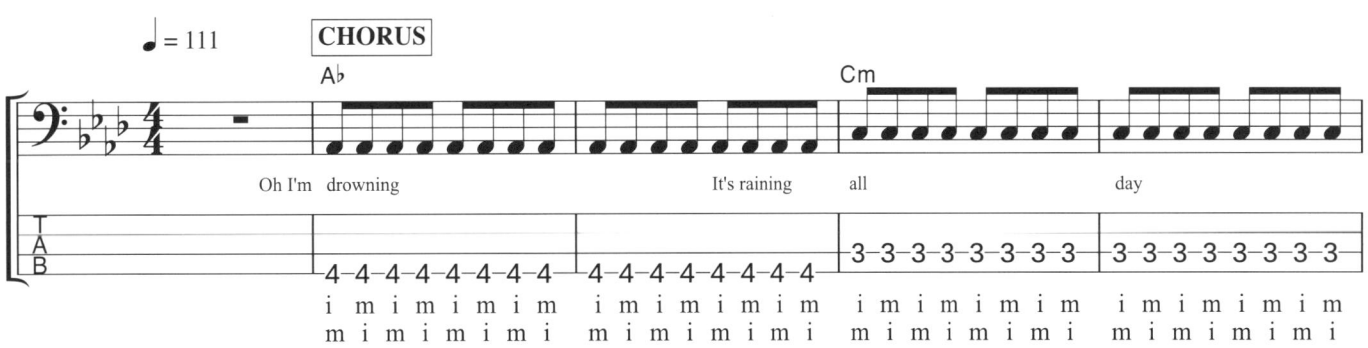

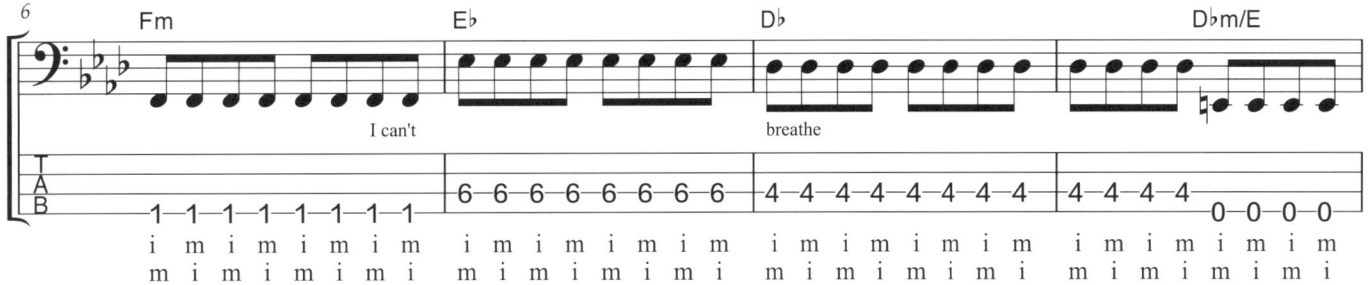

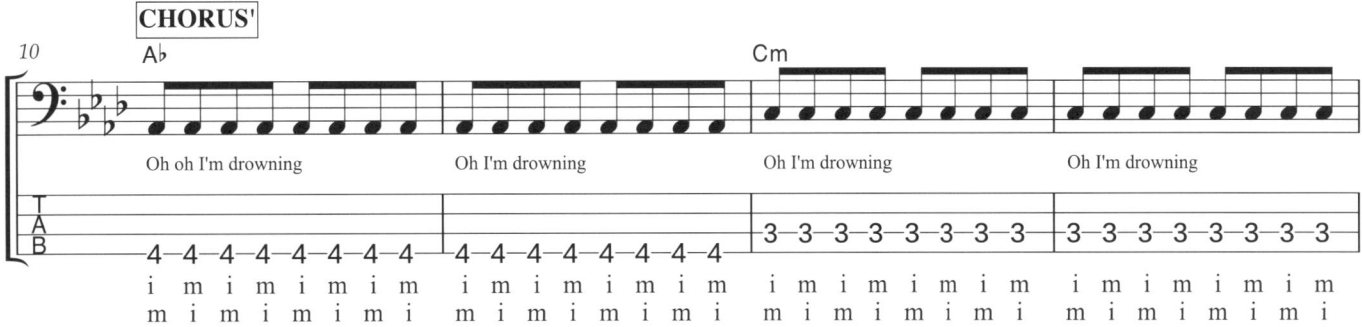

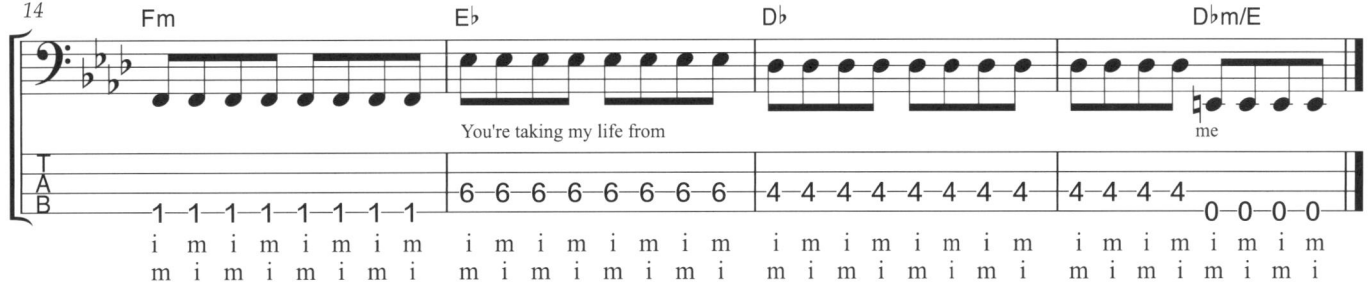

# 연습 노트

🕐 **주 차 :**  〔     /     ~     /     〕

🕐 **날짜 :**

🕐 **연습 시간 :**          분

🕐 **이전 주 차의 연습 내용** 베이스 기타의 구조와 명칭, 튜닝하기, 타브 악보 읽는 법, 연주하는 자세, 개방현 8비트, 1주 차 응용 연습곡

🕐 **체크 포인트** 오늘 연습에서 확인해야 할 부분

❗ **어려웠던 부분** 특히 손에 잘 안 붙거나 헷갈렸던 부분 기록

🕐 **오늘의 깨달음 및 메모** 연습하면서 새롭게 느낀 점, 개선할 부분, 아이디어 등

🕐 **다음 주 차의 연습 목표**

🕐 **연습 만족도**
😉 아주 잘했다 ☐
🙂 괜찮았다 ☐
😣 어려웠다 ☐
😶 다시 복습 필요 ☐

# 2주 차

# 내 소리를 찾는 첫 단계

① 베이스 기타의 종류
② 베이스 기타 줄 스트레칭
③ 개방현 8비트 복습
④ 올바른 손가락 자세와 크로매틱

📍 WOODZ — Drowning 심화

***theBass Lesson***, 아직은 제가 사용하는 용어나 설명이 낯설 수 있지만, 여기까지 따라오셨다면 충분히 잘하고 있는 것입니다. 연습할 때는 기본기와 곡 연습의 비율을 잘 맞추는 것이 중요합니다. 그래야 지루하지 않고 즐겁게 연습을 이어갈 수 있습니다. 이번 주는 지난주의 8비트와 뮤트를 바탕으로 점검하며, 레이킹과 크로매틱을 통해 한 단계 더 성장하는 과정이에요.

# ① 베이스 기타의 종류

## 패시브 베이스 기타

패시브 베이스 기타는 프리앰프가 없는 구조라서 소리가 자연스럽고 따뜻한 톤이 특징이에요. 톤 노브로 고음역대만 조절할 수 있어서, 연주자의 손맛이 그대로 드러납니다.

바디 뒷면에 포함된 프리앰프

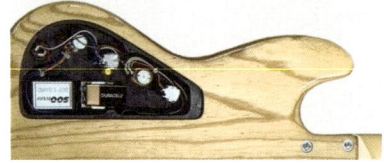

## 액티브 베이스 기타

액티브 베이스 기타는 내부에 프리앰프가 들어 있고, 배터리(9V)를 사용합니다.
저음, 중음, 고음을 적극적으로 조절할 수 있어 다양한 톤 메이킹이 가능하고, 출력이 강해 존재감 있는 소리를 낼 수 있어요.
다만 배터리가 방전되면 소리가 나지 않는다는 점은 꼭 기억해 두어야 합니다.

패시브 베이스 기타와 액티브 베이스 기타의 차이는 간단합니다. 베이스 기타 안에 프리앰프가 있느냐 없느냐로 구분돼요. 패시브 베이스 기타를 기본형이라고 생각하면 이해하기 쉬워요. 여기에 프리앰프가 추가되면 액티브 베이스 기타가 되고, 저음·중음·고음을 세밀하게 조절할 수 있는 EQ 기능이 생깁니다. 두 베이스 기타 모두 개성이 뚜렷하니, 직접 연주해 보면서 본인에게 맞는 톤을 찾아보는 게 가장 좋습니다. 직접 비교해 보고 본인에게 더 잘 맞는 베이스 기타를 선택해 보세요.

### Q. 패시브 베이스 기타와 액티브 베이스 기타 중에 어떤 게 더 좋은가요?

theBass Lesson♪ 비유를 들어 볼게요. 사진을 찍을 때 기본 카메라를 선호하는지, 아니면 앱 카메라를 선호하는지에 따라 취향이 갈리듯, 베이스 기타 선택도 비슷합니다.

* 기본 카메라 (아이폰, 갤럭시 등): 누가 찍는지, 어떤 환경에서 찍는지에 따라 결과물이 달라집니다. 이는 패시브와 비슷해서, 연주자와 상황에 따라 소리가 크게 달라지는 특징이 있어요.

* 앱 카메라 (예: 스노우): 어떤 기기로 찍든 앱만의 필터가 뚜렷하게 느껴집니다. 액티브도 프리앰프 성향이 더해져, 악기 고유의 톤에 영향을 주는 점이 이와 비슷해요.

따라서 사진을 찍을 때 어떤 방식이 더 편하게 느껴지는지 떠올려 보시면, 본인에게 맞는 베이스 기타의 성향도 쉽게 이해할 수 있습니다. 아직 선택이 어렵다면, 여러 가지 조절이 필요한 액티브 베이스 기타보다는 단순하고 자연스러운 패시브 베이스 기타부터 경험해 보시는 걸 추천해 드려요.

## 재즈 베이스 기타

이름 때문에 재즈 전용으로 오해하기 쉽지만, 실제로는 팝, 록, 펑크 등 다양한 장르에서 사랑받는 모델이에요. 넥이 비교적 얇아서 손이 작은 분들도 연주하기 편하고, 픽업이 두 개라서 톤의 선택 폭이 넓은 것이 특징입니다. 조금 더 화려하거나 디테일한 뉘앙스를 담고 싶을 때 잘 어울려요.

## 프레시전 베이스 기타

베이스의 시초라고 불릴 만큼 가장 기본적인 모델이에요.
픽업이 하나라 단순하고 직관적인 톤을 내며, 묵직하고 안정적인 저음이 매력입니다.
밴드에서 든든하게 뒷받침하는 역할에 최적화된 모델이라고 볼 수 있어요.

재즈 베이스 기타는 다양한 톤을 낼 수 있어 화려하고 다채로운 사운드를 원하는 연주자에게 적합하고, 프레시전 베이스 기타는 단순하면서도 강력하고 안정적인 사운드가 특징입니다.
두 모델 모두 명작으로 꼽히는 악기이니, 본인의 취향과 연주 환경에 맞춰 선택하시면 좋습니다.

### Q. 재즈 베이스 기타와 프레시전 베이스 기타 중에 어떤게 더 좋은가요?

**theBass Lesson.** 재즈 베이스 기타와 프레시전 베이스 기타는 조금 달라요.
비유를 들어 보자면, 재즈는 디지털 카메라처럼 선명하고 화려한 사운드를 낼 수 있습니다. 반면, 프레시전은 필름 카메라처럼 따뜻하고 빈티지한 매력이 있어요.
결국 어떤 악기를 선택할지는 본인의 취향에 달려 있습니다.
하지만 처음 베이스 기타를 시작하신다면, 마치 영상을 볼 때 저화질보다는 고화질이 더 편하게 느껴지듯, 아직 소리에 대한 뚜렷한 취향이 없다면 재즈 베이스 기타부터 경험해 보시는 걸 추천해 드려요.

# ❷ 베이스 기타 줄 스트레칭

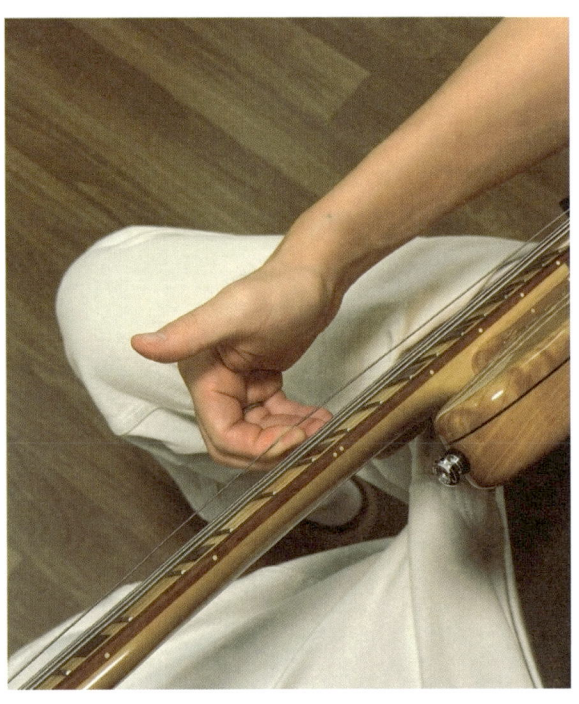

## 세밀한 튜닝 방법

튜닝할 때는 줄을 풀어 맞추기보다 조여서 음을 맞추는 것이 더 정확하고 안정적이에요. 이렇게 해야 튜닝 후에도 음정이 오래 유지됩니다.

튜닝이 끝난 뒤에는 줄을 손가락으로 가볍게 당겨 스트레칭해 주면 장력이 생기고, 다시 한 번 튜닝을 확인하면 좋습니다. 이런 과정을 거치면 연주 중에도 음정이 쉽게 흐트러지지 않고 안정적으로 유지됩니다.

## 변칙 튜닝(드롭 튜닝, 다운 튜닝)

변칙 튜닝은 기본 튜닝인 E—A—D—G 대신, 다른 조합으로 줄의 음을 바꾸는 방법을 말해요. 대표적으로 드롭 D 튜닝과 다운 튜닝이 있습니다.

드롭 D 튜닝은 4현 베이스 기타의 가장 낮은 줄인 E현을 한 음 낮춰 D로 맞추는 방식이에요. 즉, D—A—D—G로 튜닝하는 거죠. 이렇게 하면 기존보다 더 낮은 음역대를 연주할 수 있고, 훨씬 묵직하고 깊은 사운드를 낼 수 있습니다. 다운 튜닝은 모든 줄을 일정하게 낮추는 방식이에요. 그중에서도 가장 많이 사용하는 건 반음 다운 튜닝으로, 기본 튜닝에서 모든 줄을 반음씩 내려 Eb—Ab—Db—Gb로 맞춥니다.

그렇다면 왜 변칙 튜닝을 사용할까요?

더 넓은 음역과 독특한 사운드: 곡에 필요한 더 낮은 음이나 새로운 질감을 만들기 위해 사용합니다.
연주 편의성: 드롭 튜닝은 기타의 파워코드처럼 특정 운지를 훨씬 쉽게 만들어 줍니다.
다른 악기와의 조화: 밴드에서 기타리스트가 변칙 튜닝을 쓰는 경우, 그에 맞춰 연주하기도 합니다.

## 헤드리스 베이스 기타 튜닝 방법

 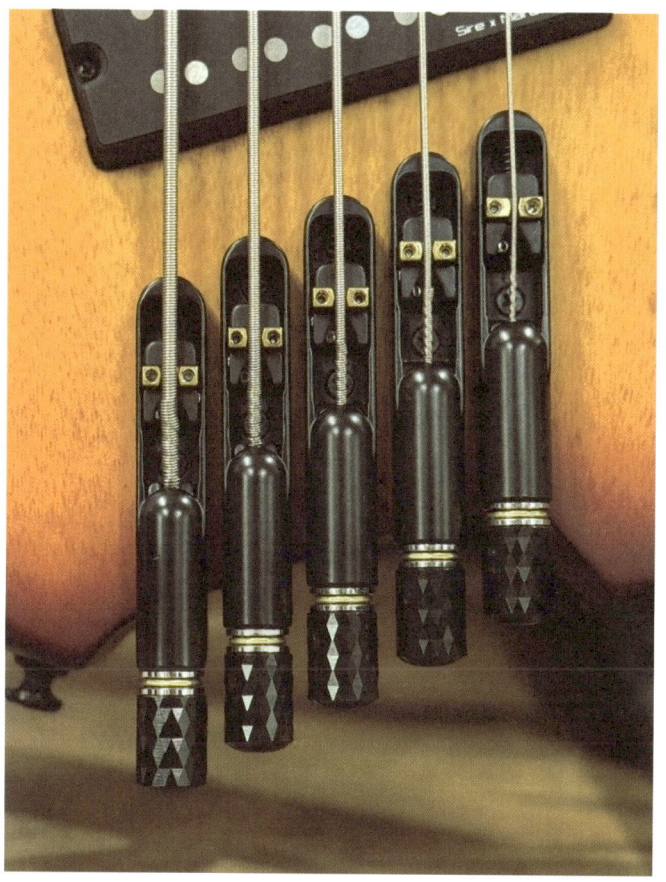

요즘은 헤드리스 베이스 기타가 정말 많이 보이죠. 헤드 부분이 없어서 깔끔하고, 무엇보다 요즘 가장 트렌디한 디자인이에 요. 그런데 "튜닝 페그가 없는데, 그럼 튜닝은 어떻게 하지?"라는 궁금증이 생길 수 있죠.

헤드리스 베이스 기타는 브릿지 쪽에 작은 원형 조절 장치가 있습니다. 이 부분을 돌려서 튜닝을 하는데요, 일반 베이스 기타 와 마찬가지로 풀면 음이 내려가고, 조이면 음이 올라갑니다. 생김새는 다르지만 원리는 같으니, 몇 번만 만져 보면 금방 익숙 해질 거예요.

# ❸ 개방현 8비트 복습

## 줄 이동 연습

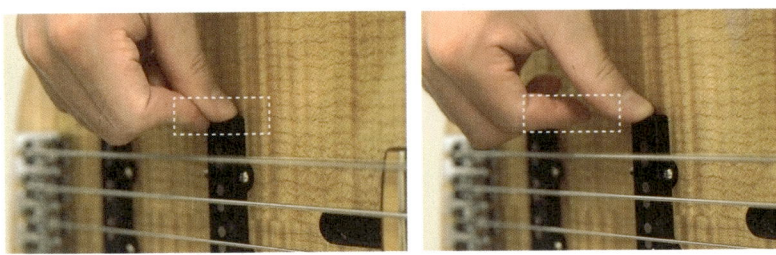

가상의 윗줄로 생각하고 연습

개방현을 활용해 줄을 이동하는 기본기를 다시 복습해 보겠습니다. 이때는 소리가 나는 줄을 제외한 나머지 세 줄을 항상 양손으로 뮤트해 주어야 불필요한 잡음을 막을 수 있습니다. 동시에 핑거 피킹 주법도 함께 연습해 볼게요.

검지와 중지를 번갈아 사용하며 줄을 밀어 올리듯 연주하고, 연주가 끝난 손가락은 자연스럽게 윗줄에 닿아 멈추는 느낌을 가지면 안정적인 연주가 가능합니다.

1번 줄, 2번 줄, 3번 줄은 윗줄이 있어서 감을 잡기가 비교적 쉽지만, 4번 줄은 윗줄이 없어 다소 어려움을 느낄 수 있습니다. 이럴 때는 엄지손가락을 '가상의 윗줄'로 생각하고 검지나 중지를 엄지에 붙이는 방식으로 연습해 보세요.

어느 정도 익숙해지면 엄지를 옆으로 옮겨 허공에 윗줄이 있다고 상상하며 연습하는 것도 좋습니다. 중요한 포인트는 네 줄 모두를 같은 자세와 감각으로 연주하는 것입니다.

## 레이킹 기초 연습

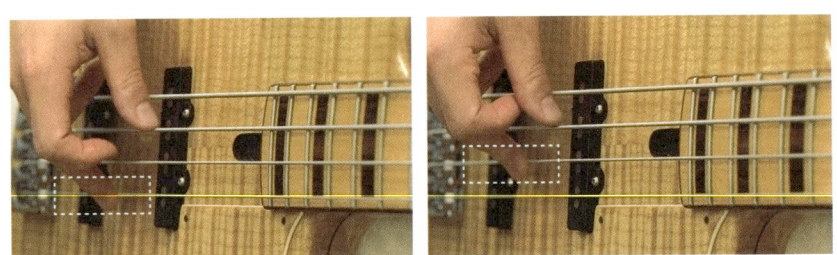

1번줄이 중지로 끝나면, 2번줄을 중지로 연주

이번에는 여기에 레이킹(Raking)을 추가해 보겠습니다. 레이킹은 아랫줄에서 윗줄로 이동할 때 마지막에 연주한 손가락을 그대로 다음 줄로 이어서 사용하는 주법을 말합니다.

> **얼터네이트 핑거 피킹**: 검지와 중지를 번갈아 사용해 소리가 또렷하고 선명합니다.
> **레이킹**: 마지막에 사용한 손가락으로 그대로 다음 줄을 이어가 자연스럽고 부드러운 흐름을 만들어 줍니다.

저는 개인적으로 두 방식을 상황에 따라 섞어 쓰는 것을 추천합니다. 곡의 성격이나 연주 환경에 맞게 유연하게 선택하면서, 본인에게 가장 잘 맞는 방식을 찾아 보시면 됩니다.

오른손: i = 검지, m = 중지

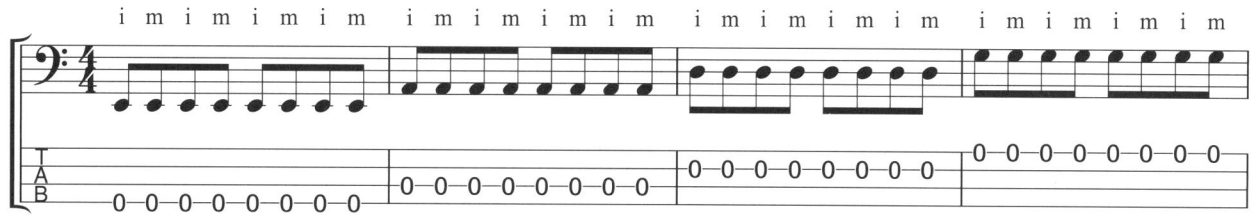

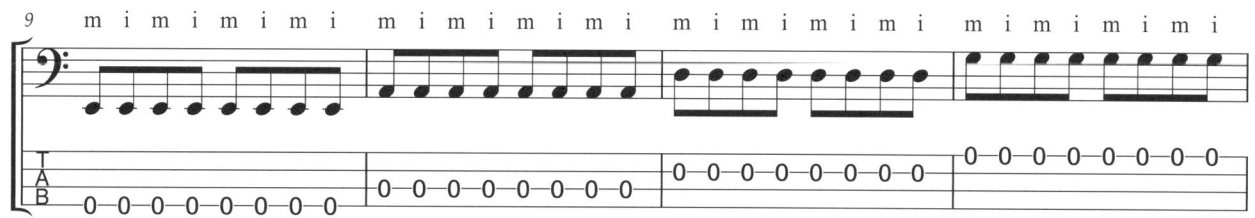

1번 줄부터 4번 줄까지 올라갈 때는 마지막에 사용한 손가락을 그대로 이어서 다음 줄을 시작하세요.

예를 들어 1번 줄을 중지로 끝냈다면 2번 줄은 중지로 시작합니다. 같은 방식으로 2번 줄을 검지로 끝냈다면 3번 줄은 검지로 시작합니다. 이렇게 하면 검지와 중지가 자연스럽게 이어지면서 줄 이동이 매끄럽고 부드럽게 연결됩니다.

중요한 건 시작 손가락이 손가락이 무엇이든 무엇이든, 손가락의 흐름이 매끄럽게 이어지도록 만드는 것입니다.

악보를 보며 손가락 이동과 레이킹을 연습해 보세요.

# ④ 올바른 손가락 자세와 크로매틱

## 엄지손가락의 올바른 자세

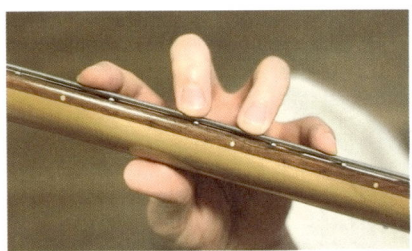 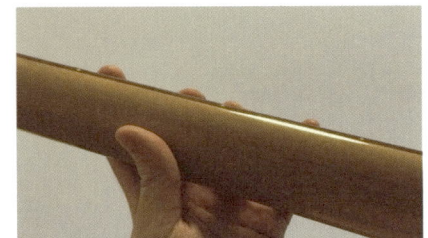

크로매틱 연습을 시작할 때는 먼저 엄지손가락의 자세를 올바르게 잡는 것이 중요합니다. 엄지는 넥 뒤편 중앙에 두고, 관절을 약간 뒤로 젖힌 상태를 유지하세요. 이때 넥과 닿는 지점은 엄지 마디의 정중앙이 아니라, 마디보다 살짝 위쪽의 안쪽 옆면이 닿도록 두는 편이 좋습니다. 이렇게 해야 힘이 분산되지 않고, 손 전체를 안정적으로 지탱할 수 있습니다.

엄지손가락이 넥보다 살짝 아래 　　엄지손가락이 넥 중앙 　　엄지손가락이 넥보다 살짝 위

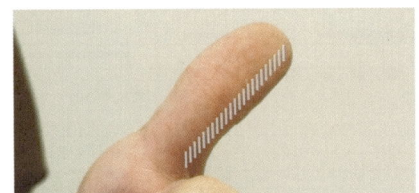 

엄지손가락이 넥에 닿는 위치 　　**Bad** 엄지손가락의 잘못된 자세

엄지는 기본적으로 넥 뒤 중앙에 두지만, 연주 스타일에 따라 달라질 수 있습니다. 어떤 경우에는 엄지로 넥을 살짝 감싸 쥐듯 잡기도 하고, 또 어떤 경우에는 엄지를 넥 아래로 빼서 연주하기도 합니다. 하지만 처음 연습할 때는 반드시 넥 중앙에 엄지를 두는 기본 자세를 익히는 것이 좋아요.

4번 줄 3번 프렛부터 '검지→중지→약지→소지' 순서로 눌러 보세요. 이때 엄지는 4번 프렛의 오른쪽 끝부분, 넥 뒤편에 자연스럽게 위치시키면 안정적인 자세를 잡을 수 있습니다.

## 버징

버징(Buzzing)은 줄이 진동할 때 프렛에 걸리며 나는 '징징'거리는 잡음을 말합니다.
버징이 발생하는 주요 원인은 다음과 같습니다.

> 줄을 누르는 손가락 힘이 부족할 때
> 줄을 프렛에 정확하게 누르지 못했을 때
> 넥이 휘어 있을 때

이 때문에 소리가 깔끔하게 나오지 않을 수 있습니다. 따라서 연주할 때는 손가락 자세를 올바르게 유지하고, 필요한 만큼 힘을 주어 버징이 생기지 않도록 하는 것이 중요합니다.

## 그 외 손가락의 프렛 누름 연습

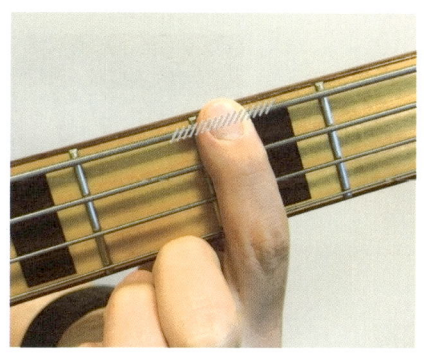 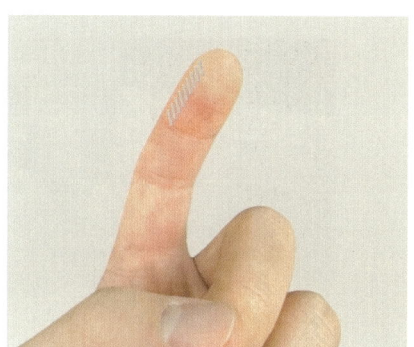

한 칸에서 오른쪽 끝부분을 누르면 깔끔한 소리를 낼 수 있고, 검지로 줄을 누를 때는 손가락 왼쪽 옆면으로 누른다는 느낌을 가지는 것이 좋습니다.

Good

Bad 아랫줄 뮤트가 되지 않은 잘못된 자세

검지로 줄을 누를 때는 손가락을 동그랗게 말아 관절이 볼록하게 튀어나오도록 잡아 주세요.
검지는 단순히 줄을 누르는 역할뿐 아니라 아랫줄을 뮤트(소리가 나지 않도록 막는 동작 역할)하는 역할도 함께 합니다. 연주 중에는 검지가 줄에서 떨어지지 않도록 하며, 아랫줄 전체를 가볍게 막아 주는 느낌을 유지하는 것이 핵심입니다.
앞에서 연습했던 개방현 8비트 연습처럼, 연주하지 않는 줄은 항상 뮤트해야 합니다. 운지할 때 검지가 자연스럽게 아랫줄을 막아 주도록 습관을 들이면, 불필요한 잡음을 줄이고 안정적인 톤을 만들 수 있습니다.

중지와 약지도 손가락을 동그랗게 말아 줄을 눌러주는 것이 기본입니다.

특히 소지는 힘이 약해 처음 연주할 때 관절이 꺾이거나 접히기 쉽습니다. 이렇게 되면 힘을 줘도 제대로 전달되지 않아 버징이 발생하고, 줄 이동 시 손가락이 유연하게 움직이지 못합니다. 따라서 소지를 사용할 때는 반드시 손가락을 둥글게 세운 자세를 유지하세요. 이 습관을 들이면 연주의 효율과 정확도가 크게 향상됩니다.

아래 사진을 참고해 중지, 약지, 소지 손가락의 올바른 자세와 잘못된 자세를 비교해 보세요.

| | 동그랗게 모인 올바른 자세 | 관절이 꺾인 잘못된 자세 |
|---|---|---|
| 중지 손가락 | | |
| 약지 손가락 | | |
| 소지 손가락 | | |

 **Tip**

소지가 꺾인 상태로 눌리는 경우가 자주 있습니다.

이럴 때는 오른손의 엄지와 검지로 소지의 관절을 잡고 살짝 조절해 보세요. 이 동작을 반복하면 손가락이 자연스럽게 동그랗게 말린 자세를 기억하게 됩니다. 꾸준히 연습하다 보면 올바른 자세가 몸에 익어 안정적인 연주가 가능해집니다.

다만, 손가락이 끝까지 꺾인 자세가 쉽게 교정되지 않는 분들도 있을 수 있어요. 이럴 때는 너무 걱정하지 말고, 어느 정도는 감안하면서 연습해도 괜찮습니다.

조금 비효율적인 자세가 있더라도, 베이스 기타 연주에는 다양한 요소가 작용하기 때문에 상심할 필요는 없습니다.

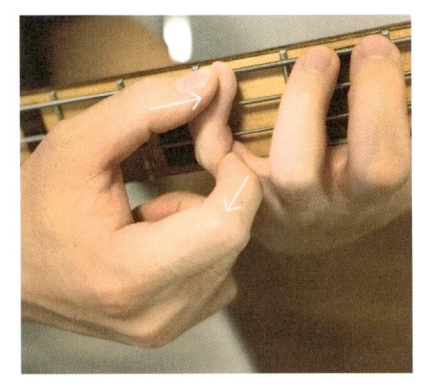

## 크로매틱

검지 = 1
중지 = 2
약지 = 3
소지 = 4

이렇게 번호를 붙여 연습하면 손가락 사용을 훨씬 쉽게 익힐 수 있습니다. 크로매틱 연습은 왼손 네 손가락의 힘을 길러 주고, 올바른 자세를 만드는 데 도움이 되는 기본 훈련입니다. 방법은 간단합니다. 한 프렛마다 한 손가락씩 배치해 연주하는 것이죠.
처음 베이스 기타를 잡으면 대부분 네 손가락을 고르게 쓰지 않고, 편한 손가락만 사용하는 경우가 많습니다.

크로매틱 연습은 이 습관을 잡아 주고, 손가락의 힘과 자세를 균형 있게 길러 주기 때문에 연주의 안정성을 크게 높여 줍니다. 이 연습은 지루하거나 힘들게 느껴질 수 있습니다. 그럼에도 중요한 건 천천히, 꾸준히 반복하는 것입니다.
그렇게 해야 각 손가락이 줄 위에서 자연스럽게 움직이고, 긴장이 풀리면서 안정적인 연주가 가능해집니다.

## 크로매틱 예제 연습

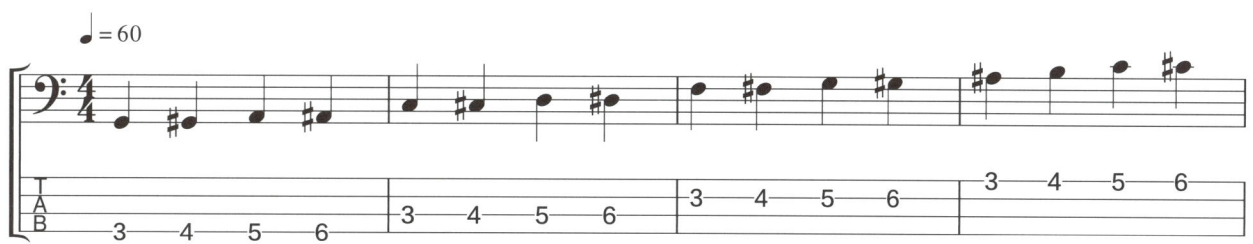

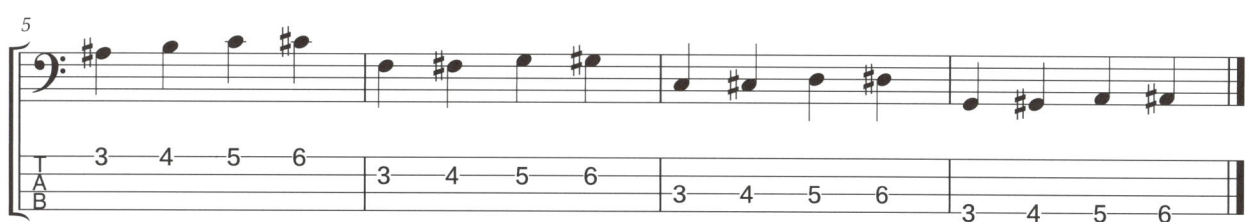

아래 악보를 보고 4번 줄 3번 프렛에서 시작해 '검지 → 중지 → 약지 → 소지' 순서로 누르며 연습해 보세요. 앞 손가락은 떼지 않고 유지한 채 다음 손가락을 겹쳐 두고, 중지와 약지를 기준으로 손 모양의 균형을 잡아주세요. 소지까지 눌렀다면 한 줄씩 내려가며 같은 패턴을 반복하고, 1번 줄까지 내려갔다가 다시 올라오며 왕복하면 됩니다.

 **Tip**

크로매틱 예제 연습의 핵심은 빠르게 연주하는 것이 아니라, 각 손가락의 올바른 자세와 힘을 기르는 것에 집중하는 것입니다.

# 2주 차 응용 연습곡

앞에서 다룬 크로매틱 연습을 기반으로, 이번에는 왼손을 보다 다양하게 활용하는 연습을 해 보겠습니다.

악보에 표시된 왼손 손가락 번호를 따라가며 연주하고, 오른손은 레이킹 주법을 적용해 피킹 순서를 정확히 지키는 것이 핵심입니다. 처음에는 오른손 피킹 순서만 따로 연습해 손에 익히고, 이후 왼손 번호까지 맞추어 연습해 보세요. 참고로, 악보에 N.C.가 보이면 Non Chord, 즉 코드 없이 리듬만 이어가는 구간이라는 뜻입니다.

이번 단계의 목표는 곡의 1절 전체를 8비트 리듬으로 연주하면서, 리듬의 흐름과 손의 움직임을 동시에 몸에 익히는 것입니다.

## Drowning 심화

작사 WOODZ
작곡 WOODZ 외 2명
노래 WOODZ

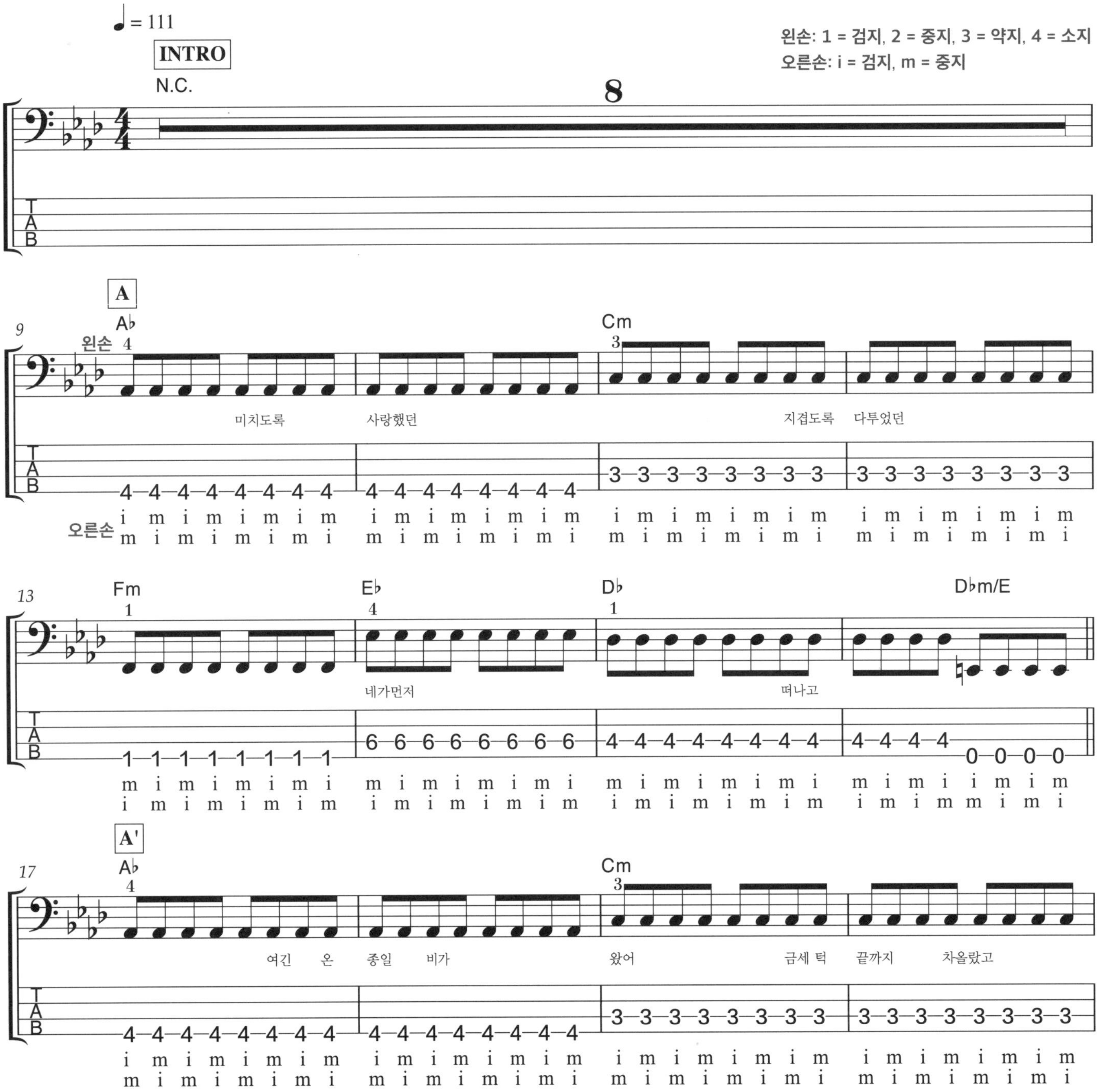

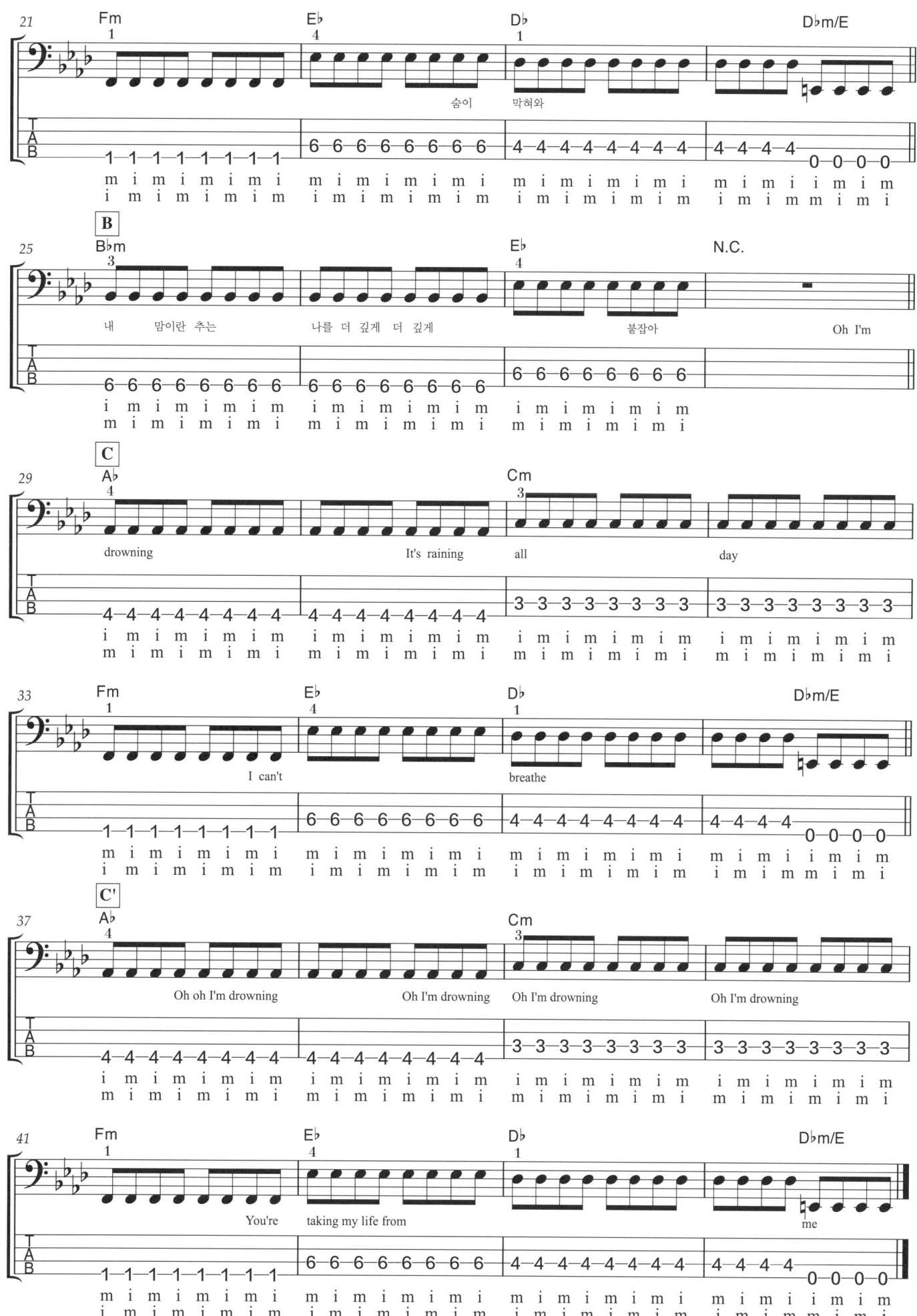

# 연습 노트

🕐 **주 차 :**            〔        /        ~        /        〕

🕐 **날짜 :**

🕐 **연습 시간 :**            분

🕐 **이전 주 차의 연습 내용** 베이스 기타의 종류, 줄 스트레칭, 올바른 손가락 자세와 크로매틱, 2주 차 응용 연습곡

🕐 **체크 포인트** 오늘 연습에서 확인해야 할 부분

❗ **어려웠던 부분** 특히 손에 잘 안 붙거나 헷갈렸던 부분 기록

🕐 **오늘의 깨달음 및 메모** 연습하면서 새롭게 느낀 점, 개선할 부분, 아이디어 등

🕐 **다음 주 차의 연습 목표**

🕐 **연습 만족도**

😉 아주 잘했다 ☐

🙂 괜찮았다 ☐

🙁 어려웠다 ☐

😟 다시 복습 필요 ☐

# 3주 차

# 리듬과 쉼표가
# 익숙해지는 시간

❶ 박자표와 마디
❷ 개방현 8비트 심화
❸ 크로매틱 '4―3―2―1' 패턴
❹ 운지법
❺ 음표와 쉼표
❻ 올바른 쉼표의 연습

❾ Aimyon ― 사랑을 전하고 싶다든가

theBass
Lesson, 핵심 내용만 알기 쉽게 정리해 담았습니다.
혼자 연습하시는 분들에게는 오히려 이렇게 중요한 부분을 짚어 드리는 것이 더 도움이 될 거예요.
이번 주도 너무 부담 갖지 말고, 대신 꾸준히 연습해 보세요.
꾸준함이 결국 가장 큰 힘이 됩니다.

# ① 박자표와 마디

악보를 볼 때나 여러 가지 음표와 쉼표가 섞인 리듬을 정확히 치려면 기본적인 음악 이론이 필요합니다.
자주 사용되는 박자표와 마디에 대해서 알아봅시다.

| 박자표 기호 | 박자 | 예시 박 |
|---|---|---|
| 4/4 | 4/4박 | |
| 3/4 | 3/4박 | |
| 6/8 | 6/8박 | |
| 12/8 | 12/8박 | |

## 박자표

박자표는 악곡 전체 또는 일부에서 어떤 박자를 사용하는지를 나타내는 기호입니다.
아래 기호와 같이 분수로 표시됩니다.
예를 들어, 4/4 박자와 C 기호는 "한 마디 안에 4분음표 4개가 들어간다"라는 의미입니다.

어떤 음표가 기본 단위인지 나타냅니다.
한 마디안에 들어가는 해당 음표의 개수를 뜻합니다.

C 악보에서는 보통 커먼 타임(Common time = 4/4) 기호를 쓰고, 음자리표와 조표 뒤에 위치합니다.

## 마디

마디는 악보에 그려진 세로줄로 구분되는 구간이며, 음악의 가장 작은 단위라고 할 수 있습니다.
한 마디 안에는 박자표에 맞는 만큼의 음표가 들어가게 됩니다.

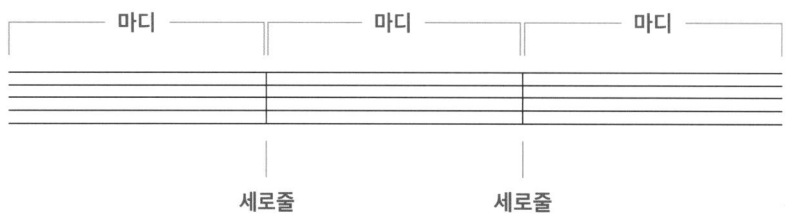

마디          마디          마디

세로줄          세로줄

## 박자의 기본 감각 익히기

각 박자는 음악의 분위기와 흐름을 결정해요. 그중에서도 4/4 박자는 거의 대부분의 곡에서 사용되는 가장 기본적인 박자입니다. 반면 3/4이나 6/8 같은 박자는 비교적 적게 등장하지만, 곡의 느낌을 확 바꿔주는 독특한 매력을 가지고 있어요.
아래 예시를 보면서 자주 쓰이는 4/4 박자와, 가끔 등장하는 3/4·6/8 박자가 어떻게 다르게 느껴지는지 함께 살펴보세요.

### 4/4박자

우리가 가장 익숙하게 듣는 박자로, 대부분의 대중음악이 이 박자로 이루어져 있어요. 한 박자씩 딱딱 떨어지는 안정적이고 직선적인 느낌이 있어서 연주하기도 가장 편한 박자입니다.

### 3/4박자

'하나 둘-셋'의 흐름이 느껴지는 박자로, 왈츠처럼 춤추듯 부드럽게 이어지는 리듬이 특징이에요. 발라드나 왈츠 스타일 음악에서 종종 등장하며 감성적인 분위기를 만들어 줍니다.

### 6/8박자

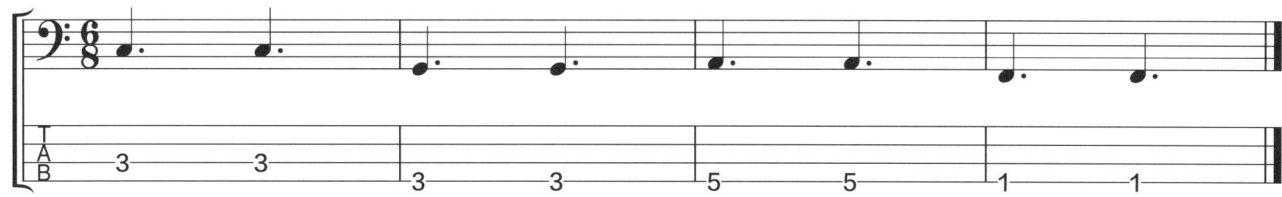

여섯 개의 8분음표가 한 마디를 이루며, '흘러가듯 움직이는' 리듬이 매력적인 박자예요. R&B나 발라드에서 자주 쓰이며, 유연하고 감성적인 느낌을 만들고 싶을 때 효과적입니다.

# ❷ 개방현 8비트 심화

## 메트로놈

메트로놈은 템포를 BPM(Beats Per Minute) 단위로 측정하고, 입력한 값에 맞춰 일정한 소리를 내는 장치예요. 여기서 BPM은 음악에서 템포를 나타내는 단위로, 1분 동안의 박자 수를 의미합니다.

예를 들어, 60 BPM은 1분 동안 60번 박자가 울리는 속도입니다. 쉽게 말하면, 1초에 한 번 박자가 울리는 것과 같아요.

모든 연주자는 안정적인 리듬감을 기르기 위해 메트로놈을 활용합니다. 베이스 기타 역시 리듬감이 무엇보다 중요하기 때문에, 연습 방법이 익숙해졌다면 메트로놈을 켜고 연습하는 것을 추천합니다.

이번에는 지난 2주 동안 연습했던 개방현 8비트를 메트로놈과 함께 연습해 보겠습니다. 처음에는 메트로놈을 60 BPM에 맞추고, 메트로놈 소리마다 두 번씩 연주해 보세요. 손이 풀리면 10 BPM 씩 올려 200 BPM까지 도전해 보시면 좋습니다.

(예: 60 → 70 → 80 → … → 200)

참고로 메트로놈은 굳이 별도의 기기가 없어도 됩니다. 스마트폰 무료 앱만으로도 충분히 활용할 수 있어요.

## 개방현 8비트 예제 연습

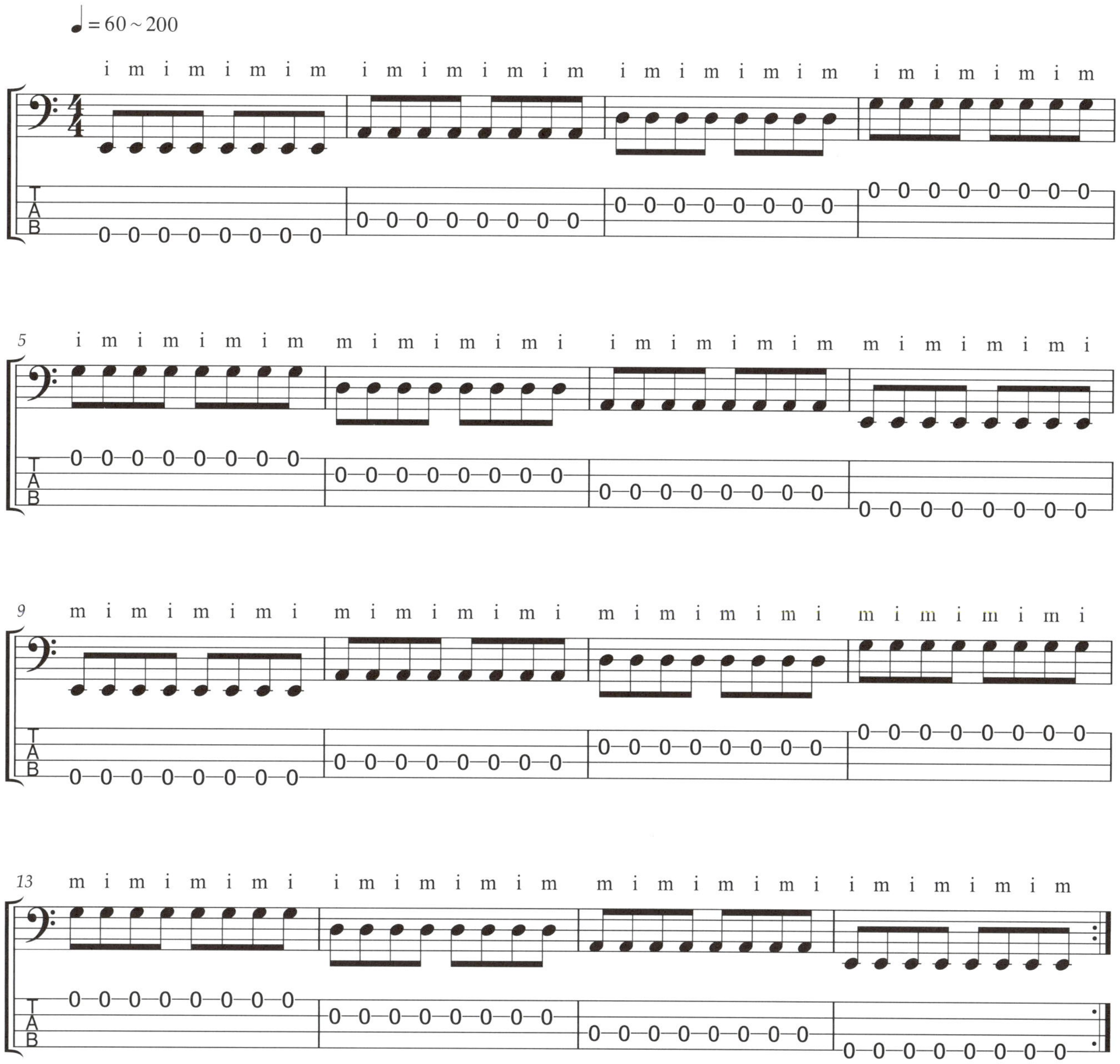

 **Tip**

**1** 오른손 자세

**2** 양손 뮤트

**3** 핑거 피킹의 순서 (얼터네이트 핑거 피킹, 레이킹)

**4** 메트로놈에 맞춰 연주하기

이 요소들을 반복해서 연습하면서 익숙해지면, 속도를 조금씩 올려 보세요. 추천하는 연습 범위는 60 → 200 BPM입니다.

꾸준히 반복하다 보면 오른손이 점점 더 자유로워지고, 양손의 움직임과 전체적인 연주가 훨씬 자연스러워지는 것을 느낄 수 있을 거예요.

# 3 크로매틱 '4-3-2-1' 패턴

지난 시간에는 3번 프렛부터 '1-2-3-4' 패턴으로 크로매틱을 연습하면서, 1번 줄까지 내려갔다가 다시 4번 줄로 올라오는 방식을 해 보았습니다. 이번에는 조금 다른 방법인, 1번 프렛부터 시작해 12번 프렛까지 지그재그로, 오른쪽으로 이동하는 방식으로 연습해 보겠습니다.

이번 패턴은 '4-3-2-1' 즉, 소지 → 약지 → 중지 → 검지 순서로 눌러 주면서 연습합니다.

**크로매틱 4-3-2-1 예제 연습**

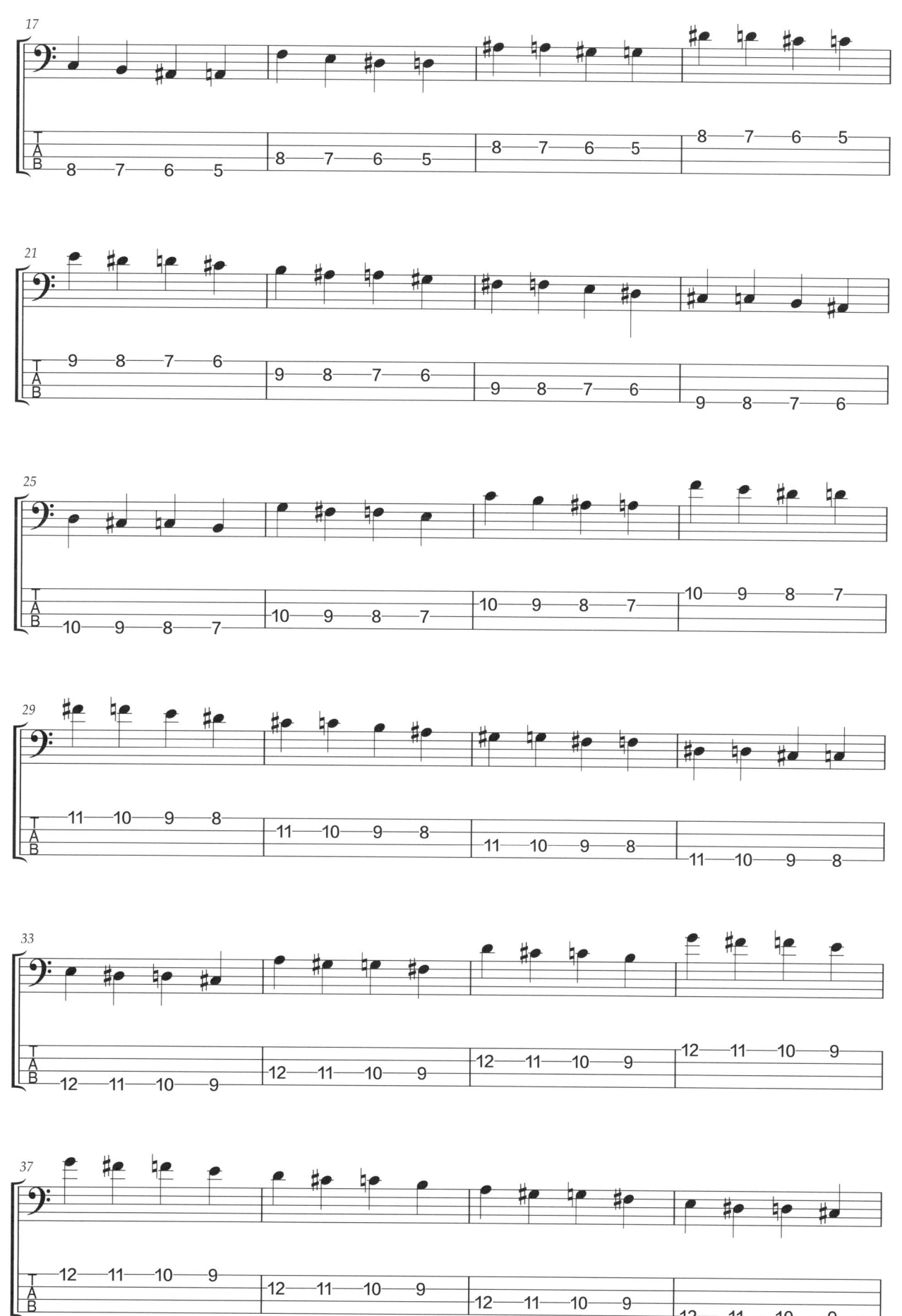

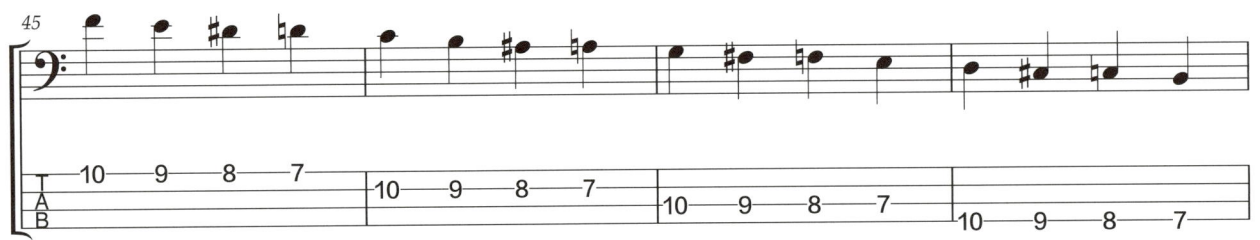

## ▶ Tip

**1 손가락 위치**: 줄 위에 네 손가락을 붙인 상태로 시작, 한 손가락씩 떼어 주는 느낌으로 연주하기

줄과 손가락이 너무 멀어지지 않도록, 최소한의 움직임으로 연습

**2 메트로놈 활용**: 60 BPM으로 설정하고, 메트로놈 한 박자에 한 번씩 연주하기

**3 크로매틱 패턴 연습**

'4—3—2—1'로 내려갔다가 한 칸 오른쪽 이동 후 '4—3—2—1'로 올라가기 ┐

이렇게 지그재그로 이동하며 연습                                    **이 과정을 반복**

소지가 12번 프렛에 도착하면 왔던 길을 역순으로 연습 ┘

**\* 12번 프렛에는 포지션 마크로 두 점이 찍혀 있으니, 이동할 때 기준점으로 활용하면 좋아요.**

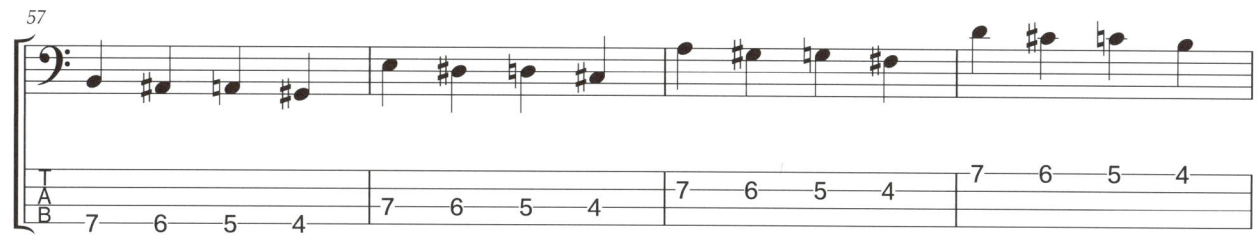

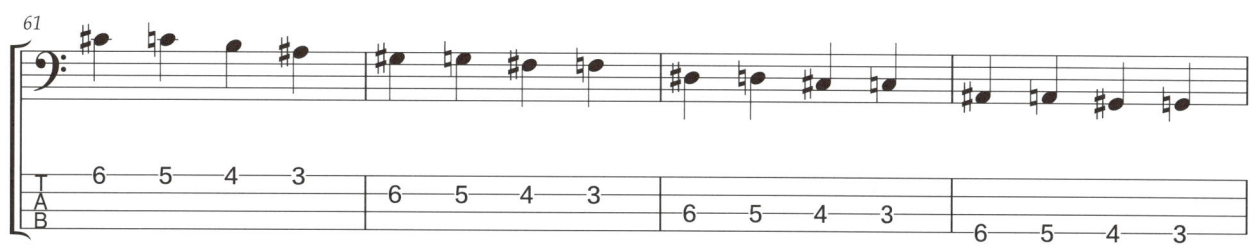

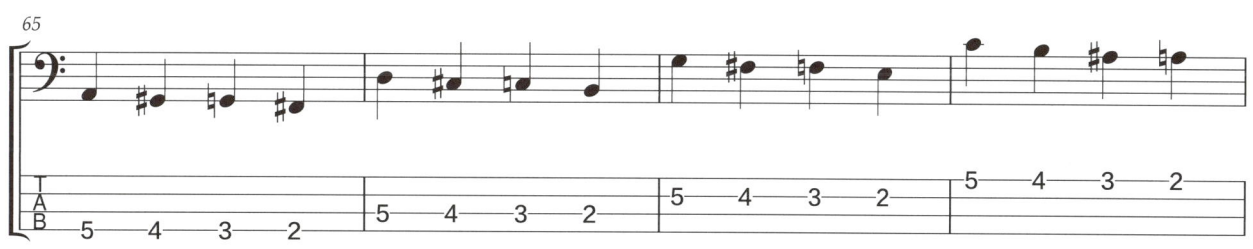

**4 연습 전 준비**

운동하기 전에 스트레칭하듯, 본격적인 연습 전에 손을 풀어주기

오른손: 개방현 8비트 연습

왼손: 크로매틱 연습

각각 5분 이상, 총 10분간 준비 연습을 해 주면 손이 훨씬 부드럽게 풀립니다.

# ④ 운지법

운지법은 악기를 연주할 때 손가락을 사용하는 방법을 말합니다.
컴퓨터 키보드를 칠 때도 키마다 정해진 손가락이 있듯이, 베이스 기타 연주에서도 줄을 누를 때 사용하는 손가락이 어느 정도 정해져 있습니다. 이 원리를 이해하면 손가락의 위치와 움직임을 훨씬 더 효율적으로 익힐 수 있어요.

## 왼손 자세와 운지

크로매틱 연습에서는 한 프렛씩 4칸을 기준으로 검지·중지·약지·소지를 모두 사용했습니다. 하지만 실제 베이스 연주에서는 보통 3칸 간격을 기준으로 왼손을 씁니다.
검지, 중지, 소지를 자주 사용하며, 약지는 소지를 보조하는 역할로 같은 프렛의 다른 줄을 누르거나 4칸 이상 이동해야 하는 라인에서 사용됩니다.
연주할 때는 항상 3칸 간격으로 손가락을 줄 위에 올려 두고 연주해 보세요.
이렇게 연습하면 왼손의 움직임이 훨씬 효율적이고, 복잡한 베이스 라인도 더 자연스럽게 소화할 수 있습니다.

## 올바른 운지 선택 방법

예를 들어, 3번 줄의 3번 프렛을 눌러야 한다고 해 보겠습니다. 이때는 사실 어떤 손가락을 사용해도 상관없습니다.
그런데 만약 다음 음이 같은 줄의 5번 프렛이라면 이야기가 달라집니다.
3번 프렛을 소지로 누르면, 다음 5번 프렛에서 왼손을 이동해야 합니다.
3번 프렛을 검지로 누르면, 왼손을 크게 움직이지 않고도 자연스럽게 이어서 누를 수 있습니다.
즉, 왼손 운지를 정할 때는 단순히 지금 음만 보지 말고, 앞뒤 라인을 살펴 움직임이 최소가 되는 손가락을 선택하는 것이 좋아요.

# ⑤ 음표와 쉼표

음표는 음악에서 소리의 길이와 높이를 나타내는 기호입니다. 쉼표는 음표와 마찬가지로 길이를 나타내지만, 그 길이만큼 연주를 멈추고 쉰다는 의미를 가집니다. 학교 음악 시간에 한 번쯤 배웠던 내용이기도 하지요.
이번에는 연주할 때 자주 쓰이는 음표와 쉼표를 함께 살펴보겠습니다.

## 음표

| 기호 | 이름 | 박자 |
|---|---|---|
| 𝅝 | 온음표 | 4박자 |
| 𝅗𝅥 | 2분음표 | 2박자 |
| ♩ | 4분음표 | 1박자 |
| ♪ | 8분음표 | 0.5박자 |
| 𝅘𝅥𝅯 | 16분음표 | 0.25박자 |

## 쉼표

| 기호 | 이름 | 박자 |
|---|---|---|
| ▬ | 온쉼표 | 4박자 쉼 |
| ▬ | 2분쉼표 | 2박자 쉼 |
| 𝄽 | 4분쉼표 | 1박자 쉼 |
| 𝄾 | 8분쉼표 | 0.5박자 쉼 |
| 𝄿 | 16분쉼표 | 0.25박자 쉼 |

## 점음표

| 기호 | 이름 | 박자 | 음가 구성 | | |
|---|---|---|---|---|---|
| 𝅝· | 점온음표 | 6박자 | 𝅝 | + | 𝅗𝅥 |
| 𝅗𝅥· | 점2분음표 | 3박자 | 𝅗𝅥 | + | ♩ |
| ♩· | 점4분음표 | 1.5박자 | ♩ | + | ♪ |
| ♪· | 점8분음표 | 0.75박자 | ♪ | + | 𝅘𝅥𝅯 |

## 점쉼표

| 기호 | 이름 | 박자 | 음가 구성 | | |
|---|---|---|---|---|---|
| ▬· | 점온쉼표 | 6박자 쉼 | ▬ | + | ▬ |
| ▬· | 점2분쉼표 | 3박자 쉼 | ▬ | + | 𝄽 |
| 𝄽· | 점4분쉼표 | 1.5박자 쉼 | 𝄽 | + | 𝄾 |
| 𝄾· | 점8분쉼표 | 0.75박자 쉼 | 𝄾 | + | 𝄿 |

## 겹점음표

| 기호 | 이름 | 박자 | 음가 구성 | | | | |
|---|---|---|---|---|---|---|---|
| 𝅝·· | 겹점온음표 | 7박자 | 𝅝 | + | 𝅗𝅥 | + | ♩ |
| 𝅗𝅥·· | 겹점2분음표 | 3.5박자 | 𝅗𝅥 | + | ♩ | + | ♪ |
| ♩·· | 겹점4분음표 | 1.75박자 | ♩ | + | ♪ | + | 𝅘𝅥𝅯 |

## 겹점쉼표

| 기호 | 이름 | 박자 | 음가 구성 | | | | |
|---|---|---|---|---|---|---|---|
| ▬·· | 겹점온쉼표 | 7박자 쉼 | ▬ | + | ▬ | + | 𝄽 |
| ▬·· | 겹점2분쉼표 | 3.5박자 쉼 | ▬ | + | 𝄽 | + | 𝄾 |
| 𝄽·· | 겹점4분쉼표 | 1.75박자 쉼 | 𝄽 | + | 𝄾 | + | 𝄿 |

# ⑥ 올바른 쉼표의 연습

## 뮤트

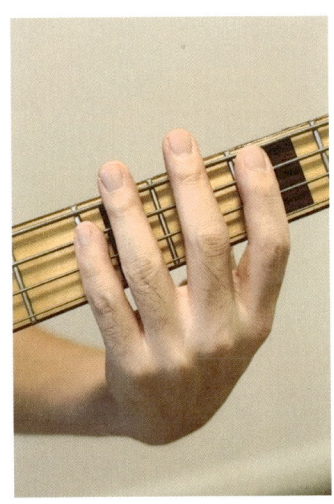

| 오른손 뮤트 | 왼손 뮤트 | 양손 뮤트 |

음표는 소리를 내야 하는 기호이고, 쉼표는 소리를 내지 않고 쉬어야 하는 구간을 뜻합니다.

베이스 기타에서는 이렇게 소리가 나지 않도록 막는 동작을 뮤트(Mute)라고 부릅니다. 뮤트에는 크게 오른손 뮤트, 왼손 뮤트, 양손 뮤트 세 가지 방법이 있어요.

### 오른손 뮤트

오른손 뮤트는 연주에 사용한 손가락과 반대 손가락을 활용해서 줄을 잡아 주는 방법입니다.

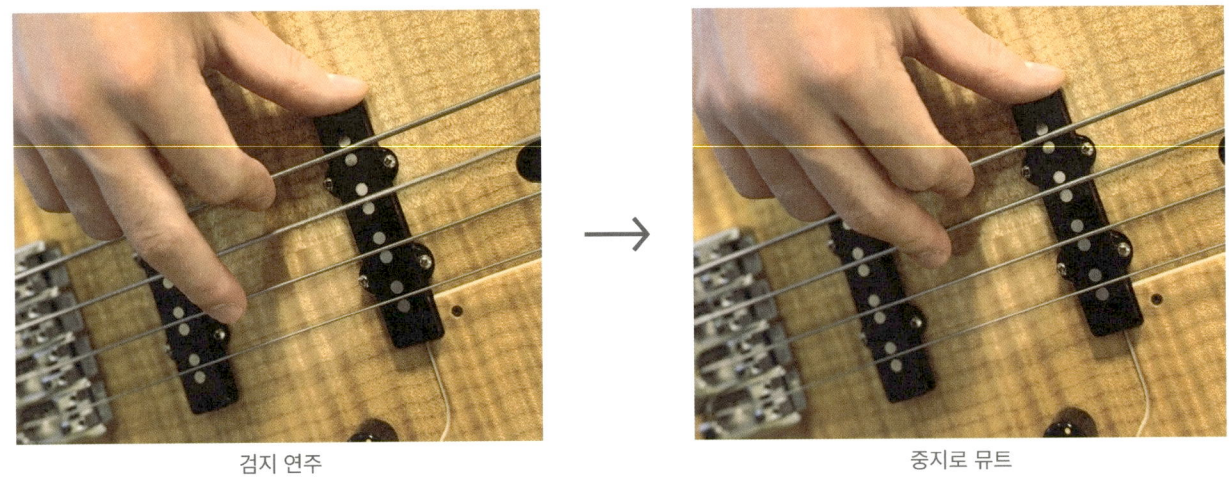

검지 연주 → 중지로 뮤트

검지로 연주했다면 → 중지로 줄을 살짝 눌러 뮤트

중지로 연주했다면 → 검지로 줄을 살짝 눌러 뮤트

이렇게 반대 손가락으로 소리를 막아 주면, 불필요한 여음이 줄어들고 소리가 훨씬 깔끔해집니다.

## 왼손 뮤트

왼손 뮤트는 줄 위에 손가락을 살짝 올려서 소리를 막는 방법입니다.

이때는 한 손가락만 쓰는 것보다, 여러 손가락을 최대한 활용해서 줄을 넓게 덮어 주는 것이 좋아요.

포인트는 줄을 세게 누르는 것이 아니라 살짝 얹어서 소리가 나지 않도록 멈추는 것입니다.

## 쉼표 예제 연습

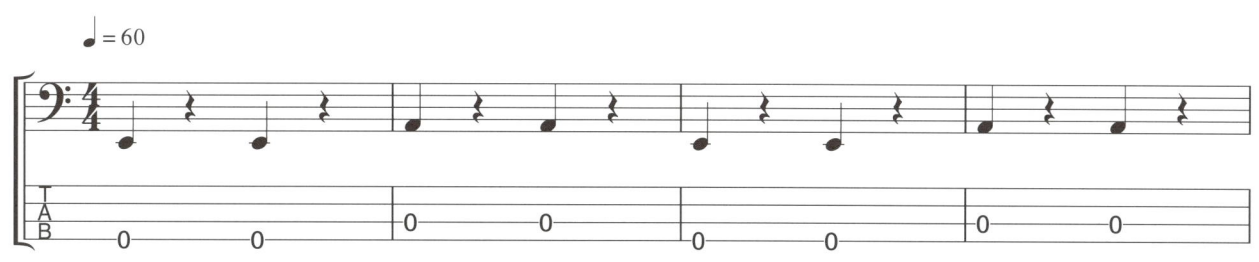

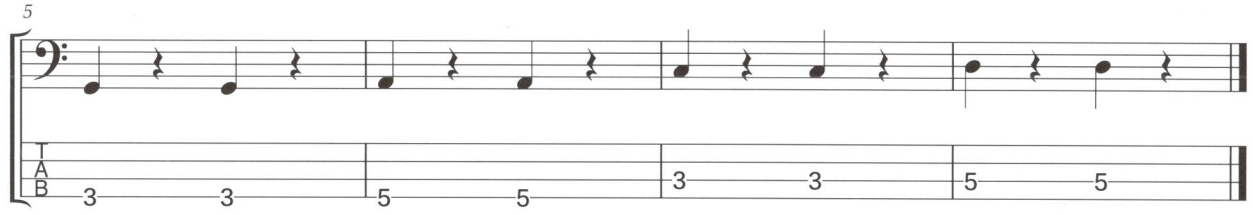

### ↳ 개방현 왼손 뮤트

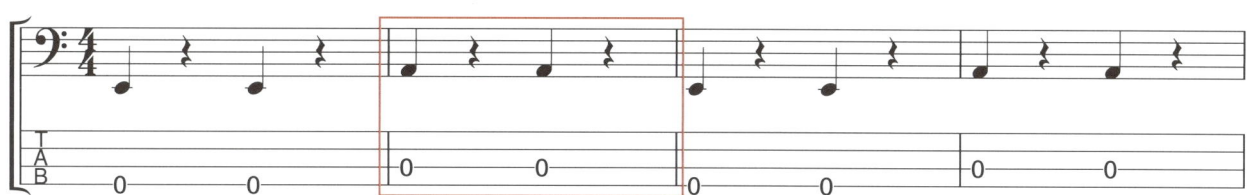

**2마디**: 줄을 누르지 않고 개방현을 연주한 뒤, 왼손을 가볍게 올려 소리를 끊어 주세요.

힘이 너무 약하면 소리가 남고, 너무 세면 잡음이 나기 때문에 적당한 힘 조절이 중요합니다.

개방현 연주 자세

왼손 뮤트

**2** 줄을 누른 상태에서 왼손 뮤트

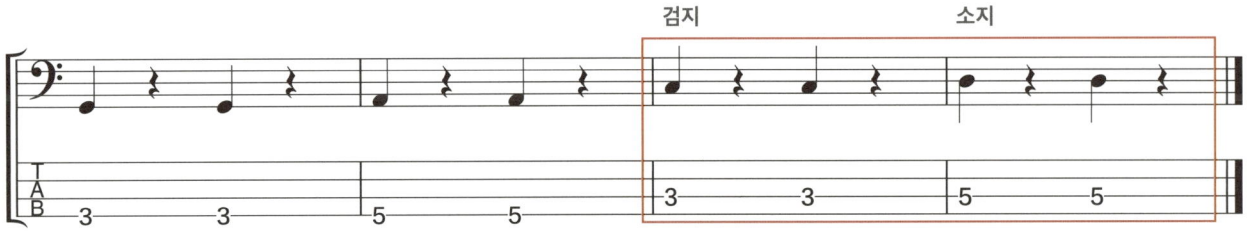

**7~8마디**: 줄을 누른 뒤 쉼표가 나오면, 누른 손가락의 힘을 풀어 주면서 동시에 다른 손가락(중지·약지·소지)을 줄 위에 덮어 주세요. 이렇게 하면 쉼표가 단순히 '멈춤'이 아니라, 불필요한 소리를 정리해 주어 훨씬 깔끔하게 표현됩니다.

▼검지 운지법

▼왼손 뮤트

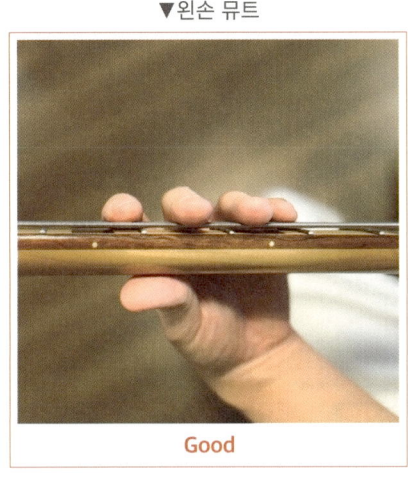

**3** 소지로 연주할 때 왼손 뮤트

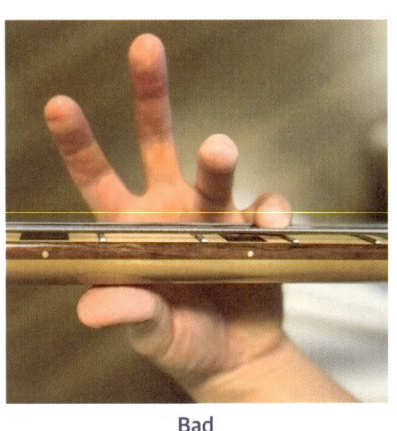

소지로 줄을 누를 때는 다른 손가락(검지·중지·약지)을 항상 함께 줄 위에 두어야 해요. 그렇지 않으면 하모닉스나 잡음이 나기 쉽습니다. 소지를 쓸 때일수록 나머지 손가락이 줄을 덮어 주어야 쉼표가 깨끗하게 표현됩니다.

## 양손 뮤트

연주에 여유가 있을 때는 양손을 동시에 사용해서 쉼표를 표현하면 소리가 더 깔끔하게 정리됩니다.

반대로 연주가 복잡해서 여유가 없을 때는 한쪽 손만 사용해도 괜찮습니다.

실제 연주에서는 주로 왼손 뮤트를 많이 쓰게 될 거예요. 중요한 건, 베이스 기타에서 쉼표는 단순히 '소리를 멈춘다'가 아니라, 정확한 타이밍에 소리를 끊어 주어 곡의 리듬을 또렷하게 만든다는 점입니다.

연습할 때 이 부분을 꼭 의식하면서, 쉼표를 하나의 연주 요소로 생각하고 연습해 보세요.

# 🎵 3주 차 응용 연습곡

## 왼손 운지 정하기 연습

이번에는 3주 차에 배운 왼손 운지법을 실제로 적용해 보겠습니다.

## 연습 방법

왼손은 기본적으로 세 칸 간격을 기준으로 준비하고, 필요하다면 네 칸 간격도 활용할 수 있습니다.

예를 들어, 베이스 라인이 5번 프렛 → 4번 프렛 → 2번 프렛으로 이어진다고 해 볼게요.

이 곡에서는 쉼표가 자주 나오기 때문에 세 칸 기준으로 운지를 정하는 것이 더 효율적입니다.

**5번 프렛 → 소지**

**4번 프렛 → 소지**

**2번 프렛 → 검지**

이런 식으로 곡 전체를 살펴보면서, 왼손이 불필요하게 크게 움직이지 않도록 운지를 미리 정해 두는 습관을 들여 보세요.

쉼표가 나올 때는 가능하다면 양손 뮤트를 활용해 보세요.

만약 연주 상황상 여유가 없다면, 왼손 뮤트나 오른손 뮤트 중 한 가지 방법만이라도 사용해서 불필요한 소리를 막아 주면 됩니다.

이제 배운 내용을 적용해서 연습곡을 실제로 연주하면서, 쉼표와 뮤트를 함께 익혀 보겠습니다.

작곡 Aimyon
작사 Aimyon
노래 Aimyon

# 사랑을 전하고 싶다든가

# 연습 노트

🕐 **주 차**:　　　　　　〔　　/　　~　　/　　〕

🕐 **날짜**:

🕐 **연습 시간**:　　　　분

🕐 **이전 주 차의 연습 내용** 박자표와 마디, 개방현 8비트 심화, 크로매틱 '4-3-2-1' 패턴, 운지법, 음표와 쉼표, 올바른 쉼표의 연습,3주 차 응용 연습곡

🕐 **체크 포인트** 오늘 연습에서 확인해야 할 부분

❗ **어려웠던 부분** 특히 손에 잘 안 붙거나 헷갈렸던 부분 기록

🕐 **오늘의 깨달음 및 메모** 연습하면서 새롭게 느낀 점, 개선할 부분, 아이디어 등

🕐 **다음 주 차의 연습 목표**

🕐 **연습 만족도**
😌 아주 잘했다 ☐
🙂 괜찮았다 ☐
😣 어려웠다 ☐
😕 다시 복습 필요 ☐

# 4주 차

# 소리를 더 풍부하게
# 만드는 테크닉들

❶ 크로매틱 패턴 심화
❷ 표현 테크닉 기초(스타카토·슬라이드·글리산도)

📍 Earth, Wind & Fire — September

**theBass Lesson,** 벌써 4주 차까지 왔습니다. 시간이 정말 빠르죠?
이 시점에서 잠깐 멈추고, 처음 시작했을 때보다 얼마나 더 자연스럽게 연주하고 있는지 점검해 보는 것도
좋습니다. 여기까지 잘 따라오셨습니다. 정말 잘하고 계세요.
자, 그럼 계속 이어가 보겠습니다!

# ① 크로매틱 패턴 심화

## 크로매틱의 다양한 패턴

크로매틱은 연습 포인트에 따라 다양한 방식으로 진행할 수 있습니다.

아직은 올바른 자세와 힘을 기르는 것에 초점을 맞춰주세요. 지금까지는 '1—2—3—4', '4—3—2—1' 두 가지 패턴으로 연습했지만, 이번에는 네 손가락으로 만들 수 있는 여러 손가락 조합을 활용해 패턴을 만들고, 크로매틱 연습을 해 보겠습니다.

| 크로매틱 경우의 수 | | | |
|---|---|---|---|
| 1234 | 2134 | 3124 | 4123 |
| 1243 | 2143 | 3142 | 4132 |
| 1324 | 2314 | 3214 | 4213 |
| 1342 | 2341 | 3241 | 4231 |
| 1423 | 2413 | 3412 | 4312 |
| 1432 | 2431 | 3421 | 4321 |

## 패턴에 따른 연습 방법

위 크로매틱 경우의 수 표를 보고, 여러 가지 패턴 중에서 한 가지를 골라 연습합니다. 이번에는 '2—1—3—4' 패턴으로 먼저 진행해 보겠습니다. 연습할 때마다 여러 손가락 조합 중 하나를 골라 진행해 보세요. 패턴을 다양하게 연습할수록 손가락의 유연성과 독립성이 빨리 향상됩니다.

**1 메트로놈 60 BPM 설정**

4분음표로 연습하며 손 모양과 자세가 익숙해지면, 8분음표로 전환해 속도를 높여 보세요.

**2 왼손 최소한으로 움직이기**

불필요한 동작을 줄이고 효율적인 손 모양을 유지하세요.

**3 지그재그 이동 연습**

한 칸씩 오른쪽으로 이동하며 줄을 내려갔다가 다시 올라오는 방식으로 연습합니다.

**4 한 바퀴 완성하기**

소지가 12번 프렛까지 도달하면 되돌아와 처음 위치로 복귀합니다. 이를 한 바퀴로 생각하고 반복해서 연습해 보세요.

## 크로매틱 예제 연습

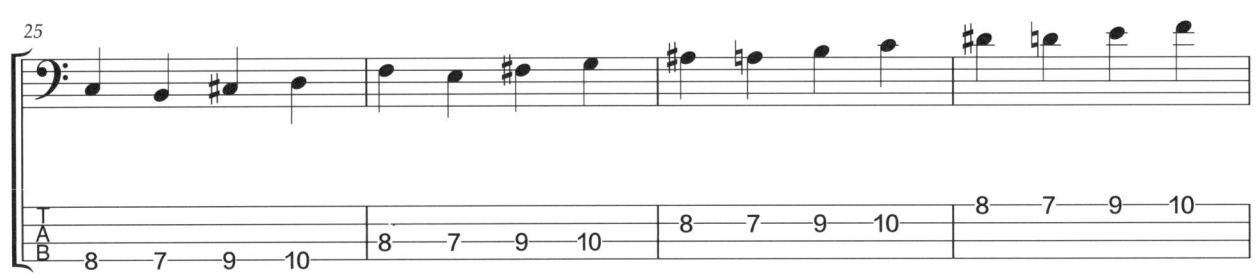

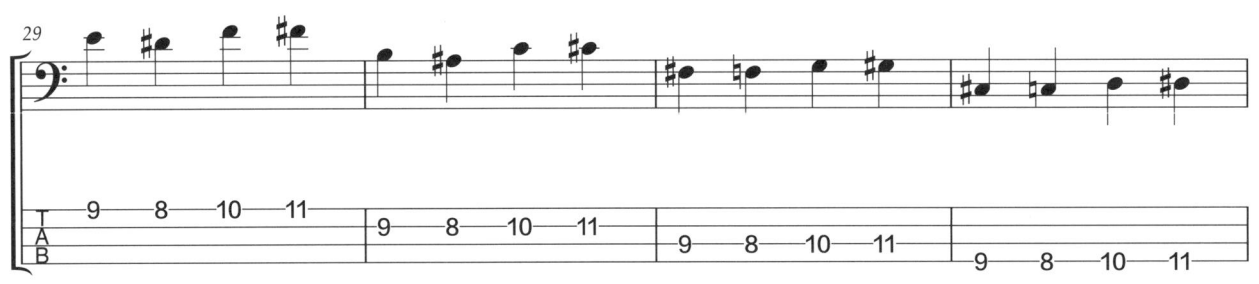

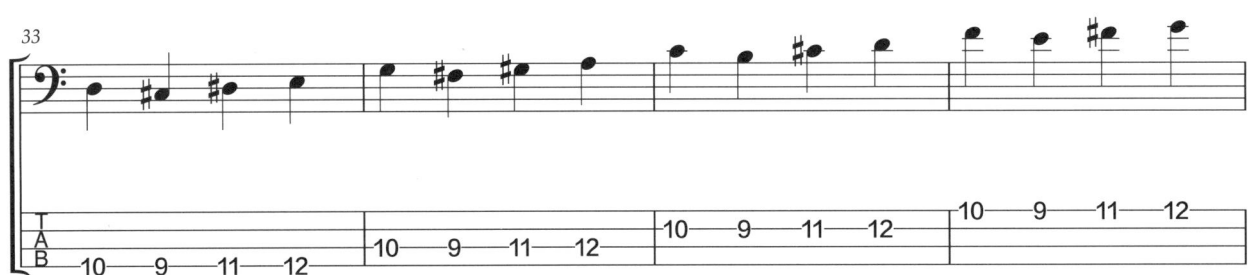

# ② 표현 테크닉 기초

## 스타카토

이론·실제 연주 길이      이론    실제 연주 길이

스타카토는 음표의 길이를 줄여 짧게 끊어 연주하는 기법으로, 악보에서는 보통 음표 머리 위나 아래에 점(.)으로 표시됩니다. 이론적으로는 원래 음 길이의 절반(1/2) 정도로 짧게 연주한다는 뜻이지만, 실제로는 그보다 더 짧게 끊어 연주하는 경우가 많습니다.

이번에는 예제를 통해 왼손 운지와 쉼표 연주를 복습하고, 이어서 스타카토 연주법을 연습해 보겠습니다.

## 스타카토 연주 시 왼손 운지법

이번에는 지난 주차에 배운 운지법을 스타카토 연습과 함께 적용해 보겠습니다.

왼손은 항상 세 칸 간격으로 줄 위에 위치시키는 것이 기본이며, 보통 검지-중지-소지가 각 프렛을 담당하고 약지는 소지를 보조하는 역할을 합니다.

예를 들어 3번 줄의 3번 프렛 → 5번 프렛으로 이어지는 베이스 라인이 있을 경우, 3번 프렛은 검지, 5번 프렛은 소지로 잡는 것이 가장 효율적입니다.

검지로 3번 프렛

소지로 5번 프렛

## Q. 소지로 프렛을 누를 때 나머지 손가락을 줄 위에 붙이면 간섭이 생기지 않나요?

**theBass Lesson.** 소지는 손의 가장 오른쪽에 위치하기 때문에, 왼쪽의 검지·중지·약지가 어떤 자세를 취하더라도 음에 간섭이 생기지 않습니다.

오히려 이 세 손가락을 줄 위에 가볍게 붙여 두면 불필요한 울림을 막아 뮤트 효과를 얻을 수 있어 연주가 안정됩니다.

소지 운지

반면, 검지·중지·약지로 프렛을 누를 때는 주의가 필요합니다. 이때 오른쪽에 있는 손가락이 줄에 닿으면 불필요한 잡음이 생기기 쉽기 때문이죠. 이럴 때는 줄과 살짝 간격을 두고 약간 띄운 자세를 유지하는 것이 좋습니다.

이 습관을 꾸준히 유지하면 불필요한 소리를 줄이고, 전체적인 톤이 훨씬 깔끔하고 정돈된 소리로 연주할 수 있습니다.

검지 운지    중지 운지    약지 운지

## 스타카토 예제 연습

**1~4마디**

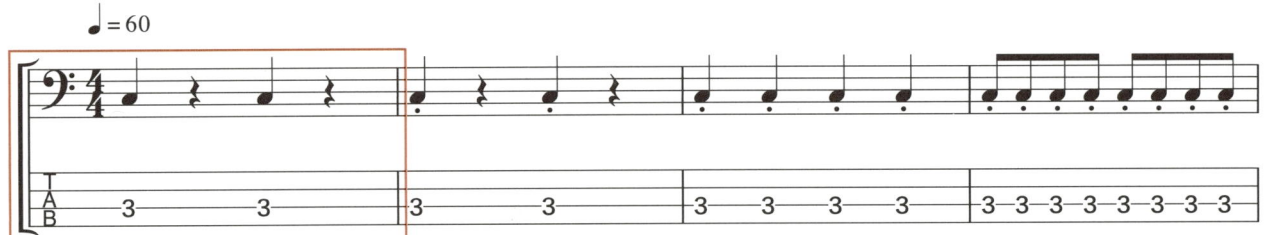

검지로 운지(손가락을 살짝 띄운 자세)

줄 위에 손을 닿게 하여 왼손 뮤트

**1마디**: 4분음표를 연주한 뒤, 쉼표 구간에서 양손 뮤트를 함께 사용해 보겠습니다.

검지로 프렛을 누르고, 나머지 손가락은 세 칸 간격으로 벌린 상태를 유지합니다.

이때 손가락은 줄에 완전히 붙이지 않고 살짝 띄운 자세를 유지하세요.

'살짝 띄운다'라는 말은, 손가락이 줄에 닿지 않아 불필요한 소음을 만들지 않도록 줄 위에서 떠 있는 상태를 뜻합니다.

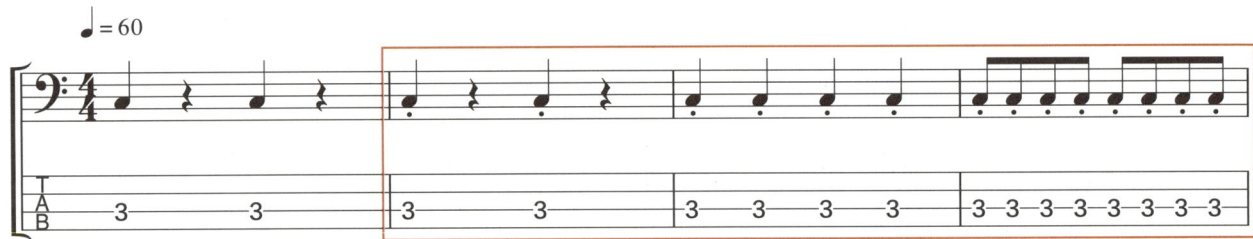

**2마디**: 8분음표 + 점4분쉼표 → 음 길이의 절반(1/2) 정도만 연주하고, 나머지는 쉼표로 처리합니다.

**3마디**: 16분음표 + 점8분쉼표 → 더 짧고 또렷하게 끊어 연주합니다.

**4마디**: 8분음표 스타카토를 연속으로 연주하며, 왼손 뮤트만 사용해 보세요. 처음에는 누르고 있는 손가락만 이용해 끊고, 익숙해지면 나머지 손가락도 함께 줄을 덮어 소리를 정리합니다.

## ♩ 5~8마디

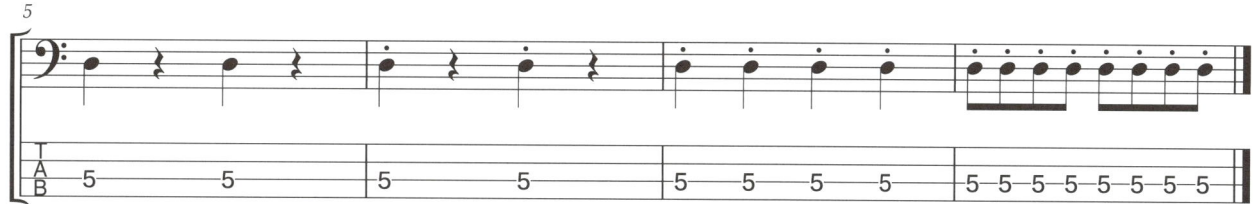

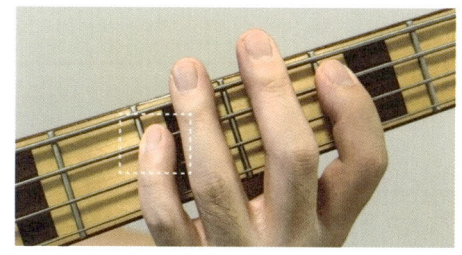

소지로 운지

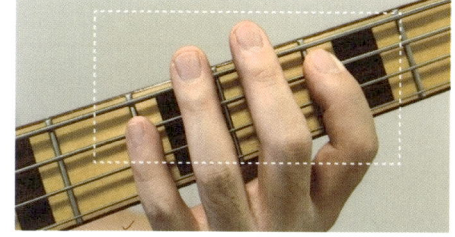

줄 위에 손을 닿게 하여 왼손 뮤트

소지로 프렛을 누르고, 나머지 손가락을 세 칸 간격으로 벌린 상태로 줄 위에 살짝 올려둡니다. 여러 손가락이 줄을 덮어 주어야 쉼표가 깨끗하게 표현됩니다.

**5마디**: 4분음표를 연주한 뒤, 쉼표 구간에서 양손 뮤트를 함께 사용해 보겠습니다.

**6마디**: 8분음표 + 점4분쉼표 → 음 길이의 절반(1/2) 정도만 연주하고, 나머지는 쉼표로 처리합니다.

**7마디**: 16분음표 + 점8분쉼표 → 더 짧게 또렷하게 끊어 연주합니다.

**8마디**: 8분음표 스타카토를 연속으로 연주하며, 왼손 뮤트를 사용해 보세요.

왼손 소지로 줄을 눌렀다가 힘을 순간적으로 빼며 줄 위에 붙이는 동작을 빠르게 반복하세요. 나머지 손가락은 세 칸 간격으로 줄 위에 붙여 균형 잡힌 자세를 유지합니다.

## ▶ Tip

스타카토를 연주할 때는 왼손으로 줄을 얼마나 세게 누르는 것보다, 힘을 얼마나 빠르게 빼서 줄 위에 붙이는 것이 더 중요합니다. 많은 연주자들이 버징(줄이 떨리며 나는 잡음)은 줄을 누를 때만 생긴다고 생각하지만, 실제로는 왼손의 힘을 뺄 때 손가락이 느슨하게 움직이면 그때도 버징이 발생할 수 있습니다.

따라서 손가락을 뗄 때는 단순히 슬쩍 들어 올리는 것이 아니라, 줄 위에서 '탁' 하고 멈춘다는 느낌으로 연습해 보세요. 만약 왼손의 움직임이 민첩하게 움직이지 않는다면, 크로매틱 연습으로 손가락의 힘과 독립성을 먼저 기르는 것이 좋습니다. 이 과정을 거친 후 다시 스타카토를 연습하면 훨씬 자연스럽고 안정된 연주가 가능해집니다.

마지막으로, 연주 영상을 함께 보며 위 단계를 따라 연습하면 손의 움직임과 스타카토의 감각을 훨씬 자연스럽게 익힐 수 있습니다.

## 슬라이드와 글리산도

베이스 기타에서 슬라이드와 글리산도는 왼손으로 줄을 누른 상태에서 좌우로 미끄러지듯 이동하며 음을 연결하는 테크닉입니다. 두 테크닉 모두 음의 흐름을 자연스럽게 이어 주거나 꾸밈음, 효과음을 표현할 때 자주 사용됩니다.

### 슬라이드

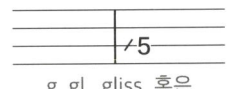

S, sl. 또는 이음줄로 표기

슬라이드는 시작 음과 끝나는 음이 명확하게 정해져 있는 이동입니다.
예를 들어, 3번 프렛 → 5번 프렛으로 표기되어 있다면 연주할 때는 3번 프렛을 누른 상태에서 줄을 울리고, 손가락을 누른 채 5번 프렛까지 미끄러지듯 이동하면 됩니다.

### Q. 예제 연습 1마디에서 슬라이드를 연주할 때, 5번 프렛을 다시 핑거 피킹 해야 하나요? 아니면 왼손의 움직임만으로 연주하나요?

**theBass Lesson** 기본적으로 슬라이드는 왼손의 움직임만으로 연주합니다. 하지만 곡의 분위기나 표현에 따라, 슬라이드 후 한 번 더 핑거 피킹을 해 주면 소리가 더 명확하고 자연스럽게 들릴 때도 있습니다.
즉, 반드시 한 가지 방식만 정해져 있는 게 아니라, 연주 상황과 표현 의도에 따라 조금씩 달라질 수 있습니다.

### 글리산도

g, gl., gliss. 혹은
선으로 표기

글리산도는 슬라이드와 비슷하지만, 시작과 끝나는 음이 정해져 있지 않은 자유로운 미끄러짐을 말합니다.
음과 음을 자연스럽게 이어 주거나, 흘러내리는 듯한 느낌을 표현할 때 자주 사용됩니다.
예제 연습의 3~8마디 구간에는 글리산도가 표시되어 있습니다.

글리산도 상행

글리산도 하행

### Q. 예제 연습의 3마디 글리산도는 몇 번 프렛에서 시작해야 하나요?

**theBass Lesson** 글리산도는 시작점이 정해져 있지 않은 자유로운 테크닉입니다. 따라서 연주자가 직접 선택할 수 있어요.
참고할 음원이 있다면, 음악의 흐름에 어울리는 위치를 시작점으로 잡아 보세요. 음원이 없는 경우에는 1~4번 프렛 전에서 시작하면 무난합니다.

## 슬라이드와 글리산도 예제 연습

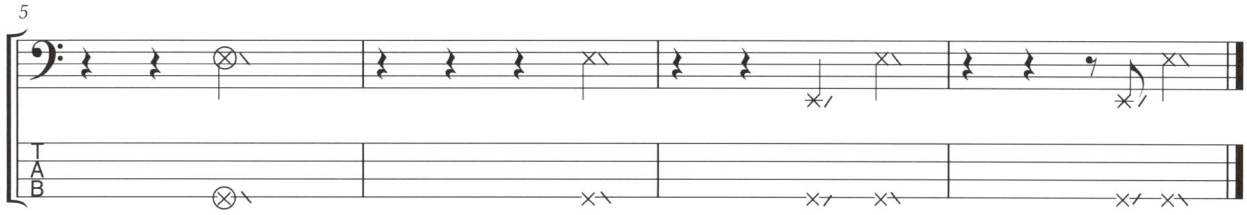

**4마디** : 지판의 끝까지 내려가면서 소리를 자연스럽게 흘러내리듯 연주합니다.

**5~8마디** : ✕ 표시가 있는 부분은 시작음과 끝음이 정해지지 않은 자유로운 글리산도입니다. 타브 악보에서 줄 위치만 확인한 뒤, 자유롭게 미끄러지듯 연주해 보세요.

**8마디** : 글리산도는 곡의 분위기 전환부나 후렴 전에서 자주 쓰이는 주법입니다. 연주할 때는 시작점과 이동 길이를 스스로 조정하며, 여러 번 반복해 감각을 익히세요.

올라갈 때는 손목을 살짝 오른쪽으로 회전시키고, 내려올 때는 왼쪽으로 부드럽게 돌리면 더욱 자연스럽고 매끄러운 사운드를 만들 수 있습니다.

 **Tip**

**1 슬라이드와 글리산도의 구분**

슬라이드는 시작과 끝 음이 정해진 이동, 글리산도는 자유로운 이동입니다. 실제 연주에서는 두 용어를 슬라이드로 통칭해서 쓰기도 합니다.

**2 음이 끊기지 않게 왼손 이동**

슬라이드할 때는 음이 중간에 끊기지 않도록 주의하세요. 크로매틱처럼 손끝으로만 누르면 소리가 끊길 수 있으니, 검지와 중지의 첫 번째 관절 위쪽 손가락 안쪽 부분으로 줄을 부드럽게 눌러 이동해 보세요.

**3 적당한 압력 유지**

줄을 너무 세게 누르면 손가락이 미끄러지지 않고, 너무 약하면 소리가 끊깁니다. 줄 위에서 자연스럽게 미끄러질 수 있는 적당한 힘을 찾는 것이 중요합니다. 이 감각은 같은 동작을 여러 번 반복하며 익히는 것이 가장 좋습니다.

## 연습 방법

**1 스타카토 연습**

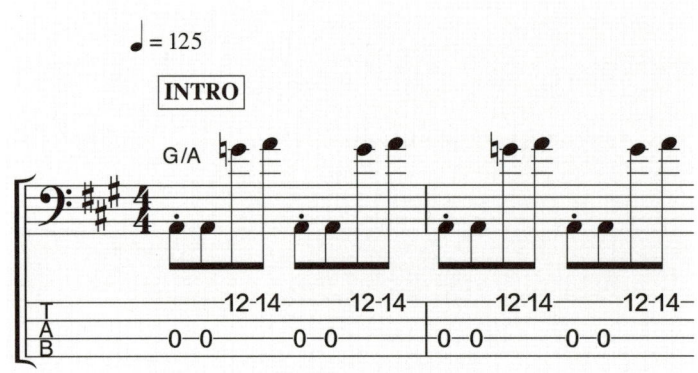

첫 음(개방현)을 연주한 뒤 왼손으로 빠르게 뮤트하고, 이어서 다음 음을 연주합니다.

스타카토가 없는 음은 길게 이어서, 있는 음은 짧고 통통 튀게 표현하세요.

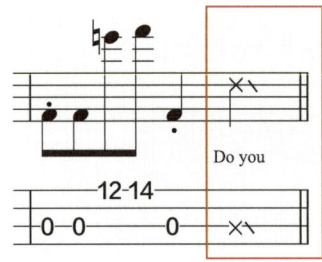

**2 줄 건너뛰기 연습**

1번 줄을 칠 때는 오른손 엄지로 3·4번 줄을 동시에 가볍게 뮤트 해 보세요.

불필요한 소리를 막아주고 안정적인 톤을 유지할 수 있습니다.

**3 글리산도 연습**

줄을 계속 누른 상태에서 손가락을 적당한 힘으로 미끄러뜨리며 이동하세요.

소리가 끊기지 않고 자연스럽게 이어지도록 하는 것이 핵심입니다.

**작사** WHITE MAURICE 외 2명
**작곡** WHITE MAURICE 외 2명
**노래** Earth, Wind & Fire

# September

♩ = 125

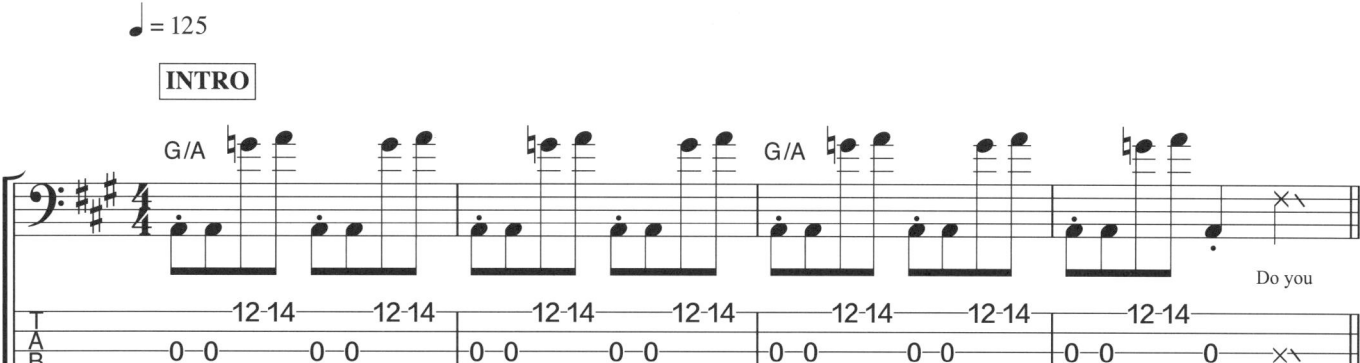

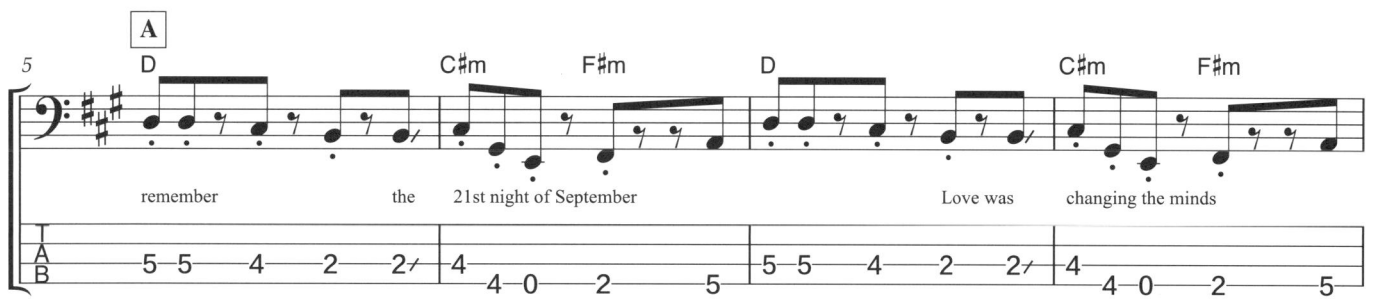

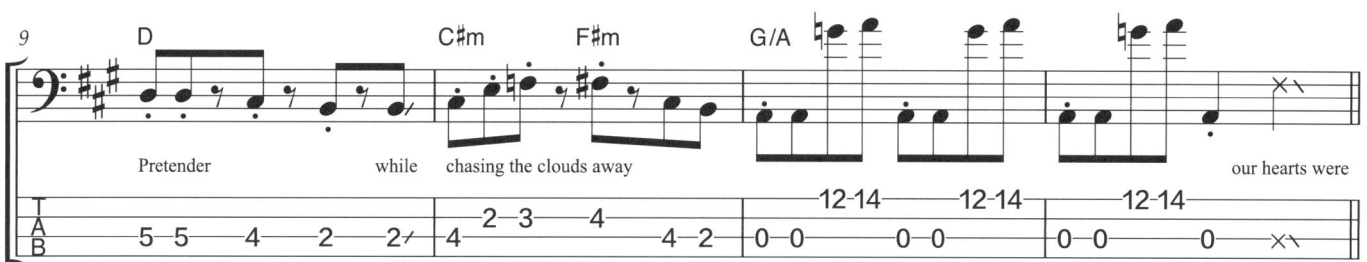

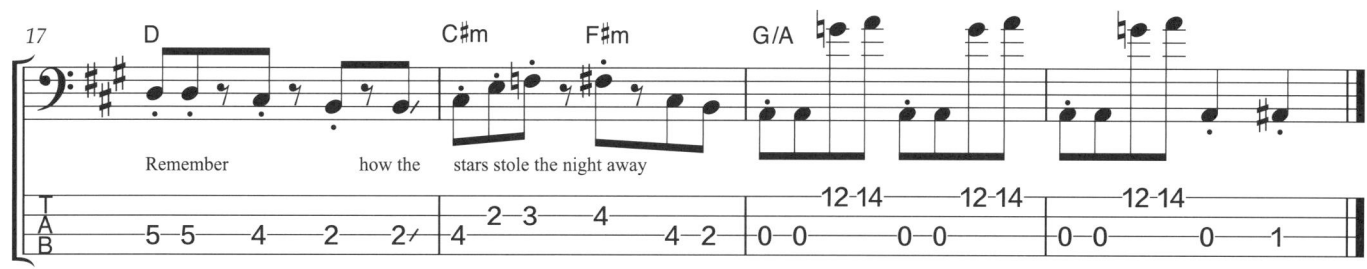

# 연습 노트

🕐 **주 차:**　　　　　〔　　/　　～　　/　　〕

🕐 **날짜 :**

🕐 **연습 시간 :**　　　　　분

🕐 **이전 주 차의 연습 내용** 크로매틱 패턴 심화, 표현 테크닉 기초(스타카토·슬라이드·글리산도), 4주 차 응용 연습곡

🕐 **체크 포인트** 오늘 연습에서 확인해야 할 부분

🕐 **어려웠던 부분** 특히 손에 잘 안 붙거나 헷갈렸던 부분 기록

🕐 **오늘의 깨달음 및 메모** 연습하면서 새롭게 느낀 점, 개선할 부분, 아이디어 등

🕐 **다음 주 차의 연습 목표**

🕐 **연습 만족도**
😌 아주 잘했다 ☐
🙂 괜찮았다 ☐
😣 어려웠다 ☐
😕 다시 복습 필요 ☐

# 5주 차

# 리듬과 테크닉 확장

❶ 롤링
❷ 옥타브
❸ 코스 요리 연습법

♬ 쏜애플 — 멸종

**theBass** 이제 조금씩 베이스 기타가 손에 익기 시작했을 거예요. 조금씩 기본기를 건너뛰고, "내 방식대로"
**Lesson**; 연주하고 싶은 마음도 생길 수 있습니다.
하지만 딱 3개월, 12주 동안만은 기본기를 지키며 따라와 주세요.
그 시간이 지나면 훨씬 더 자유롭고, 멋진 연주로 이어질 수 있습니다.

 # 롤링

## 롤링

롤링(Rolling)은 한 손가락으로 여러 줄을 눌러 연주하는 테크닉이에요. 기타에서는 바레(Barre)라고도 불립니다.

### 특징과 사용 이유

롤링은 주로 두 가지 상황에서 사용합니다.

> 여러 줄을 동시에 누를 때
> 줄을 이동하면서 음이 끊기지 않게 이어야 할 때

처음엔 어색할 수 있지만 꾸준히 하면 음이 부드럽고 자연스럽게 이어집니다. 네 손가락 모두 할 수 있지만, 검지가 가장 정확도가 높아 주로 많이 씁니다. 연주 상황에 따라 중지·약지·소지를 써야 할 때도 있으니, 다양하게 연습해 두는 게 좋아요.

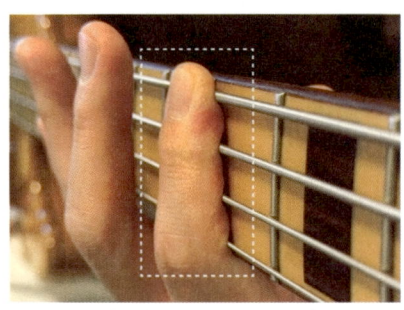

네 줄을 모두 누르는 롤링

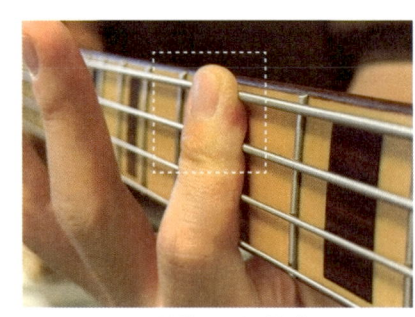

두 줄을 누르는 롤링

## 롤링 예제 연습

예제를 보면 3번 프렛 → 5번 프렛으로 이어지는 베이스 라인이 있습니다.

**1** **1마디**: 3번 프렛을 검지로 눌러 연주합니다.

**2** **2마디**: 같은 3번 프렛에서 검지로 롤링을 사용합니다. 만약 롤링 없이 단순히 줄만 옮기면 소리가 끊기게 되겠죠. 손가락 관절을 이용해 자연스럽게 이어 주는 게 포인트예요.

**3** **3~4마디**: 5번 프렛에서 줄만 바뀌는 구간은 소지나 약지로 롤링을 할 수도 있지만, 더 정확하고 안정적인 연주를 위해 약지와 소지를 함께 써서 음이 자연스럽게 이어지도록 연습해 보겠습니다.

**4** **5~8마디**: 같은 방식으로 반복합니다. 꾸준히 하다 보면 손에 익고, 연결이 훨씬 부드러워집니다.

# ② 옥타브

## 옥타브

옥타브는 어떤 음에서 완전8도 떨어진 음을 말합니다. 음을 순서대로 나열했을 때, 같은 이름의 음이 다시 나오면 그 관계를 옥타브라고 하죠.

예를 들어, '도—레—미—파—솔—라—시—도'라고 나열했을 때, 첫 번째 '도'와 그다음 '도'가 바로 옥타브 관계입니다.

| 계이름 | 도 | 레 | 미 | 파 | 솔 | 라 | 시 | 도 |
|---|---|---|---|---|---|---|---|---|
| 영어 | C | D | E | F | G | A | B | C |

## 옥타브 연습 시 왼손 자세

옥타브를 연습할 때는 왼손 자세가 특히 중요합니다.

　　낮은 음 → 검지
　　높은 음 → 소지

왼손은 세 칸 간격으로 펼쳐 지판 위에 둡니다.

　　3번 프렛을 검지로 누를 때 → 나머지 손가락은 줄에서 살짝 띄운 상태로 유지
　　5번 프렛을 소지로 누를 때 → 검지의 힘을 풀어 줄 위에 붙이고, 중지와 약지도 함께 줄을 덮어 뮤트

옥타브를 연주할 때는 검지와 나머지 세 손가락이 번갈아 움직인다는 느낌으로 접근하세요.

　　검지 → 나머지 세 손가락 → 검지 → 나머지 세 손가락

Good

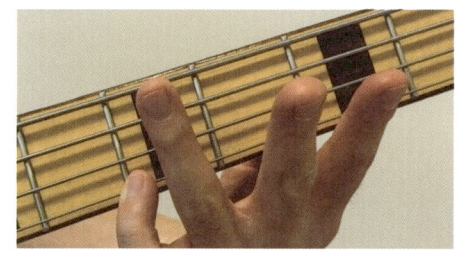

Bad

특히 소지를 누를 때는 검지를 민첩하게 줄 위에 붙여 주고, 나머지 세 손가락으로 줄을 덮어 불필요한 소리를 막는 것이 핵심입니다. 이 습관을 들이면 옥타브 라인을 훨씬 깔끔하고 안정적으로 연주할 수 있습니다.

## 옥타브 예제 연습

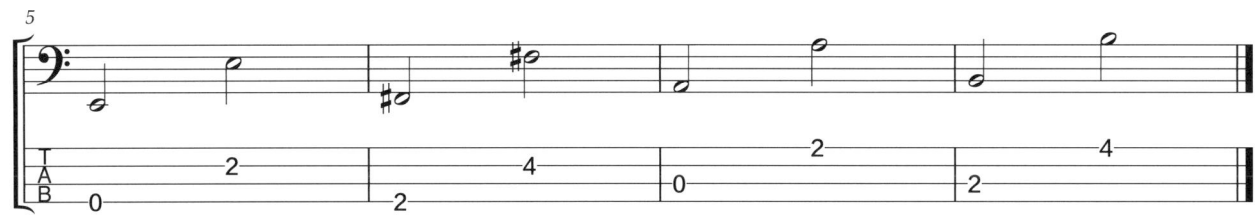

베이스 기타에서는 옥타브 연주가 굉장히 자주 쓰입니다. 예제 악보를 보고 옥타브 연습을 해봅시다.

지판에서는 옥타브의 위치가 항상 같은 패턴을 가지고 있는데요, 예를 들어 3번 줄 3번 프렛의 '도'를 기준으로 옥타브를 찾으면,

오른쪽으로 두 칸, 그리고 두 줄 아래에 옥타브가 있습니다.

다른 음들도 모두 이 동일한 위치 패턴을 따릅니다.

# ❸ 코스 요리 연습법

**Q. 연습 시간 배분, 어떻게 하나요?**

**Q. 전에 배운 걸 복습하다 보면 새로운 걸 연습할 시간이 부족해요. 어떻게 하면 좋을까요?**

**theBass Lesson,** 많이들 겪는 고민이에요. 연습할 수 있는 시간은 한정돼 있는데, 해야 할 건 점점 늘어나니 자연스럽게 생기는 질문입니다. 그래서 저는 '코스 요리 연습법'을 추천합니다. 기본기로 몸을 풀고 테크닉으로 집중력을 올린 뒤, 마지막에 재미 있는 요소를 넣어 긴장감을 풀어주는 과정입니다.

## 코스 요리 연습법이란?

코스 요리에 '애피타이저—메인 요리—디저트'가 있듯이, 연습도 기본기 → 메인 연습 → 디저트 연습으로 나누어 진행하는 방식이에요.

> 애피타이저: 기본기 10분
> 메인 요리: 연습곡 40분
> 디저트: 하고 싶은 연습 10분

만약 취미 연습생이라면, 한 번 연습할 때 50~60분이면 충분합니다.(물론 더 하면 실력은 더 빨리 늘겠죠!) 반면 전공 준비생이라면, 하루 10시간 이상을 권장합니다. 예시로, 지난 4주차 내용을 기준으로 50~60분짜리 연습 일정을 짜 보면 이렇게 됩니다.

> 애피타이저: 크로매틱, 스타카토, 슬라이드 연습 10분
> 메인 요리: 연습곡 September 연습 40분
> 디저트: 하고 싶은 연습 10분

## 4주차 연습 일정표

| 구분 | 내용 | 시간 | 포인트 |
|---|---|---|---|
| 기본기 연습(애피타이저) | 크로매틱 패턴, 스타카토 예제, 슬라이드 예제 | 약 10분 | - 한 번에 3개가 힘들면 1~2개씩, 손가락 자세와 힘 체크 |
| 메인 연습(메인 요리) | Earth, Wind & Fire - September | 약 40분 | - 리듬과 음표, 타브 확인<br>- 한 마디씩 디테일 연습<br>- 왼손 운지, 스타카토, 슬라이드/글리산도 점검<br>- 2마디 또는 파트 단위로 연결 연습<br>- 기본기 체크하며 반복 |
| 디저트 연습(디저트) | 내가 하고 싶은 연습 | 약 10분 | - 좋아하는 곡 따라 하기<br>- 슬랩, 코드 연주 시도<br>- 부족한 부분 보충<br>- 하고 싶은 걸 하며 자유롭게 마무리 |

이렇게 하면 무엇을 연습할지 고민하는 시간을 줄이고, 짧은 시간에도 집중도와 효율을 높일 수 있습니다.

# 🎵 5주 차 응용 연습곡

## 롤링과 옥타브 연습

이번에는 연습곡을 통한 롤링과 옥타브 연습을 해보겠습니다. 원곡은 슬랩으로 연주되지만, 이번에는 핑거 피킹으로 해 보겠습니다.

## 연습 방법

### ↳ 1마디
글리산도를 넣어서 후렴으로 자연스럽게 넘어가 볼게요.

### ↳ 2~17마디

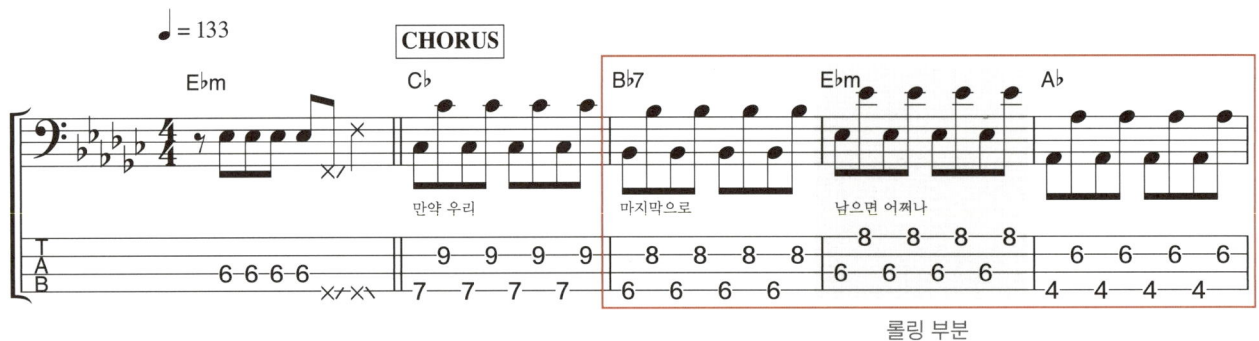

옥타브 주법을 집중해서 연습해 주세요. 특히 4마디는 검지로 롤링을 써 보시면 좋아요. 그렇게 하면 3~5마디 왼손 운지가 훨씬 더 자연스럽게 이어질 거예요.

곡 자체가 빠른 편이라 처음에는 속도보다 정확함에 집중하면서 천천히 반복해 보세요. 익숙해지면 조금씩 속도를 올려도 좋습니다. 무엇보다도 왼손 모양과 자세를 신경 쓰는 게 중요해요. 기본자세가 잘 잡혀 있어야 속도를 높여도 안정적으로 연주할 수 있습니다.

**작사** 윤성현
**작곡** 윤성현 외 3명
**노래** 쏜애플

# 멸종

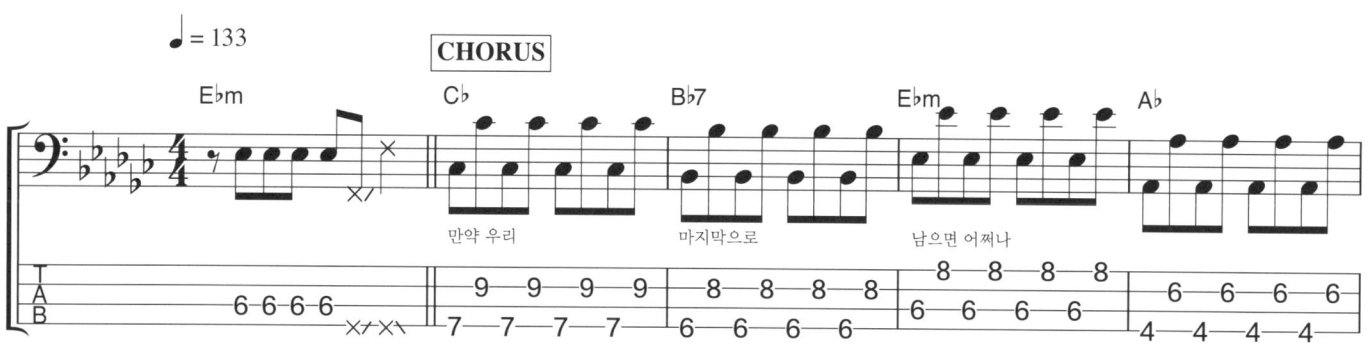

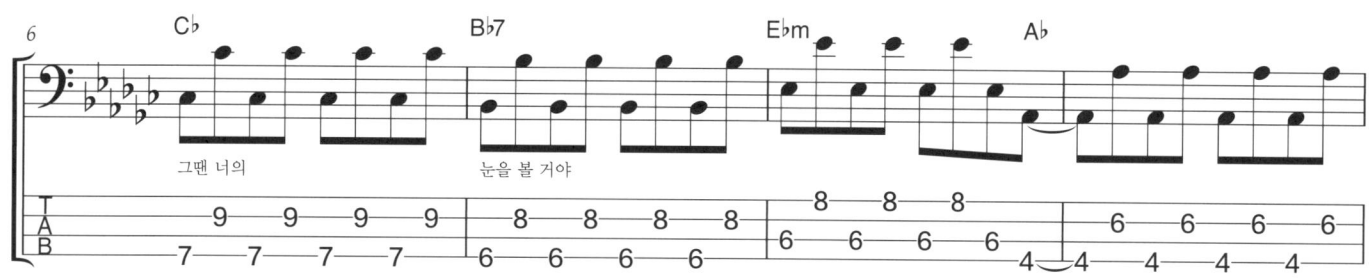

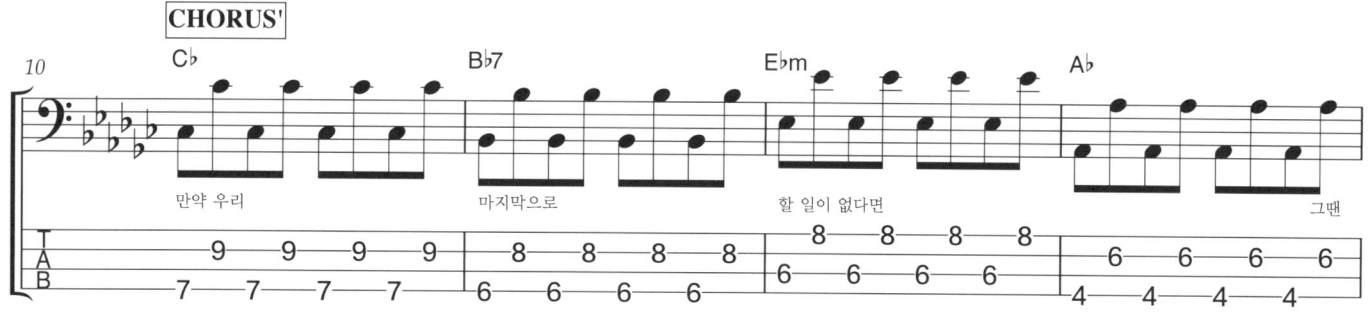

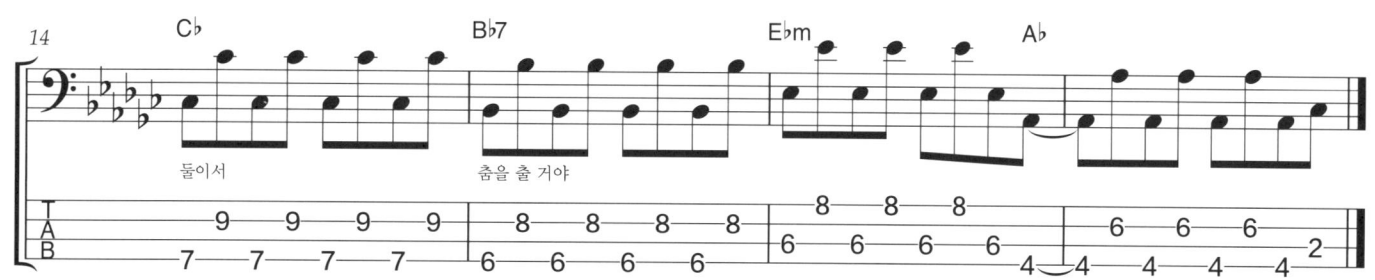

# 연습 노트

🕐 **주 차 :**　　　　　〔　　／　　～　　／　　〕

🕐 **날짜 :**

🕐 **연습 시간 :**　　　　　분

🕐 **이전 주 차의 연습 내용** 롤링, 옥타브, 코스 요리 연습법, 5주 차 응용 연습곡

🕐 **체크 포인트** 오늘 연습에서 확인해야 할 부분

🕐 **어려웠던 부분** 특히 손에 잘 안 붙거나 헷갈렸던 부분 기록

🕐 **오늘의 깨달음 및 메모** 연습하면서 새롭게 느낀 점, 개선할 부분, 아이디어 등

🕐 **다음 주 차의 연습 목표**

🕐 **연습 만족도**
😊 아주 잘했다 ☐
🙂 괜찮았다 ☐
🙁 어려웠다 ☐
😕 다시 복습 필요 ☐

# 6주 차

# 리듬을 이해하는
# 눈과 손 만들기

❶ 리듬 읽기
❷ 붙임줄〔싱코페이션〕 & 이음줄〔해머링 온·풀링 오프〕
❸ 뮤트 피킹〔고스트 노트〕

📍 Tom Misch — Disco Yes

**theBass Lesson,** 처음 시작할 때는 의욕이 넘치지만, 시간이 지나면서 점점 편한 방법만 찾게 되는 순간이 올 수 있습니다. 또, 배우는 내용이 많아질수록 지켜야 할 기본기도 늘어나서 즐거움보다는 어려움이 더 크게 느껴질 때도 있어요. 게다가 이 교재는 실제 오프라인 레슨보다 진도가 조금 빠른 편이라 부담이 될 수 있습니다. 그러니 조급해하지 말고, 굳이 한 주 분량을 꼭 1주 안에 다 끝내야 한다고 생각하지 않으셔도 괜찮습니다. 여러 주에 걸쳐 반복하며 연습해도 충분합니다.
베이스 기타는 꼭 실력이 빠르게 늘지 않아도, 연습하는 과정 자체가 즐거운 악기예요.
혹시 잘 안되더라도 천천히 즐기면서 연습해 보시길 바랍니다.

# ① 리듬 읽기

여러 가지 음표와 쉼표가 섞인 리듬을 정확하게 연주하기 위해, 먼저 예제를 통한 리듬 읽기부터 해 봅시다.

## 리듬 읽기 예제 연습 1

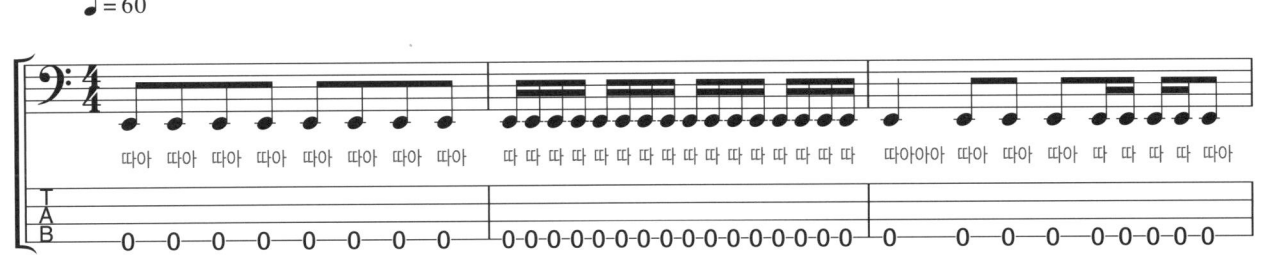

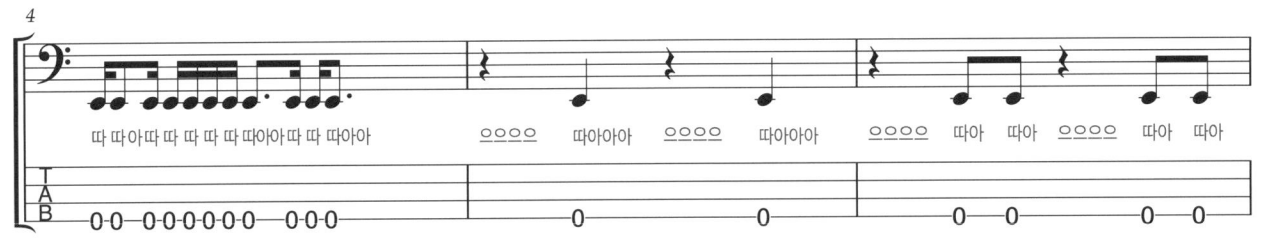

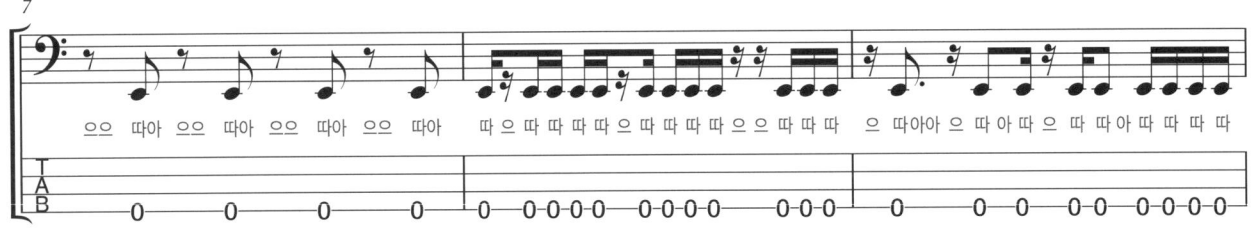

연습할 때는 발—손—입을 동시에 활용해 주세요.

4/4박자를 기준으로 리듬 읽기 연습을 해 보겠습니다.

**발**: 4분음표 단위로 구르며 박자를 느낍니다.

**손**: 16분음표 단위로 손가락을 움직입니다.

**입**: 음표를 소리 내어 읽습니다.

리듬 읽기 명칭은 이렇게 정리할 수 있습니다.

**음표 → 따**

**길게 끄는 음 → 아**

**쉼표 → 으**

메트로놈을 켜고, 처음부터 끝까지 '발—손—입'을 모두 활용하면서 반복하세요.

발로 박자를 느끼고, 손으로 나누며, 입으로 소리 내어 읽으면 리듬이 몸에 자연스럽게 스며듭니다.

## 리듬 읽기 예제 연습 2

이번에는 Disco Yes 예제를 가지고 스타카토는 제외한 리듬 읽기 연습을 해 보겠습니다.

**발**: 4분음표 단위로 박자 밟기

**손**: 16분음표 단위로 손가락 움직이기

**입**: 소리 내어 리듬 읽기

연주하기 전에 반드시 먼저 입으로 리듬을 불러 보세요.

입으로 리듬을 익히고 나서 베이스 기타로 연주하면, 정확도가 훨씬 높아집니다.

## ▶ Tip

앞으로 점점 어려운 리듬이 나올 텐데, 리듬을 입으로 익힐 때는 음길이보다 '언제 소리를 내는지'(타이밍)에 집중해서 먼저 연습해 보세요. 타이밍이 충분히 익숙해진 뒤에, 그다음 단계로 음길이 표현을 자연스럽게 더해 주면 훨씬 수월하게 연주할 수 있습니다.

# 2 붙임줄(싱코페이션) & 이음줄(해머링 온·풀링 오프)

 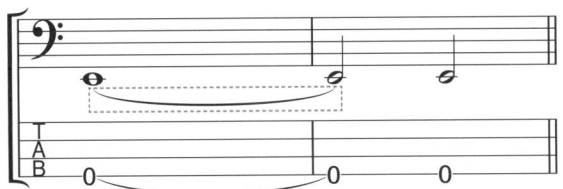

붙임줄(Tie)은 음의 길이를 더 길게 이어 주는 기호입니다.

보통 4/4 박자 악보를 쓸 때는 2분음표나 4분음표 단위로 박자를 나누어 표시하는 것이 일반적입니다. 이렇게 해야 박자를 쉽게 파악할 수 있기 때문이죠.

그런데 만약 한 음의 길이가 너무 길어서 박자 단위로 나누기 어렵다면, 그때는 붙임줄을 사용해 음을 연결합니다.

쉽게 말해, 한글 띄어 쓰듯 박자에 맞춰 나눠 적고, 붙임줄로 이어 준다고 생각하면 됩니다.

### 싱코페이션

싱코페이션(Syncopation)은 리듬에서 강세가 정박이 아닌 약박에 들어가는 것을 말해요.

흔히 '당김음'이라고 부르며, 예상하지 못한 곳에서 강세가 나타나기 때문에 듣는 사람에게 신선하고 독특한 리듬감을 줍니다.

리듬에 변화를 만들어 음악의 흐름을 더 역동적으로 만들어 주는 기법이에요.

붙임줄은 싱코페이션을 만들 때 자주 쓰이지만, 모든 붙임줄이 싱코페이션을 만드는 건 아닙니다.

> 붙임줄이 싱코페이션을 만드는 경우: 약박의 음이 강박의 음과 붙임줄로 연결되어, 약박이 강박처럼 들릴 때
>
> 붙임줄이 싱코페이션을 만들지 않는 경우: 강박과 강박이 붙임줄로 연결되어 단순히 음의 길이만 늘어나는 경우

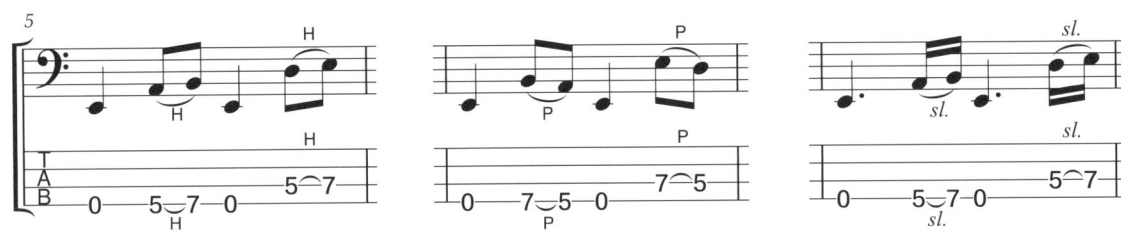

이음줄(Slur)은 음을 끊지 말고 부드럽게 이어서 연주하라는 기호입니다.

쉽게 말해, 하나하나 따로 끊어 연주하는 것이 아니라 연결된 흐름으로 연주하는 거예요.

특히 베이스 기타에서는 다음 페이지에서 나올 해머링 온, 풀링 오프, 슬라이드 같은 테크닉을 활용해서 이음줄을 표현하는 경우가 많습니다.

## 붙임줄과 이음줄 활용 예제 연습

**1** 1~4마디

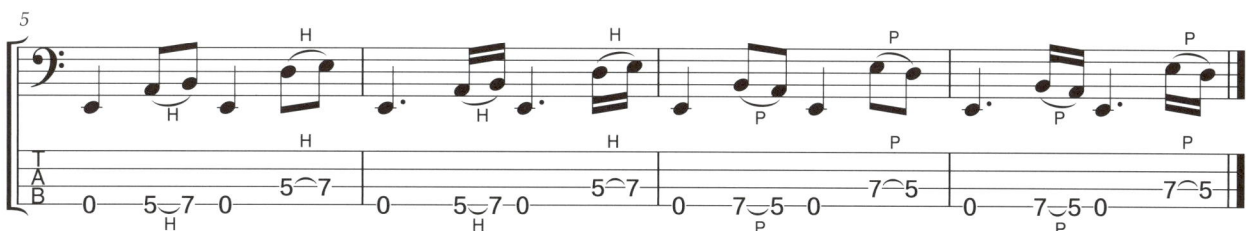

1~2마디는 2분음표 단위로, 3~4마디는 4분음표와 2분음표 단위로 리듬이 표현되어 있습니다.

이때 붙임줄을 사용하면 악보를 더 쉽게 읽을 수 있습니다. 처음에는 "음 길이가 긴데, 왜 굳이 짧은 두 음표로 나눠서 붙임줄로 연결했을까?" 하고 의문이 들 수 있습니다. 하지만 계속 리듬을 읽다 보면, 한 박자나 두 박자 단위로 나눠서 적는 것이 리듬을 훨씬 쉽게 이해하는 방법이라는 걸 알게 됩니다.

**2** 5~8마디

이 구간에서는 이음줄이 자주 사용됩니다.

악보에는 H와 P 기호가 함께 표시되어 있는데, 각각 해머링 온과 풀링 오프를 뜻합니다.

### 해머링 온 H(Hammering-on)

앞 음은 오른손으로 연주하고, 뒤 음은 왼손 손가락으로 망치질하듯 눌러서 소리를 냅니다.

주의할 점은 다른 줄을 건드리거나 함께 눌러 불필요한 소리가 날 수 있어요. 원하는 줄만 정확하게 눌러 주는 느낌으로 연습해 보세요.

### 풀링 오프 P(Pulling-off, 풀링 오프)

앞 음은 오른손으로 연주하고, 뒤 음은 왼손 손가락으로 줄을 살짝 잡아당기듯 떼면서 소리를 냅니다.

처음에는 소리가 잘 나지 않을 수 있어요.이때 손가락을 갈고리처럼 대각선 아래로 잡아챈다는 느낌으로 연습해 보세요.

손을 그냥 아래로 내리면 아래줄을 건드려 불필요한 소리가 날 수 있으니, 각도를 살짝 조정해 보세요.

이 두 가지 기법은 이음줄을 표현할 때 자주 쓰이므로, 메트로놈 켜고 천천히 손에 붙을 때까지 반복해 보세요.

# ③ 뮤트 피킹 (고스트 노트)

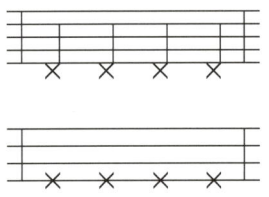

악보에 X 기호가 보이면, 이것은 뮤트 피킹(Muted Picking)을 뜻합니다. 왼손으로 줄을 막고, 오른손으로 연주하면 타악기 같은 효과가 나요. 리듬감을 강조하거나 곡에 변화를 줄 때 자주 쓰이고, 흔히 고스트 노트(Ghost Note)라고 부르기도 합니다.

## 뮤트 피킹 예제 연습

## ▶ Tip

왼손은 가능하면 네 손가락 다 써서 넓게 덮어 주세요. 한두 손가락만 쓰면 음정이 들리거나 하모닉스가 섞여 소리가 지저분해질 수 있어요.
네 손가락으로 줄을 넓게 덮어 주면 훨씬 깔끔하고 안정적인 뮤트 피킹 소리를 만들 수 있습니다.

# 🎵 6주 차 응용 연습곡

## 리듬·스타카토·옥타브·뮤트 피킹 종합 연습

이번에는 지금까지 배운 내용을 한꺼번에 적용해 보겠습니다. 연습은 천천히, 8마디 단위로 나누어 진행하세요.

## 연습 방법

A: 앞서 연습했던 리듬을 그대로 사용하면서, 이번에는 스타카토를 함께 넣어 연습해 보세요.

리듬은 익숙한데도 스타카토를 추가하면 느낌이 완전히 달라지니까, 짧고 또렷한 소리를 의식하면서 연주해 보세요.

B: 여기서는 붙임줄이 등장합니다.

16분음표 단위로 리듬을 먼저 입으로 불러 보고, 정확한 타이밍에 맞춰 붙임줄을 살려 주세요.

C: 이번에는 처음으로 높은 음으로 이동하는 베이스 라인이 나옵니다.

22마디에서는 오늘 배운 이음줄이 등장하는데, 풀링 오프와 슬라이드를 활용해 연결해 주세요.

D: 여기서는 이음줄이 다시 나오지만, 이번에는 해머링 온으로 표현합니다.

이 연습곡은 원곡을 그대로 가져온 것이 아니라, 중간중간 필요한 부분을 편집해 만든 연습용 버전이에요.

영상을 참고하면서, 지금까지 배운 내용을 하나씩 적용해 보세요.

# Disco Yes

작사 Tom Misch 외 1명
작곡 Tom Misch 외 1명
노래 Tom Misch

♩ = 124

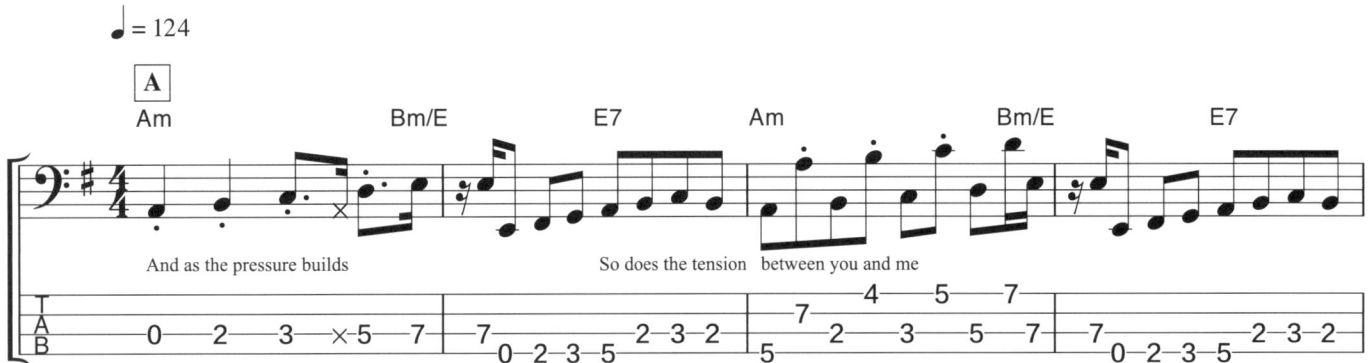

And as the pressure builds    So does the tension  between you and me

Time has gone so fast    Watching the leaves  fall from our tree    Baby I just

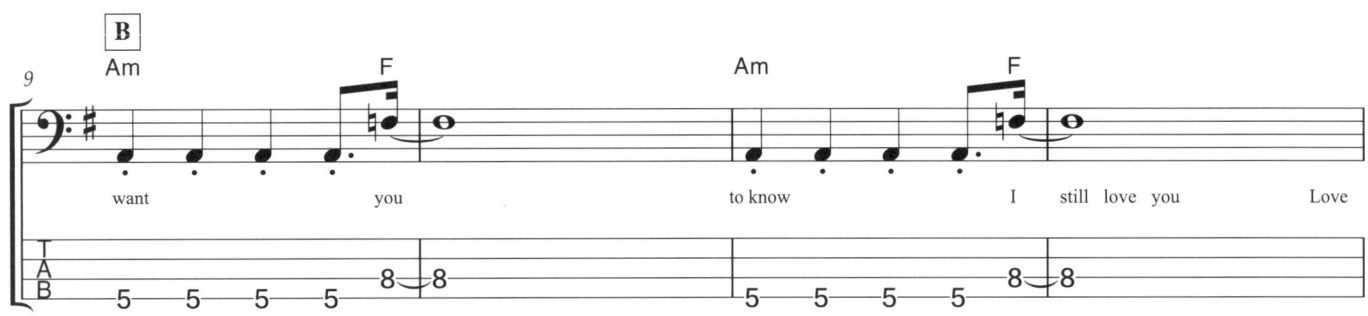

want    you    to know    I    still love you    Love

you  Love  you    Love  you love you    love  you

# 연습 노트

🕐 **주 차 :** 〔 　 / 　 ~ 　 / 　 〕

🕐 **날짜 :**

🕐 **연습 시간 :** 　 분

🕐 **이전 주 차의 연습 내용** 리듬 읽기, 붙임줄(싱코페이션) & 이음줄(해머링 온·풀링 오프), 뮤트 피킹(고스트 노트), 6주 차 응용 연습곡

🕐 **체크 포인트** 오늘 연습에서 확인해야 할 부분

🕐 **어려웠던 부분** 특히 손에 잘 안 붙거나 헷갈렸던 부분 기록

🕐 **오늘의 깨달음 및 메모** 연습하면서 새롭게 느낀 점, 개선할 부분, 아이디어 등

🕐 **다음 주 차의 연습 목표**

🕐 **연습 만족도**
😌 아주 잘했다 ☐
🙂 괜찮았다 ☐
😣 어려웠다 ☐
😔 다시 복습 필요 ☐

# 7주 차

# 스트레이트 vs 셔플
# 확실히 구분하기

**❶** 리듬 스타일(스트레이트·셔플·바운스)

**❷** 리듬 읽기 심화

**📍** 루시 — 히어로

**theBass Lesson** 여기까지 오신 여러분, 정말 대단합니다.
중간에 포기하지 않고 한 걸음씩 따라와 주신 것만으로도 이미 큰 성취예요.
스스로에게 충분히 칭찬해 주셔도 좋습니다.
이 기세를 이어서, 마지막까지 함께 완주해 보겠습니다.

# 1 리듬 스타일(스트레이트·셔플·바운스)

## 스트레이트

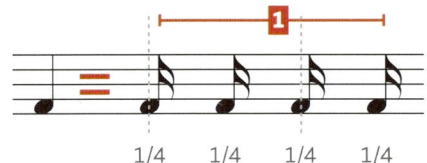

스트레이트는 리듬을 수학적으로 정확하게 나누는 것을 말합니다. 예를 들어, 16분음표를 연주할 때 4분음표를 정확히 4등분해서 연주하면 이것이 스트레이트입니다.

악보에 별다른 표시가 없으면 기본적으로 스트레이트로 연주한다고 생각하시면 됩니다.

## 셔플

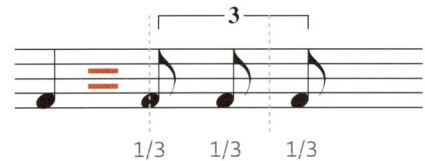

셔플과 다음 설명에 나오는 바운스는 음악인들 사이에서도 의견이 많이 갈리는 부분이에요. 같다고 설명하는 분도 있고, 다르다고 설명하는 분도 있습니다. 저는 두 리듬을 다르게 봅니다.

셔플은 한 박자를 3등분해서 연주하는 리듬입니다. 예를 들어, 한 박자를 세 개로 나누면 이렇게 됩니다.

1(2)3 형태로 연주하는 것이 8비트 셔플입니다. 악보에서는 보통 왼쪽 상단에 기호가 표시돼요.

즉, "8분음표 두 개를 3연음의 4분음표+8분음표로 연주하라"는 표시인데, 이 기호가 있으면 악보에 나오는 모든 8분음표를 3연음으로 해석해 연주하시면 됩니다.

## 바운스

바운스라는 단어 자체는 논쟁이 많습니다. "콩글리시라서 쓰면 안 된다", "스윙이라고 하는 게 맞다", "셔플과 같은 말이다" 등등 여러 의견이 있어요. 여기서는 "맞다-틀리다"보다는, 제가 설명해 드리는 개념으로 이해해 주시면 좋겠습니다. 저는 바운스를 셔플과는 다르고, 스윙과 비슷하다고 생각합니다. 다만 "스윙"이라고 하면 재즈 장르의 스윙과 헷갈릴 수 있기 때문에, 저는 편하게 바운스라고 표현하겠습니다. 바운스는 4분음표를 16분음표 네 개로 나눈 뒤, 1234로 숫자를 붙이고 그중 2와 4를 살짝 뒤로 밀어서 연주하는 느낌이에요.

### 바운스의 악보 표기

바운스는 연주뿐 아니라 악보 표기에서도 견해 차이가 있습니다.

어떤 사람들은 영어로 "Swing 16ths"라고 쓰기도 하고, 또 어떤 사람들은 "Swing!"이라고 적은 뒤 "16분음표 2개 = 3연음 중 8분음표 + 16분음표"로 표시하기도 합니다. 심지어 하프타임 셔플과 동일하게 "16분음표 2개 = 3연음 중 8분음표 + 16분음표"라고 표기하는 경우도 있어요. 즉, 바운스는 연주자마다 표기 방식이 다르고 해석도 조금씩 달라질 수 있습니다.

## 바운스와 셔플의 구분

바운스가 셔플하고 같다고 생각할 수 있는 이유도 알려드릴게요.

셔플에도 16비트 셔플, 즉 하프타임 셔플이라는 개념이 있습니다. 한 박자를 6개로 나누면 123456이 되고, 실제 연주는 1(2)3 4(5)6, 즉 1·3·4·6 타이밍에 하게 됩니다. 들어 보면 바운스와 하프타임 셔플이 거의 겹쳐 들려서 많은 분들이 두 리듬을 같은 것으로 생각하는 것이죠. 하지만 저는 이렇게 구분합니다.

> 하프타임 셔플: 수학적으로 나눴을 때 딱 정해진 리듬
> 바운스: 16분음표와 16분음표 사이 어딘가, 즉 조금 더 자유로운 표현

그래서 실제로 연주하면 미묘하게 다른걸 느낄 수 있습니다.

# ❷ 리듬 읽기 심화

이번에는 연습곡 루시의 '히어로'의 한 부분으로 같은 리듬을 바운스로 읽었을 때와 스트레이트로 읽었을 때 어떻게 다른지 연습해 보겠습니다.

6주 차에서 배웠듯이 리듬에 발음을 붙여서 먼저 읽어 보고 16분음표 단위로 하나하나 쪼개서 불러 본 다음, 익숙해지면 소리를 붙여서 길게도 불러 보겠습니다.

## 연습 방법

발: 4분음표 단위로 박자를 세세요.
손: 16분음표 단위로 움직입니다.

**발음 명칭**

음이 시작되는 순간 → '따'
음이 이어지는 길이 → '아'
쉼표 → '으'

**1 스트레이트로 리듬 읽기**

① 16분음표 단위로 쪼개기

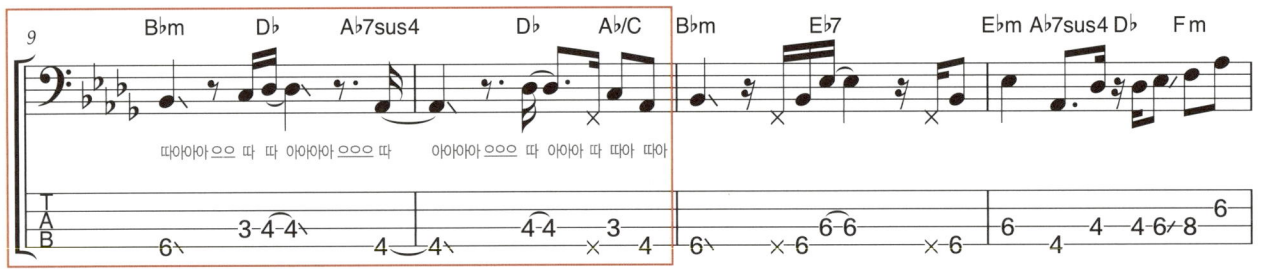

② 붙여서 길게 불러보기

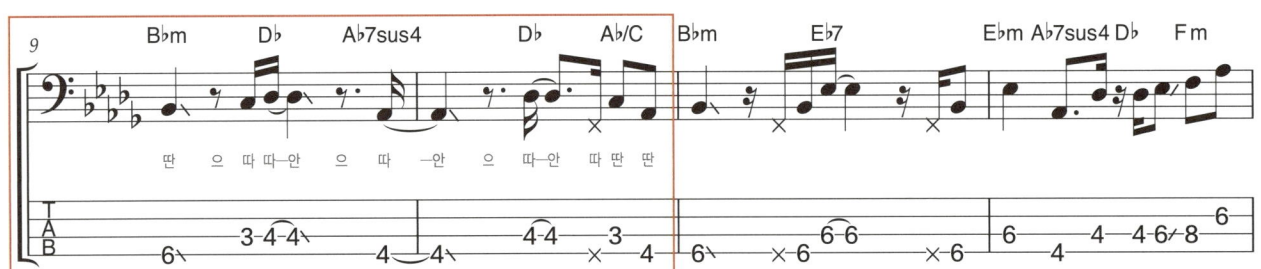

**2** **바운스로 리듬 읽기**

바운스     1/4          1/4        1/4         1/4

이번에는 같은 구간을 바운스 느낌으로 읽어 보겠습니다.

바운스에서는 16분음표를 '따으따따으따' 이렇게 읽을 수 있는데요, 실제로 소리 낼 때는 '으'를 생략하고 불러 줍니다.

① 16분음표 단위로 쪼개기

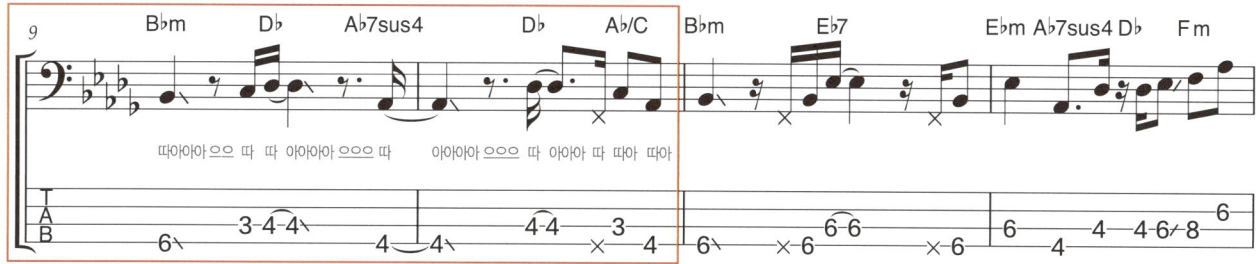

② 붙여서 길게 불러보기

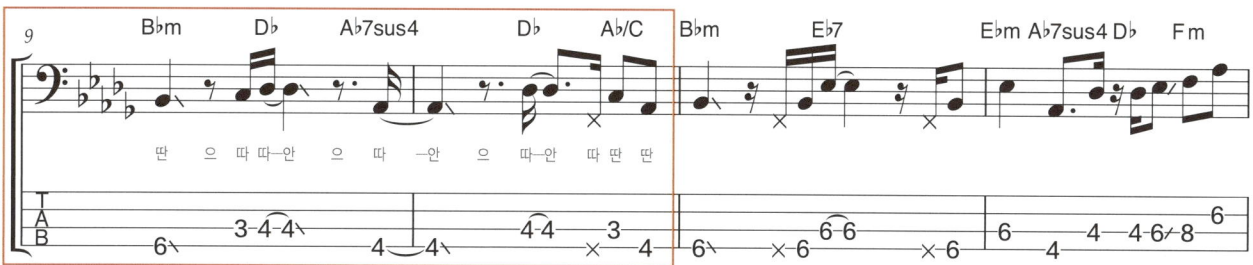

바운스로 읽어 보면 리듬이 살짝 꿀렁꿀렁 흔들리는 느낌이 납니다.

이 차이를 직접 느껴 보는 것이, 스트레이트와 바운스를 구분하는 가장 좋은 연습입니다.

마지막엔 메트로놈 켜고 스트레이트 — 바운스를 번갈아 치며 차이를 몸으로 느껴 보세요.

# 7주 차 응용 연습곡

## 스트레이트 & 바운스 리듬 연습

## 연습 방법

이전 곡도 쉽지 않았을 텐데, 이번 곡은 조금 더 난이도가 올라갔습니다. 이 곡은 중간중간 템포가 변화하는 것이 특징입니다. 빠른 템포 구간에서는 스트레이트 리듬으로, 느린 템포 구간에서는 바운스 리듬으로 나누어 연습해 보겠습니다.

INTRO : 스트레이트 리듬으로 연주해 보세요.

A : 바운스 리듬으로 연주해 보세요. 특히 15~16마디는 테크닉이 많이 들어가 있어서 처음엔 어렵게 느껴질 수 있습니다. 이 부분만 끊어서 천천히 반복하다가, 점점 속도를 올려 보시면 훨씬 수월해집니다.

B : 드럼이 갑자기 빠지면서 리듬이 바뀌는 구간이에요. 이때는 스트레이트 16분음표 리듬을 확실히 느끼며 연주해 보세요. 20마디에서는 작게 시작해 점점 커지게 만들고, 마지막엔 스타카토로 정리한 뒤 글리산도로 자연스럽게 후렴으로 이어가면 훨씬 멋지게 들립니다.

C : 빠른 템포 구간이니, 스트레이트 8비트 리듬으로 신나게 연주해 보세요.

INTERLUDE : C 파트 비슷한 느낌으로 연주해 보세요. 51마디에 슬라이드 테크닉을 천천히 반복 연습해보시고 원곡 템포에 자연스럽게 연결해 보세요.

# 히어로

작사 조원상 외 3명
작곡 조원상 외 2명
노래 루시

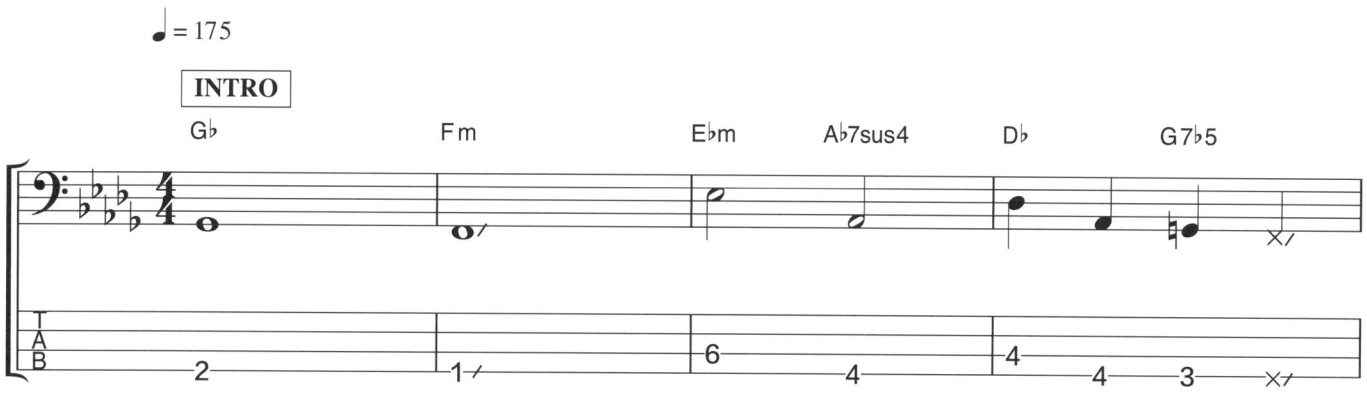

B♭m D♭ A♭7sus4 D♭ A♭ B♭m E♭7 A♭7sus4 D♭
막다른 길이라고 또 혼자서 넘어져 우울하고 난 그대에게 조금 더 멋있는 사람이 돼 주고 싶었는데 눈부
B
B♭m F/A G♭/B♭ D♭/F E♭m Fm Gm7♭5 A♭7sus4
셔 햇살을 닮아 환하게 웃어 주는너 난 만화속에 주인공처럼 내겐
♩= 175
C
D♭ E♭m Fm F7
두 손에 밤 하늘 을 가르 는 날개
B♭m E♭7 E♭m A♭7sus4
괴력의 힘 은 없지만 그래
C'
D♭ E♭m Fm F7
너의 곁에 선 주인 공이 된 것 같아

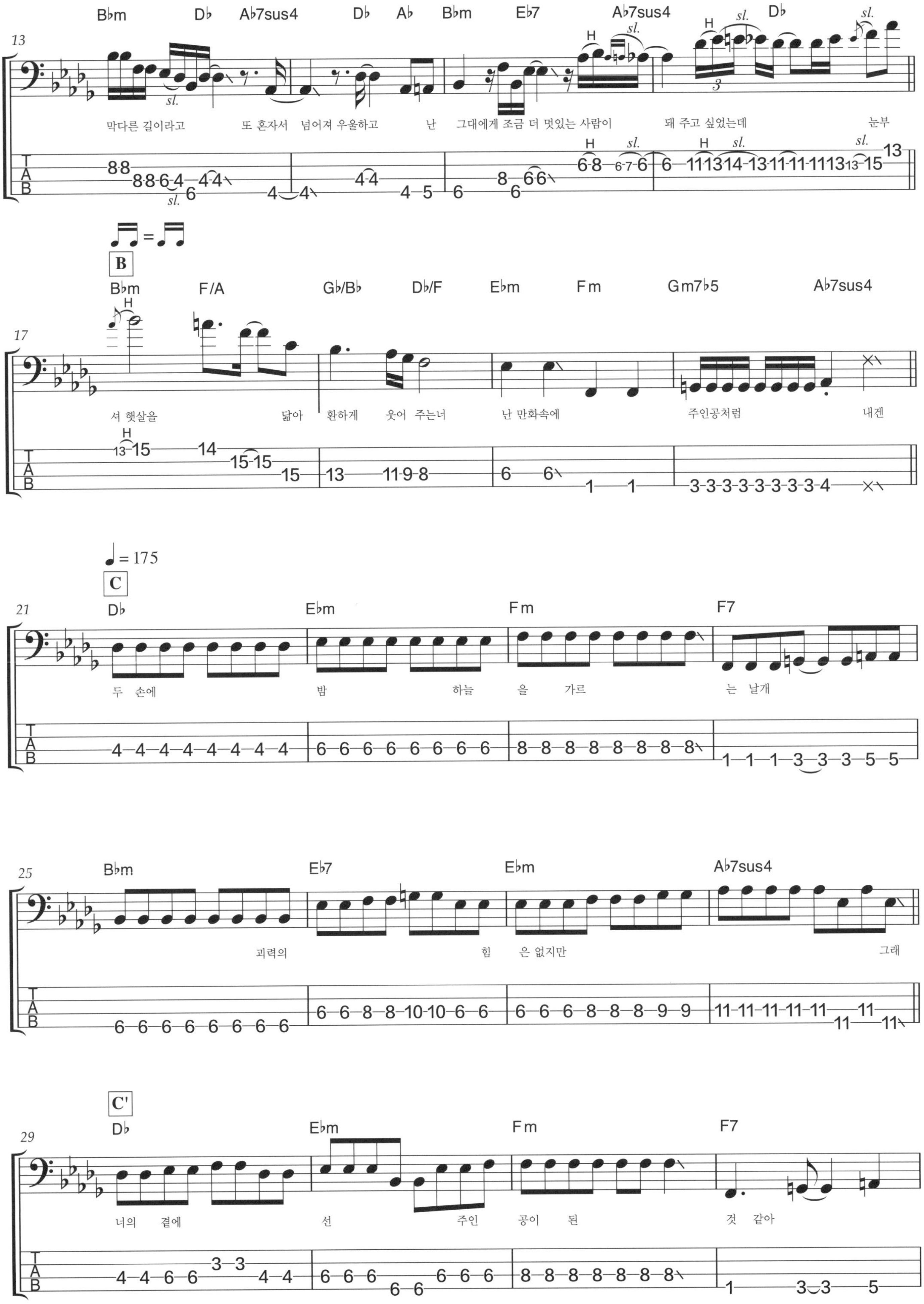

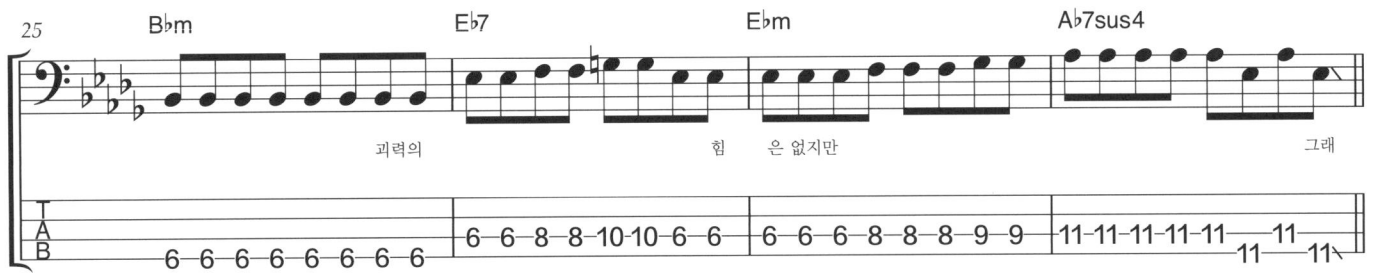

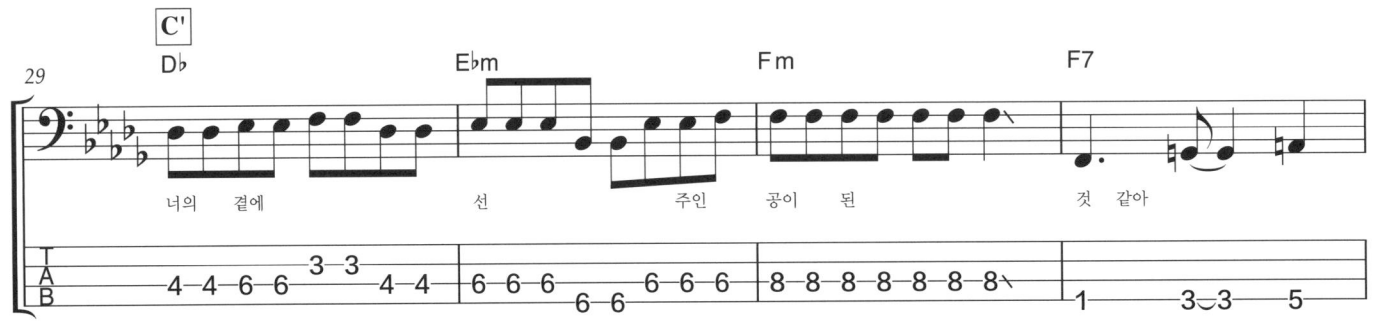

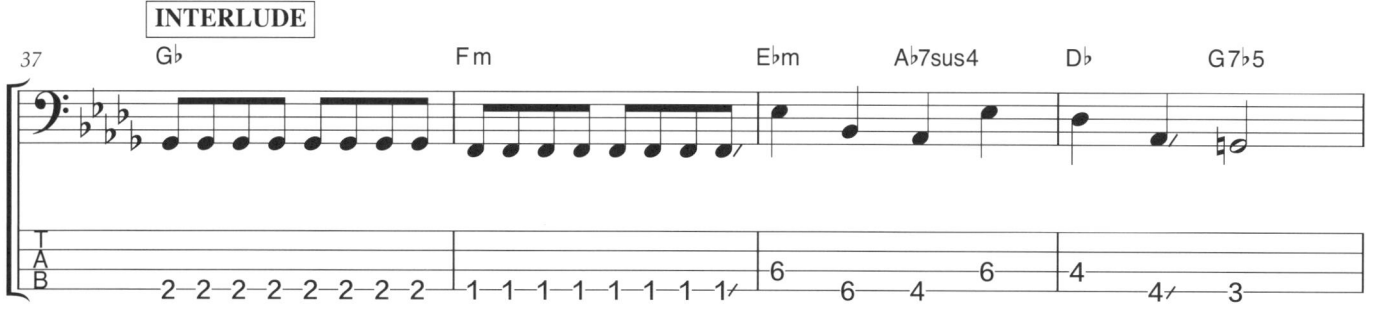

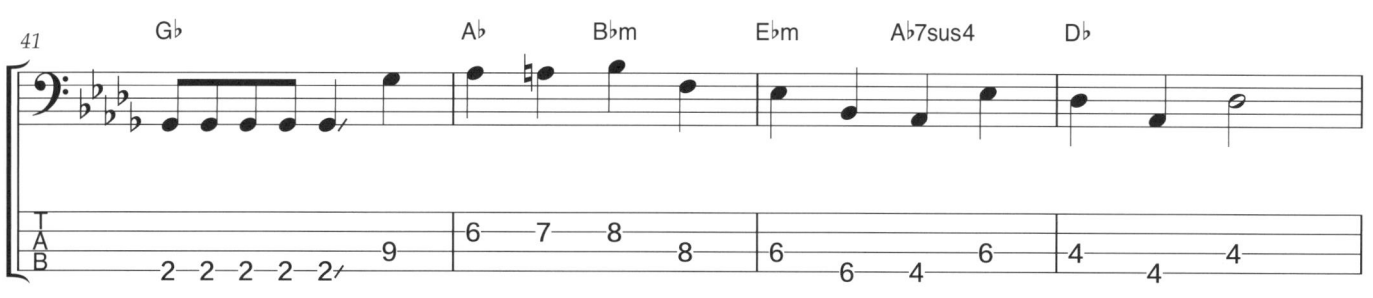

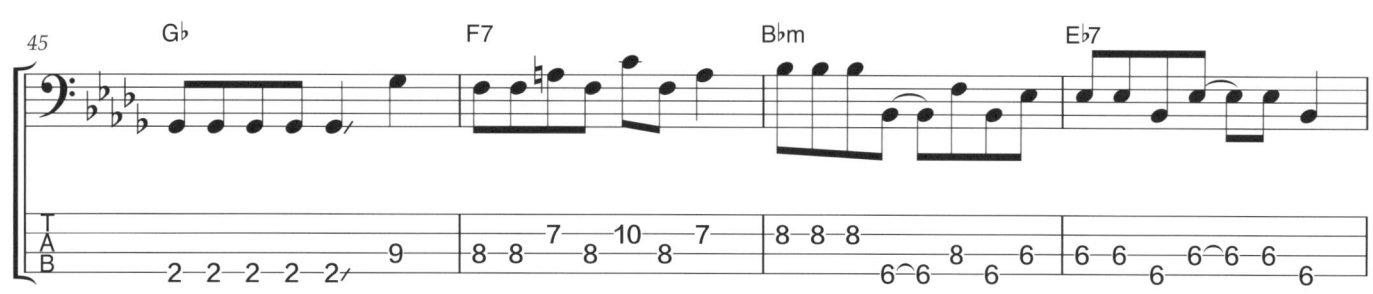

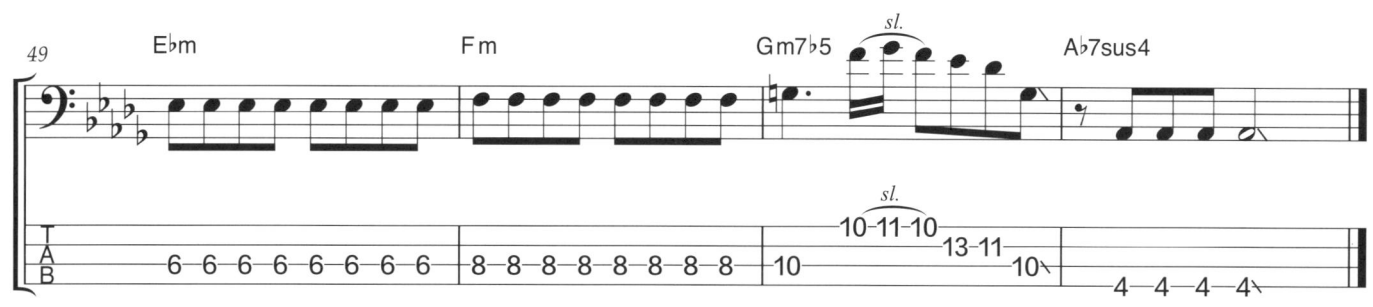

# 연습 노트

🕐 **주 차 :**  [      /      ~      /      ]

🕐 **날짜 :**

🕐 **연습 시간 :**          분

🕐 **이전 주 차의 연습 내용** 리듬 스타일(스트레이트·셔플·바운스), 리듬 읽기 심화, 7주 차 응용 연습곡

🕐 **체크 포인트** 오늘 연습에서 확인해야 할 부분

🕐 **어려웠던 부분** 특히 손에 잘 안 붙거나 헷갈렸던 부분 기록

🕐 **오늘의 깨달음 및 메모** 연습하면서 새롭게 느낀 점, 개선할 부분, 아이디어 등

🕐 **다음 주 차의 연습 목표**

🕐 **연습 만족도**
😌 아주 잘했다 ☐
😊 괜찮았다 ☐
😣 어려웠다 ☐
😕 다시 복습 필요 ☐

# 리듬의 흐름을 놓치지 않기

🛡️ 셔플 리듬과 하프타임 셔플 리듬

📍 AKMU — RE-BYE
📍 Toto — Rosanna

**theBass Lesson;** 매주 새로운 내용을 배우다 보면 한 가지를 깊이 익힐 시간이 부족할 수 있습니다. 하지만 지금은 12주 완주를 목표로 흐름을 이어 가는 것이 우선이에요.
모든 과정을 한 번 완주한 뒤, 부족하다고 느낀 부분을 골라 심화 연습을 진행해 보세요. 현재 단계에서는 리듬의 흐름을 놓치지 않고 꾸준히 따라가는 것이 가장 중요합니다.

 # 셔플 리듬과 하프타임 셔플 리듬

## 셔플 리듬

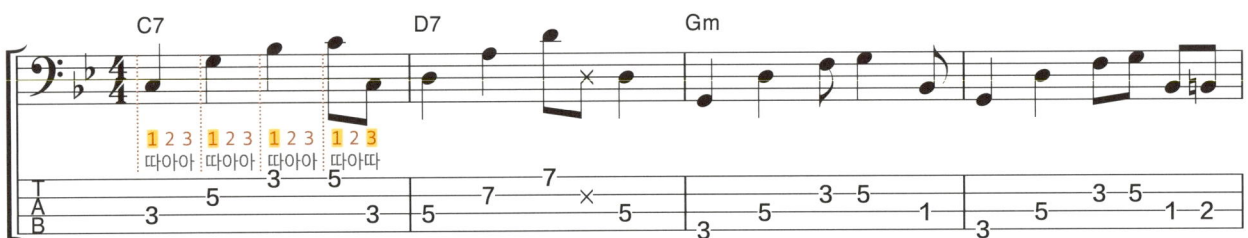

셔플의 악보 표기

1 (2) 3

셔플 리듬은 4분음표를 3연음으로 나누어 생각하는 데서 시작합니다. 셔플의 특징은 4분음표가 아니라 8분음표에 있어요.

3연음을 1 2 3으로 나눈다고 하면, 1⑵3처럼 1과 2를 묶고 3만 연주하는 것이 바로 8비트 셔플입니다.

즉, 1⑵3 / 1⑵3 / 1⑵3 / 1⑵3 이렇게 치면 특유의 뒤뚱거리는 셔플 그루브가 살아납니다.

악보의 왼쪽 상단에는 보통 셔플 리듬임을 알려 주는 표시가 있으니, 해당 기호가 보이면 모든 8분음표를 셔플 리듬으로 해석해 연주해 보세요.

이번에는 연습곡의 한 부분을 활용해 리듬을 직접 읽고 연주해 보겠습니다.

## 연습 방법

**1 3연음으로 세기**

**2 셔플 리듬으로 세기**

1⑵3 / 1⑵3 처럼 1·3 / 1·3 만 세면서 셔플 특유의 리듬을 느껴 보세요.

**3 4분음표로 세기**

마지막에는 단순히 4분음표 기준으로 세며 리듬을 유지해 보세요.

8분음표가 나올 때는 셔플 리듬을 느끼며 연주해 보세요.

  **Tip**

처음에는 메트로놈을 3연음 단위로 설정해 박자를 익히세요.

충분히 익숙해지면 4분음표 기준으로 바꿔 연습해 보세요. 리듬의 흐름과 셔플 감이 한층 더 명확해집니다.

## 하프타임 셔플 리듬

하프타임 셔플의 악보 표기      1 (2) 3 4 (5) 6

하프타임 셔플 리듬은 16분음표 셔플 리듬으로 이해하면 됩니다. 일반 셔플이 3연음을 기반으로 한다면, 하프타임 셔플은 6연음을 기반으로 만들어집니다.

6연음을 1·2·3·4·5·6으로 세고, 그중 1(2)3 / 4(5)6처럼 1과 2, 4와 5를 묶어서 연주하면 하프타임 셔플 특유의 살짝 뒤뚱거리는 듯한 리듬감이 만들어집니다.

하프타임 셔플 리듬의 교과서로 불리는 곡이 바로 'Toto'의 'Rosanna'입니다.

이 곡을 예제로 하프타임 셔플의 감각을 익혀 봅시다.

## 연습 방법

### ↳ 6연음으로 세기

한 박자를 1·2·3·4·5·6으로 세며, 리듬의 흐름을 정확히 익힙니다.

### ↳ 하프타임 셔플 세기

익숙해지면 1(2)3 4(5)6처럼 1·3·4·6만 세면서, 하프타임 셔플 특유의 리듬을 만들어 보세요.

### ↳ 4분음표로 세기

마지막에는 단순히 4분음표 기준으로 세며 리듬을 유지합니다.

이 단계에서는 박자보다 그루브를 유지하는 감각이 중요합니다.

## ▶ Tip

처음에는 6연음 단위로 메트로놈을 맞춰 연습합니다.

익숙해지면 1·3·4·6 박자 위치만 느끼며 리듬을 타 보세요. 마지막에는 4분음표 메트로놈으로 전환해 실제 곡과 같은 리듬감을 체득합니다.

# 🎸 8주 차 응용 연습곡

## 셔플 리듬 실전 연습

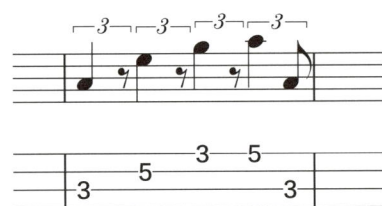

전체적으로는 4분음표가 중심이 됩니다. 여기에 4분음표 사이에 짧게 쉼을 넣어 주면, 원곡 특유의 셔플 감이 훨씬 살아납니다. 리듬을 박자로 표현하자면, 3연음 중 앞의 두 개는 음, 마지막 하나는 쉼표로 생각하고 연주해 보세요.

## 연습 방법

**1** **1~8마디**: 처음 구간은 비교적 단순하지만, 7~8마디의 리듬 변화가 포인트입니다.

이 부분만 따로 반복하면 손에 훨씬 빨리 익습니다.

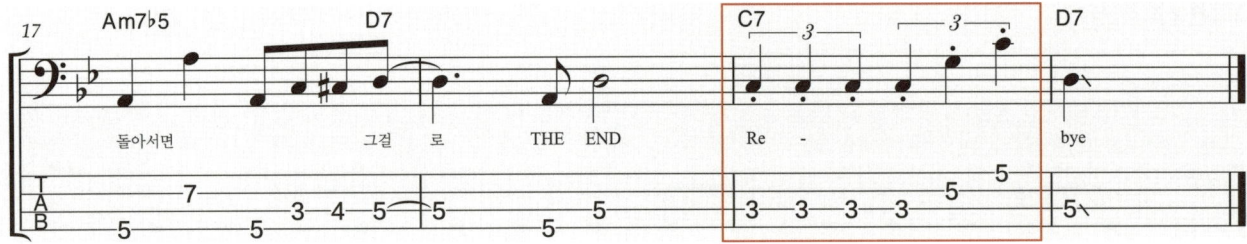

**2** **19마디**: 2박3연음 리듬이 등장합니다.

두 박을 세 개로 나누어 연주하는 리듬으로, 셔플의 핵심 느낌을 강화합니다. 세는 방법은 한 박자를 3연음으로 나눠 1·2·3 / 1·2·3으로 세고, 이 여섯 개를 (12)(3ㅣ1)(23)처럼 묶어 연주하면 2박3연음이 됩니다.

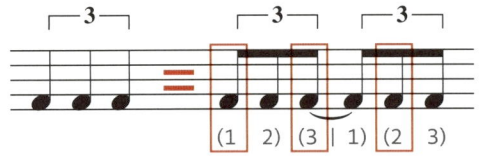

---

## 🔴 Tip

**기본은 4분음표와 쉼표의 조화**

**포인트는 2박3연음 리듬**

이 두 가지를 집중해서 연습하면, 원곡의 셔플 감과 그루브를 훨씬 자연스럽게 표현할 수 있습니다.

---

**작곡** 이찬혁
**작사** 이찬혁
**노래** AKMU

# RE-BYE

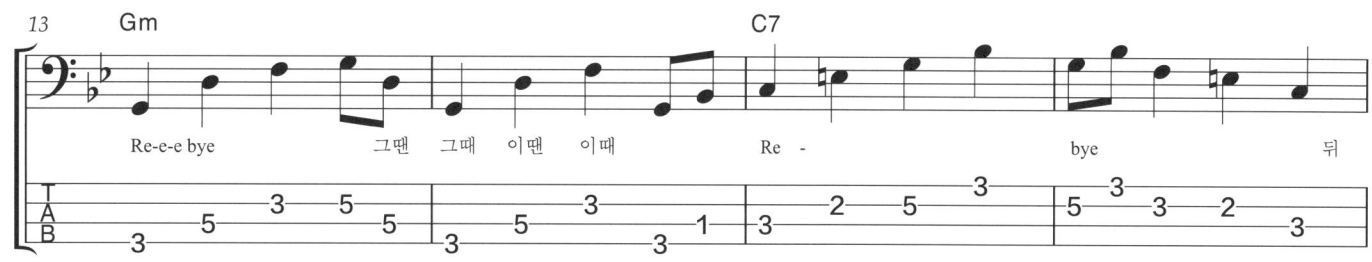

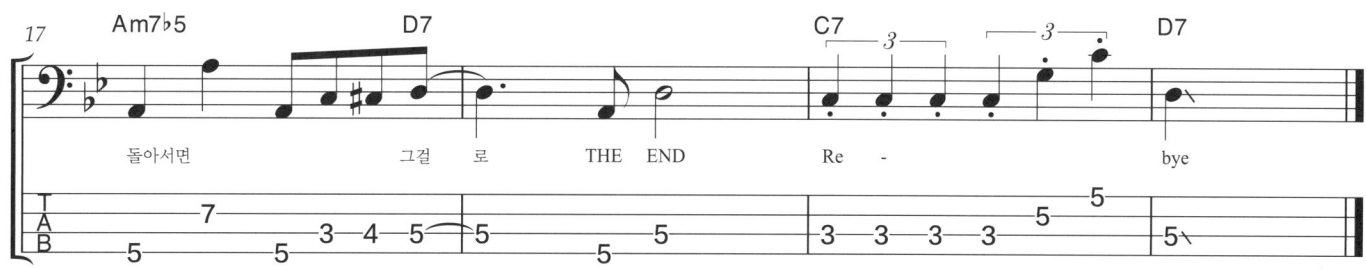

# 하프타임 셔플 리듬 실전 연습

## 연습 방법

**A**: 이 곡의 핵심 리듬이 담긴 부분입니다.

리듬의 흐름을 정확히 잡는 것이 가장 중요하니, 템포를 낮춰 천천히 반복하며 자연스럽게 몸에 익혀 두세요.

**B**: 8분음표를 짧게 끊어 연주하는 것이 포인트입니다.

또한 16분음표와 붙임줄이 자주 등장하므로, 음의 길이와 연결을 명확하게 구분하여 표현해 보세요.

**C**: 이 구간에서는 곡의 포인트인 6연음을 해머링 온과 뮤트 피킹으로 섞어 연주하는 테크닉이 나옵니다.

원곡은 슬랩으로 연주되지만, 핑거 피킹으로 연습하면 손의 움직임과 리듬감을 자연스럽게 익힐 수 있습니다.

# Rosanna

작사 PAICH DAVID F
작곡 PAICH DAVID F
노래 Toto

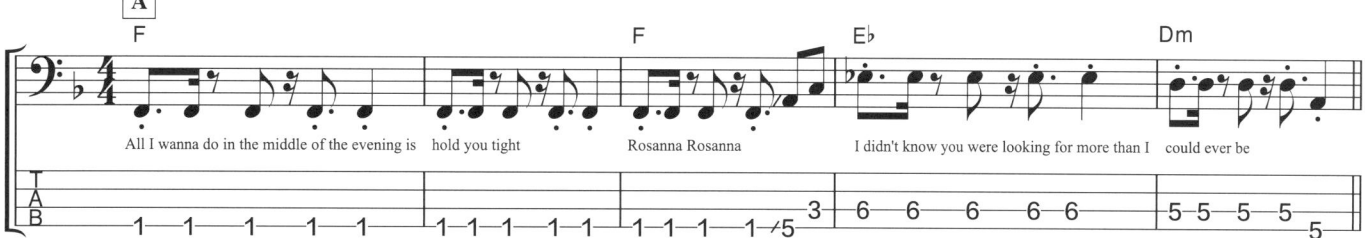
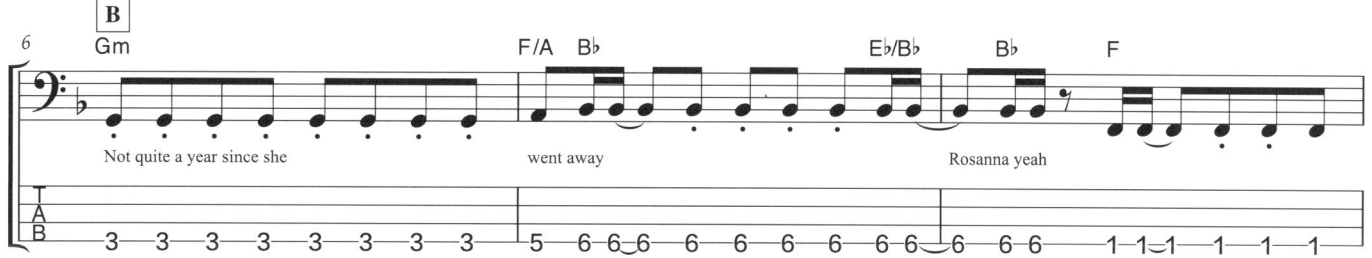
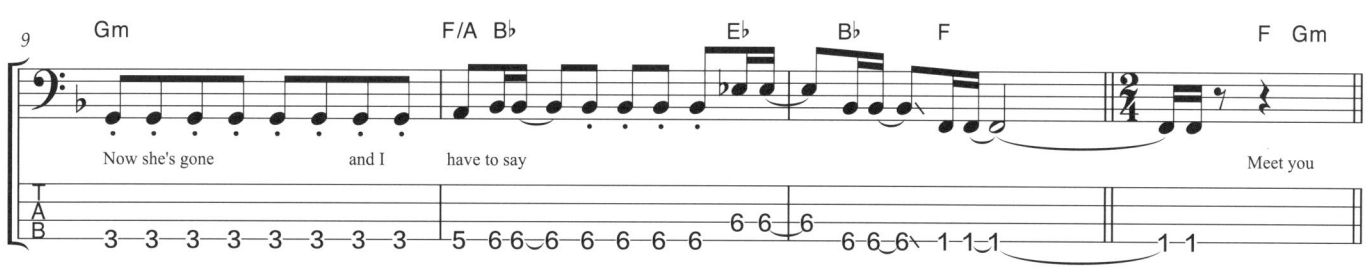
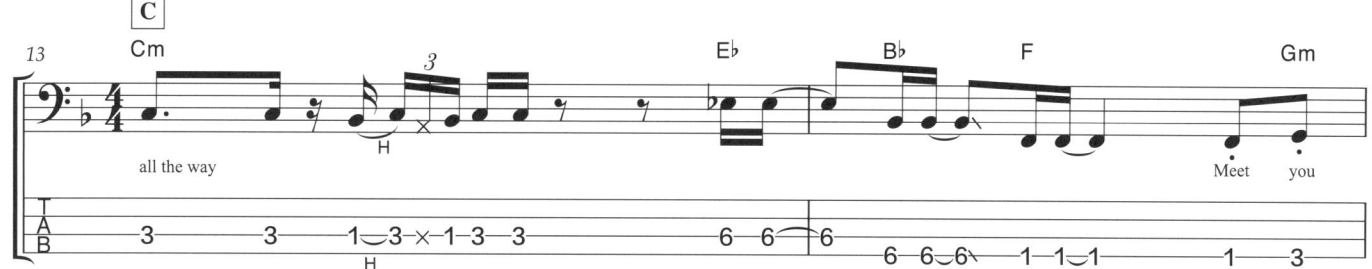
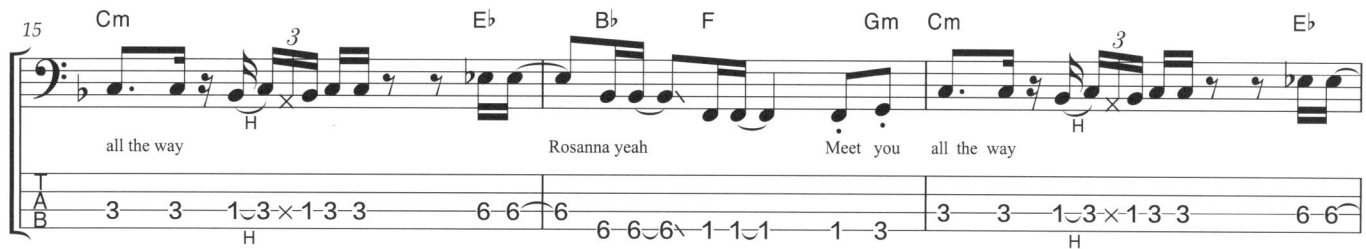

# 연습 노트

🕐 **주 차 :**          [      /      ~      /      ]

🕐 **날짜 :**

🕐 **연습 시간 :**          분

🕐 **이전 주 차의 연습 내용** 셔플 리듬과 하프타임 셔플 리듬, 8주 차 응용 연습곡

🕐 **체크 포인트** 오늘 연습에서 확인해야 할 부분

🕐 **어려웠던 부분** 특히 손에 잘 안 붙거나 헷갈렸던 부분 기록

🕐 **오늘의 깨달음 및 메모** 연습하면서 새롭게 느낀 점, 개선할 부분, 아이디어 등

🕐 **다음 주 차의 연습 목표**

🕐 **연습 만족도**
😌 아주 잘했다 ☐
🙂 괜찮았다 ☐
🙁 어려웠다 ☐
😟 다시 복습 필요 ☐

# 9주 차

# 안정된 톤과 연주감 찾기

1️⃣ 3박자 리듬 (3/8·6/8·12/8)
2️⃣ 표현 테크닉 심화 (정교한 왼손 움직임·비브라토·페이드 아웃)

🎸 John Mayer — Gravity
🎸 박효신 — 야생화

theBass
Lesson, 이제는 베이스 기타의 구조와 원리가 조금씩 눈에 들어오지 않나요?
혹시 진도가 빠르게 느껴진다면, 한 주차 분량을 꼭 1주 안에 끝낼 필요는 없습니다. 2~3주로 나누어 천천히 진행해도 충분합니다.
그리고 제가 드린 연습만 하지 마시고, 본인이 좋아하는 곡도 함께 연습해 보세요.
좋아하는 음악을 직접 연주하는 경험이야말로 실력을 더 빠르고, 더 즐겁게 키워주는 최고의 방법입니다.

# ① 3박자 리듬

## 3/8 박자

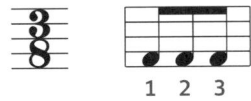

3/8 박자는 한 마디에 8분음표가 3개 들어 있는 박자입니다.

## 6/8 박자

6/8 박자는 한 마디에 8분음표가 6개 들어 있는 박자입니다.

### 6/8 악보의 특징

지금까지 익숙했던 4/4 박자와 비교하면, 6/8 박자 악보는 조금 낯설게 보일 수 있습니다.

그 이유는, 4/4 박자는 보통 4분음표나 2분음표 단위로 박자를 끊어 쓰지만, 6/8 박자는 점4분음표 단위로 박자를 끊어 그리기 때문이에요. 그래서 음길이가 길게 이어질 때는 붙임줄이 많이 쓰여서 악보가 복잡해 보입니다.

하지만 한글에서 띄어쓰기를 하듯, 기준 박자에 맞춰 나눠 적는 것이 리듬을 읽고 연주할 때 훨씬 쉽습니다.

6/8 박자는 보통 원—투—쓰리, 투—투—쓰리처럼 8분음표 여섯 개를 세면서 연습합니다.

## 12/8 박자

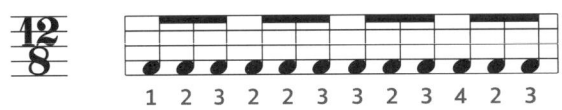

12/8 박자는 한 마디에 8분음표가 12개 들어 있어요. 발라드나 R&B에서 특히 자주 만나게 될 거예요.

### 12/8 악보의 특징

12/8 박자는 점4분음표 단위로 리듬을 끊어 악보를 그립니다.

카운트할 때는 8분음표를 기준으로 원—투—쓰리 / 투—투—쓰리 / 쓰리—투—쓰리 / 포—투—쓰리 이렇게 12개로 세어 주세요.

# ② 표현 테크닉 심화

## 정교한 왼손 움직임

5번 프렛을 소지로 누른 상태에서 다음 음으로 넘어가면 소리가 끊길 수 있습니다. 이때는 소지 → 검지로 바꿔 잡아 음이 자연스럽게 이어지도록 해 보세요. 이 정교한 왼손 움직임을 익히면 발라드나 R&B처럼 긴 음을 유지해야 하는 장르에서 큰 도움이 됩니다.

## 비브라토

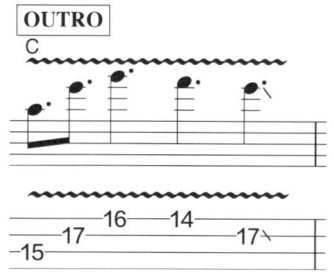

비브라토(Vibrato, ∿∿)는 운지를 한 상태에서 줄을 위아래로 흔들어, 음을 살짝 흔들리듯 표현하는 테크닉입니다. 단순히 소리를 내는 것을 넘어 음에 멜로디컬한 생동감과 감정을 더해 주는 역할을 합니다. 저음에서는 습관적으로 사용하면 지저분하게 들릴 수 있으니, 꼭 필요할 때만 사용하세요. 고음에서는 악보에 표시되어 있지 않아도 자연스럽게 넣어 주면 표현력이 살아납니다.

## 페이드 아웃

페이드 아웃(Fade Out, *fade out*)은 소리가 점점 작아져서 사라지는 것을 말합니다. 베이스 기타에서는 다음과 같은 방법으로 표현할 수 있습니다.

> 볼륨 페달이나 볼륨 노브를 사용해 점차 줄여 주기
> 브릿지 쪽에서 오른손 손바닥으로 조금씩 줄을 뮤트하며 줄여 주기

음악의 템포와 타이밍에 맞춰 자연스럽게 사라지듯 표현해 보세요.

# 🎸 9주 차 응용 연습곡

## 6/8 박자 연습

이 곡은 6/8 박자 특유의 흘러가는 리듬에 바운스를 더해, 16분음표가 나오면 살짝 뒤로 밀어 치면 더 자연스럽습니다.
이번에는 존 메이어 곡의 8마디 예시를 가지고 6/8 박자를 연습해 보겠습니다.
이번 곡에는 바운스 느낌이 들어 있어서, 16분음표가 나오면 살짝 뒤로 밀어 연주해 주세요.

## 리듬 읽기

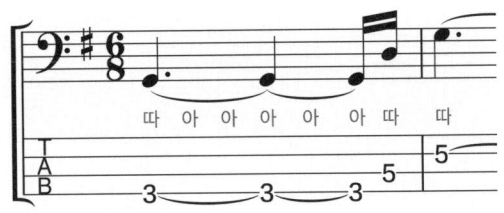

손으로 8분음표를 세고, 입으로는 이렇게 불러 봅니다.

카운트랑 섞어서 불러 봅니다.

## 연습 방법

메트로놈을 8분음표 기준으로 설정하고, 1마디씩 끊어서 연습해 보세요. 처음엔 낯설어도 차분히 반복하다 보면 6/8 특유의 흘러가는 리듬을 몸으로 익힐 수 있습니다.

Ⓐ: 전체적으로는 음 길이를 길고 풍성하게 표현하는 것이 포인트입니다. 악보에는 붙임줄이 많아 처음에는 조금 복잡해 보일 수 있지만, 실제로는 쉼표 없이 자연스럽게 고 생각하시면 돼요.

* 리듬 체크: 16분음표와 3연음의 구분을 확실히 하세요.

* 3~4마디: 점 8분음표 + 16분음표 세 개 묶음이 생소할 수 있습니다. 8분음표 세 개 단위로 카운트하면서, 입으로 리듬을 불러 본 뒤 연주해 보세요.

** 6마디: 스타카토가 등장합니다. 음을 짧게 끊어서 대비감을 살려 보세요.

Ⓑ: 쉼표가 없는 구간에서는 왼손 운지 때문에 음이 끊길 수 있음을 주의하세요.

* 9마디: 앞에서 설명한 정교한 왼손 움직임일 사용해서 소지 → 검지로 바꿔 잡아 음이 자연스럽게 이어지도록 해 보세요.

* 15마디: 글리산도 표기가 있습니다. 한두 칸 앞에서부터 올라오는 느낌을 표현해 보세요.

작사 John Mayer
작곡 John Mayer
노래 John Mayer

# Gravity

♪ = 123

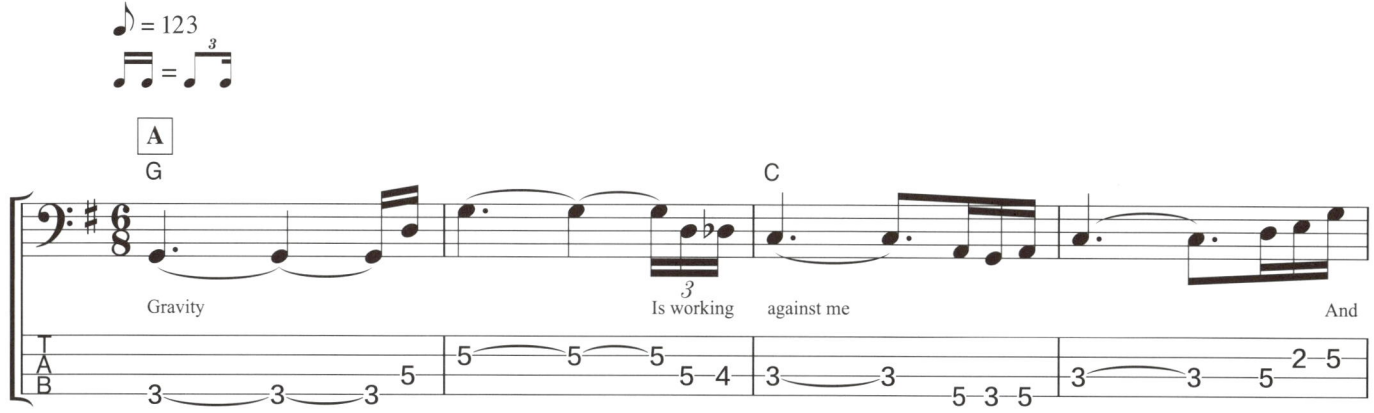

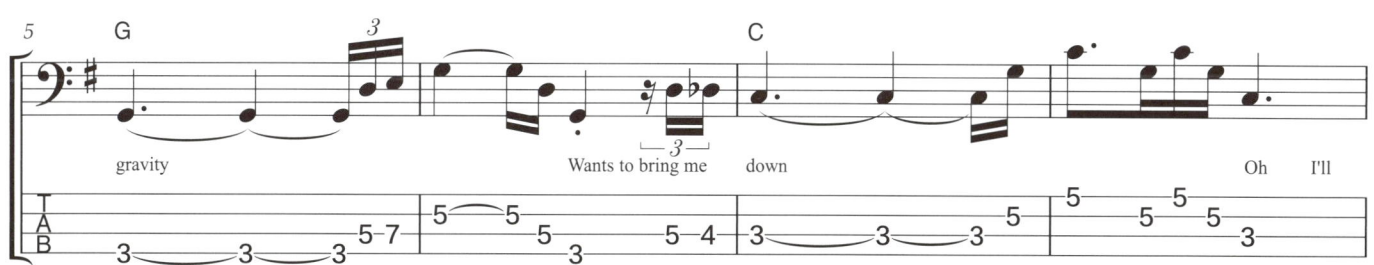

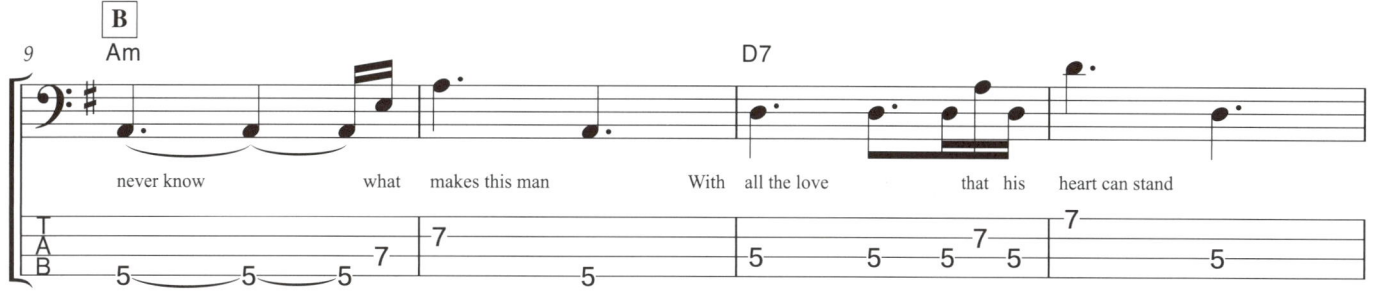

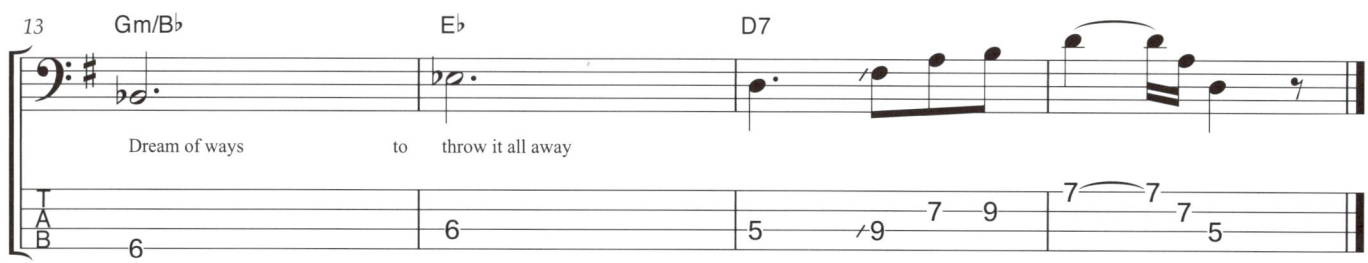

---

## 🔴 Tip

점4분음표 단위로 끊어 쓰다 보니 붙임줄이 많아 복잡해 보일 수 있지만, 실제로는 음길이를 길게 이어서 풍성하게 연주한다고 생각하면 됩니다. 16분음표와 3연음이 섞여 있으니, 그 구분을 잘하면서 연습해 보세요.

---

## 12/8 박자 연습

12/8 박자는 점4분음표 단위로 끊어서 표기하다 보니, 예상하지 못한 위치에 붙임줄이 들어가거나 낯선 묶음이 자주 나옵니다. 이번 곡은 스트레이트 리듬으로 16분음표를 연주하면 됩니다.

## 리듬 읽기

점8분음표 + 8분음표 + 16분음표 묶음이 등장합니다. 이런 리듬은 4/4 박자에서는 성립되지 않지만, 12/8 박자에서는 자주 볼 수 있는 패턴입니다. 따라서 8분음표 기준으로 천천히 카운트하면서, 입으로 리듬이 자연스럽게 불릴 때까지 반복해 보세요.

여기서 점8분음표 리듬이 연속으로 자주 등장합니다.
8분음표 3개 중 절반을 차지한다고 생각하면 이해가 훨씬 쉬워요.
→ 따아따 / 따아따
이 느낌은 지난 시간에 배운 2박 3연음과 비슷한 포인트 리듬입니다.

카운트와 함께 불러 보겠습니다.

## 연습 방법

메트로놈을 8분음표 단위로 설정하고, 천천히 1마디씩 연습해 보세요.
처음에는 입으로 리듬을 충분히 불러 본 후, 베이스 기타로 연주하는 연습을 병행하면 좋습니다.

BRIDGE: 리듬 자체에 익숙해지는 구간입니다. 12/8 박자 특유의 리듬감을 먼저 몸에 익히고, 음표의 흐름을 차분히 따라가 보세요. 메트로놈을 켜고 8분음표 단위로 카운트하며 연습하면 안정적으로 리듬을 잡을 수 있습니다.
CHORUS: 이 구간부터는 베이스 라인에 슬라이드가 더 적극적으로 사용됩니다. 낮은음과 높은음을 오가면서 한층 멜로디컬한 라인이 됩니다.
OUTRO: 멜로디컬한 라인이 중심이 됩니다. 악보에 따로 표기가 없어도 비브라토와 슬라이드를 활용해 라인을 자연스럽게 꾸며 보고, 페이드 아웃으로 마무리해 보세요.

노래를 부를 때 박자를 기계적으로 딱 맞추기보다는, 약간의 여유를 두고 꾸밈음을 섞어야 자연스럽게 들리듯이 베이스 기타 역시 같은 원리로 접근하면 훨씬 편안한 연주가 됩니다.

**작사** 박효신 외 1명
**작곡** 박효신 외 1명
**노래** 박효신

# 야생화

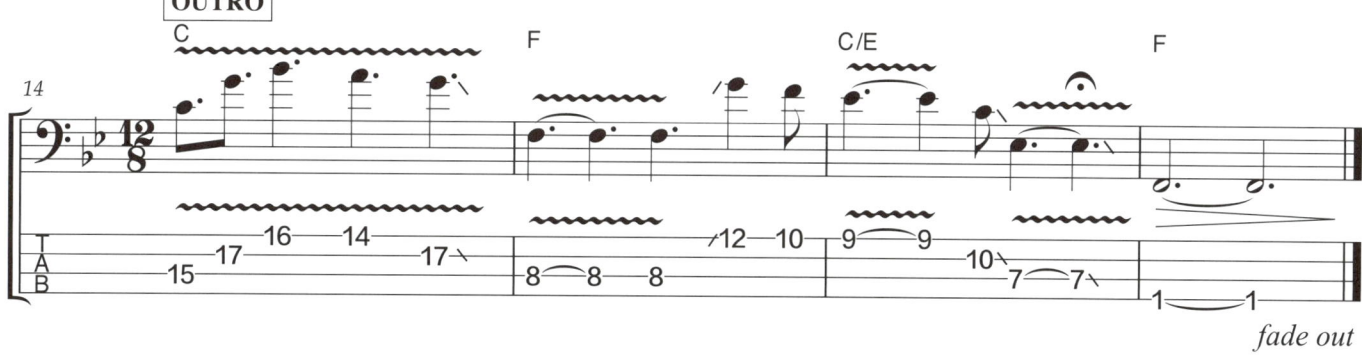

*fade out*

---

## ▶ Tip

이 곡은 쉼표가 거의 없습니다. 딱 멈추는 포인트를 제외하면, 왼손을 활용해 음을 최대한 길게 이어주는 것이 중요합니다. 줄을 누른 상태에서 왼손 손가락을 다른 손가락으로 바꿔 주면서 음이 끊기지 않도록 연결해 보세요.

**연습 순서**

먼저 리듬을 소리 내어 읽습니다. → 그다음 베이스 기타로 연주해 보세요. → 마지막으로 곡 위에 얹어서 연주해 보며 실제 흐름과 맞춰 봅니다.
페르마타(⌢)는 음을 곡의 흐름보다 길게 늘여 연주하라는 표시로, 마지막 부분에서 늘임표로 사용되었습니다.

# 연습 노트

🕐 **주 차:** 〔      /      ~      /      〕

🕐 **날짜:**

🕐 **연습 시간:**          분

🕐 **이전 주 차의 연습 내용** 3박자 리듬(3/8·6/8·12/8), 표현 테크닉 심화(정교한 왼손 움직임·비브라토·페이드 아웃), 9주 차 응용 연습곡

🕐 **체크 포인트** 오늘 연습에서 확인해야 할 부분

🕐 **어려웠던 부분** 특히 손에 잘 안 붙거나 헷갈렸던 부분 기록

🕐 **오늘의 깨달음 및 메모** 연습하면서 새롭게 느낀 점, 개선할 부분, 아이디어 등

🕐 **다음 주 차의 연습 목표**

🕐 **연습 만족도**
😌 **아주 잘했다** ☐
🙂 **괜찮았다** ☐
😣 **어려웠다** ☐
😔 **다시 복습 필요** ☐

# 10주 차

# 새로운 기술,
# 부담 없이 맛보기

❶ 팜 뮤트
❷ 레이백

📍 D'Angelo — When We Get By
📍 Daniel Caesar — Get You

**theBass Lesson.** 이제 정말 끝이 보입니다. 그동안 한 단계씩 따라오시느라 고생 많으셨습니다. 마지막까지 달려가기 전에, 지금까지 배운 내용을 한 번 가볍게 정리하고 복습해 보세요.
앞으로 남은 2주는 복습과 새로운 기술의 균형을 잘 잡는 것이 핵심입니다. 이미 익숙해진 부분은 손에 자연스럽게 녹여내고 새로운 주법은 차근차근 하나씩 추가해 보세요. 이 두 가지를 함께 병행하면, 마무리 단계에서 훨씬 더 안정감 있고 탄탄한 실력을 다질 수 있습니다.

# 1 팜 뮤트

## 팜 뮤트란?

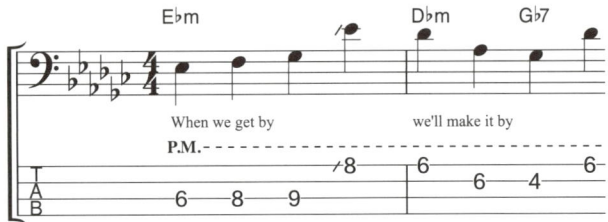

팜 뮤트(Palm Mute)는 오른손 손바닥으로 줄을 살짝 눌러 뮤트하면서 연주하는 테크닉입니다. 주로 엄지를 사용하며, 상황에 따라 검지나 중지를 함께 쓰기도 합니다. 악보에서는 'P.M.'로 표기하며, 뮤트가 유지되는 구간은 점선으로 이어 표시해 어디까지 팜 뮤트가 지속되는지를 한눈에 확인할 수 있습니다.

## 손가락별 연주 자세

| | | |
|---|---|---|
| 엄지 손가락 | | |
| 검지 손가락 | | |
| 중지 손가락 | | |

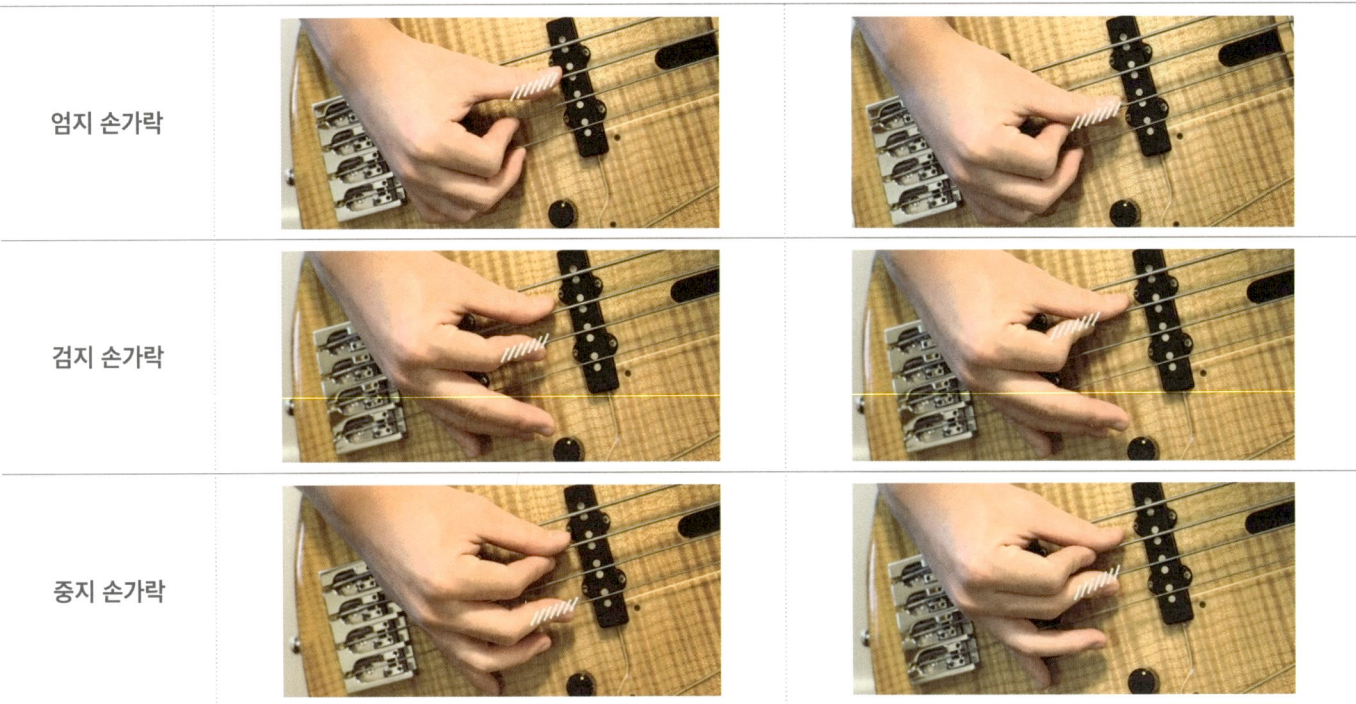

## 연습방법

브릿지 근처에 손바닥을 가볍게 얹고, 엄지로 줄을 부드럽게 밀어 주듯이 연주해 보세요. 손바닥의 위치를 조금씩 옮기면 톤이 달라집니다. 보통은 브릿지 바로 옆에서 연주하면 음이 너무 짧지 않으면서도 특유의 둔탁하고 빈티지한 톤을 낼 수 있습니다. 즉, 브릿지 가까이에서 연주할수록 음이 길게 이어지고, 넥 쪽으로 이동할수록 뮤트가 강해지며 음이 짧아집니다.

## Q. 팜 뮤트는 보통 언제 사용하나요?

theBass Lesson, 팜 뮤트는 단순히 소리를 줄이는 뮤트가 아니라, 톤의 성격을 바꾸는 표현법입니다.

1 어쿠스틱한 질감을 표현할 때

2 콘트라베이스 톤이나 느낌을 베이스 기타로 재현할 때

3 오래된 음악, 빈티지한 분위기를 만들고 싶을 때

 **레이백**

## 레이백이란?

레이백(Layback)은 정박보다 살짝 뒤에서 연주해 여유롭고 느슨한 느낌을 만드는 연주법입니다. 템포를 늦추는 것이 아니라, 박자 안에서 타이밍을 살짝 뒤로 밀어 연주하는 방식이라고 이해하면 한결 쉽습니다.

주로 느린 8비트나 바운스 리듬에서 자주 사용되며, 곡 전체에 '흐르는 듯한 그루브'와 여유로운 분위기를 더해 줍니다.

## 레이백의 특징

### 여유 있고 편안한 느낌
정박보다 미세하게 늦춘 타이밍 덕분에 음악이 부드럽고 느긋하게 들립니다.

### 바운스 리듬에서 자주 등장
특히 느린 템포의 바운스, R&B, 소울 계열에서 자연스럽게 활용됩니다.

### '푸쉬(Push)'와 반대되는 리듬 감각
레이백은 뒤로 미는 느낌, 푸쉬는 앞으로 당기는 느낌이라 전혀 다른 느낌을 만듭니다.

### 정확한 박자가 전제 조건
레이백은 박자가 흔들리는 연주가 아니라, "박자를 잡은 상태에서 의도적으로 뒤로 미는 것"입니다. 그래서 먼저 정박 연주가 안정적으로 잡혀 있어야 자연스럽게 표현할 수 있어요.

연습곡 'Get You'를 연습할 때, 레이백 느낌을 살려 여유 있게 연주해 보세요.

## 워킹 베이스

워킹 베이스는 콘트라베이스에서 자주 사용되는 연주 방식으로, 곡의 흐름을 자연스럽게 이끌어주는 라인입니다. 팜 뮤트를 활용하면 콘트라베이스 특유의 따뜻하고 빈티지한 느낌을 표현할 수 있습니다.

연주할 때는 8분음표를 정확하게 나누기보다, 3연음이나 셔플 뉘앙스를 살펴 스윙감 있게 연주해 보세요.

## 연습 방법

### 1 1마디 연습

브릿지 쪽에 오른손 손바닥을 가볍게 얹고 연주해 보세요.

연주 중 손바닥을 넥 쪽으로 조금씩 이동시키며 소리의 변화를 들어보면, 자신에게 가장 어울리는 톤을 찾을 수 있습니다.

### 2 메트로놈과 함께 연습

메트로놈을 켜고 4마디씩 반복 연습해 보세요.

처음에는 느린 템포로 정확한 리듬과 톤에 집중하고, 익숙해지면 점차 속도를 높여 자연스러운 흐름을 만들어 갑니다.

**엄지로만 연주**

   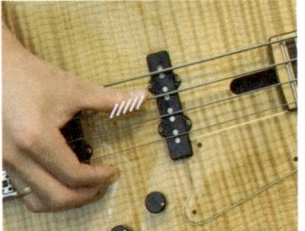

**엄지·검지로만 연주**

엄지 하나로만 8분음표를 계속 연주하면 손이 쉽게 피로해질 수 있습니다. 특히 3~4마디처럼 8분음표가 연속되는 구간에서는 검지나 중지를 함께 섞어 연주하면 훨씬 안정적이고 편안한 톤을 낼 수 있습니다.

작사 D'Angelo
작곡 D'Angelo
노래 D'Angelo

# When We Get By

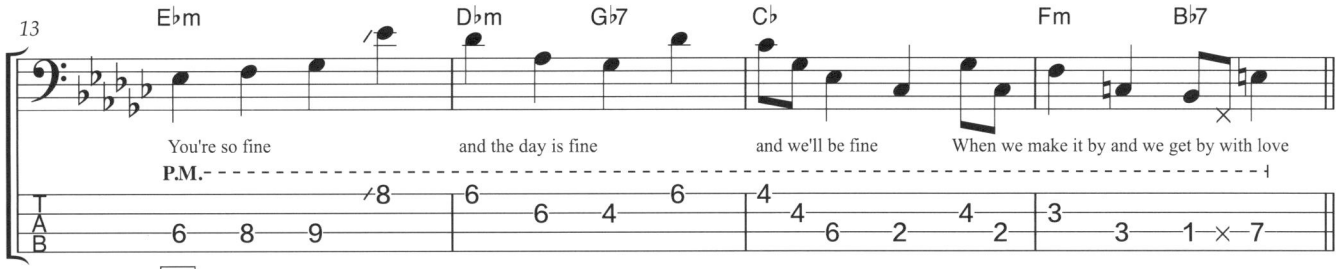

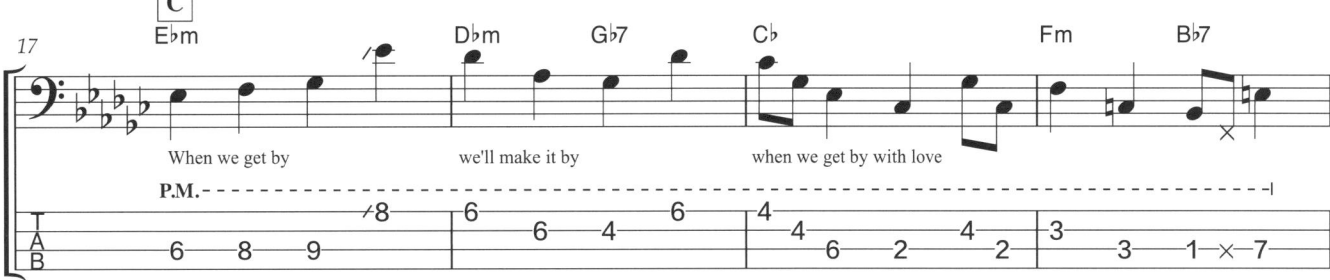

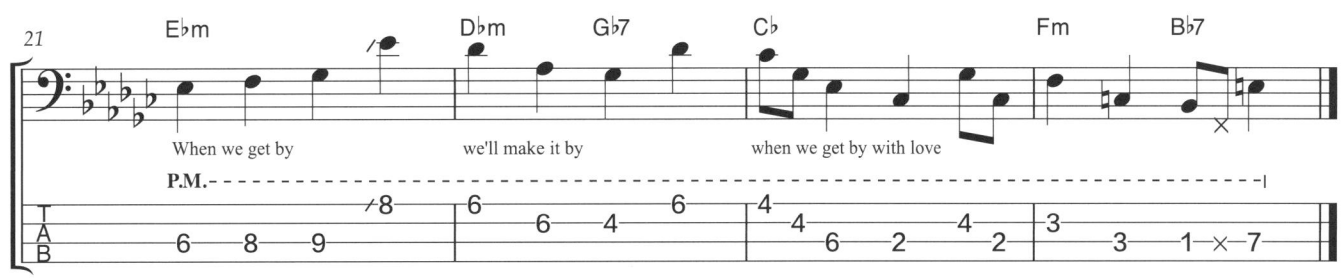

### ⚡ 옥타브 연주

1마디에 등장하는 옥타브는 검지로 연주해도 좋고, 좀 더 두툼하고 따뜻한 톤을 원한다면 엄지로 연주해 보세요. 두 가지 방법을 모두 시도해 보며, 자신에게 더 자연스럽고 편한 방법을 선택하면 됩니다.

### ⚡ 뮤트 피킹(16분음표)

16분음표 뮤트 피킹은 엄지나 검지 손가락으로 연주할 수 있습니다.

악보에 표시된 뮤트 피킹은 실제 연주와 약간 다를 수 있으니 처음에는 악보 표기대로 연습하고, 익숙해지면 리듬을 자유롭게 채워 넣어 보세요. 특히 강박 바로 앞에 16분음표를 넣으면 리듬이 살아나고 곡에 그루브가 생깁니다. 패턴에 얽매이지 말고 손이 가는 대로 자연스럽게 채워 보세요.

엄지로 뮤트 피킹

검지로 뮤트 피킹

---

## ▶ Tip

### ⚡ 악보대로 천천히 연습

메트로놈을 켜고 옥타브와 뮤트 피킹의 구분을 정확히 하며, 손가락의 움직임과 톤에 집중해 보세요.

### ⚡ 엄지 중심 연주

처음에는 엄지만 사용해 팜 뮤트의 톤을 익힙니다.

### ⚡ 엄지+검지 혼합 연주

익숙해지면 뮤트 피킹은 검지로, 나머지는 엄지로 연주해 보세요. 자연스럽게 두 손가락을 섞어가며 자신만의 리듬감과 스타일을 만들어 가는 것이 목표입니다.

### ⚡ 톤과 음 길이

전체적으로 팜 뮤트 톤을 유지하면서, 음을 짧게 끊지 말고 풍성하게 이어가듯 연주해 보세요. 노래의 흐름이 부드럽기 때문에, 베이스도 긴 호흡으로 받쳐주는 느낌이 어울립니다.

작사 KARLY LOAIZA 외 9명
작곡 KARLY LOAIZA 외 9명
노래 Daniel Caesar

# Get You

♩= 74
A
Em F♯m /B /B♭ A7sus4
Through drought and famine
natural disasters
My baby has been around for me
P.M.
Kingdoms have fallen
angels be calling
None of that could
ever make me leave
B
Every time I look into your
eyes I see it
You're all I
need
Every time I get a bit inside
I feel it
H
C
Oooooooh
who would've thought I'd get you
Oooooooh
who would've thought I'd get you

# 연습 노트

🕐 **주 차 :**　　　　　〔　　　/　　　～　　　/　　　〕

🕐 **날짜 :**

🕐 **연습 시간 :**　　　　　분

🕐 **이전 주 차의 연습 내용** 팜 뮤트, 레이백, 10주 차 응용 연습곡

🕐 **체크 포인트** 오늘 연습에서 확인해야 할 부분

❗ **어려웠던 부분** 특히 손에 잘 안 붙거나 헷갈렸던 부분 기록

🕐 **오늘의 깨달음 및 메모** 연습하면서 새롭게 느낀 점, 개선할 부분, 아이디어 등

🕐 **다음 주 차의 연습 목표**

🕐 **연습 만족도**
😉 아주 잘했다 ☐
😊 괜찮았다 ☐
😣 어려웠다 ☐
😐 다시 복습 필요 ☐

# 베이스 기타도 피크를 사용하나요?

**❶ 피크 피킹**

**◈ Men I Trust — Lauren**
**◈ wave to earth — bad**

**theBass Lesson;** 여기까지 함께해 주시느라 정말 고생 많으셨습니다.
이번 주차에는 요즘 가장 핫한 주법인 피크 피킹을 중점으로 다뤘어요. 그리고 드디어 다음 주에는 많은 분들이 기다려셨던 슬랩이 찾아옵니다.
앞으로 한 주만 더 힘내서 끝까지 즐겁게 완주해 보아요!

# ① 피크 피킹

## 베이스 기타 피크 피킹

### 피크의 종류

베이스 기타의 피크는 모양과 두께가 다양합니다.

대표적으로 삼각형 모양과 물방울 모양이 있고, 두께는 1mm 전후를 추천합니다. 너무 얇으면 소리가 가볍게 뜨고, 너무 두꺼우면 부드러운 연주가 어려울 수 있어요.

### 피크 잡는 방법

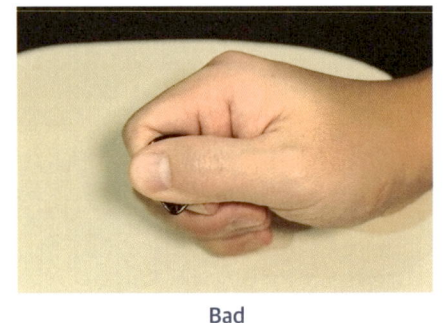

Bad

Good

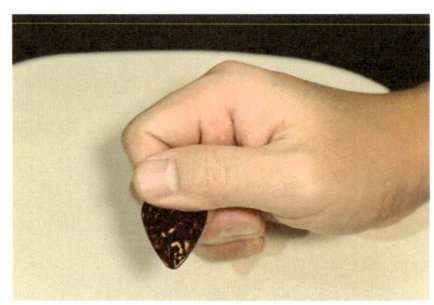

Bad

검지를 살짝 구부린 뒤, 그 위에 피크를 올리고 엄지로 덮어줍니다.

이때 피크가 너무 많이 나오거나 너무 짧게 잡히면 연주가 불편하니, 적당한 길이만 나오도록 조절해 주세요.

다운 피킹 준비 자세

Good

Bad

업 피킹 준비 자세

Good

Bad

헛피킹 자세

**다운 피킹**: 줄을 아래쪽으로 튕기듯 연주

**업 피킹**: 줄을 위쪽으로 올려 치듯 연주

**헛피킹**: 실제 줄을 치지 않고 허공에서 피크를 움직여 주는 방법으로, 리듬을 위해 허공에서 박자를 세는 동작

보통은 다운과 업을 교차하면서 연주하는데, 이를 '얼터네이트 피킹'이라고 부릅니다.

처음에는 줄과 피크를 수평으로 맞추고 연주해 보세요. 줄을 바꿔가며 다운과 업을 이어야 할 때는 손목을 살짝 써서, 줄 앞쪽으로 V자를 그리듯 움직여 보시면 좋아요. 이 동작만 익혀도 피크 피킹이 훨씬 자연스럽게 느껴질 겁니다.

## 피크 피킹 예제 연습

### 다운 피킹과 업 피킹 연습

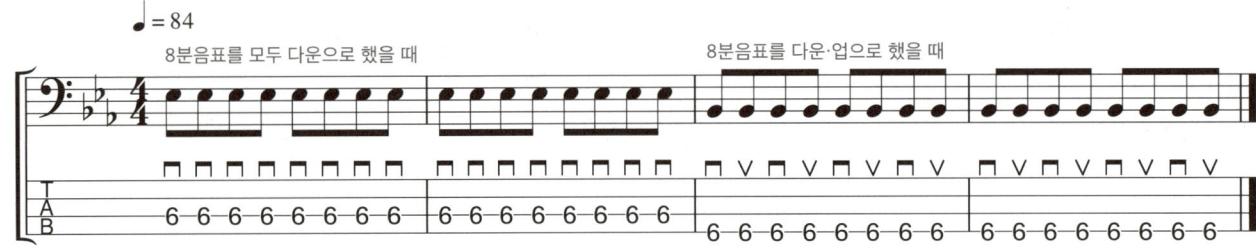

먼저 다운 피킹으로 연습한 후, 다운·업 피킹으로도 연습해 봅니다. 처음에는 다운 피킹만으로도 충분히 연습이 되지만, 리듬이 복잡해질수록 다운·업 피킹을 함께 사용하는 것이 훨씬 효율적입니다.

### 연습 방법

#### 16분음표에서 피크 방향 정하기

특히 16분음표가 섞인 리듬에서는 피킹 방향이 중요합니다. 모든 음을 다운으로만 연주하면 라인이 복잡하고 손에 힘이 많이 들어가요. 하지만 방향을 잘 정하면 훨씬 수월하게 연주할 수 있습니다. 원칙은 간단합니다.

**4분음표 다운 피킹, 8분음표 다운 또는 다운·업 피킹**

16분음표 네 개 → 1, 3은 다운 / 2, 4는 업

이 원칙으로 연습하면 리듬이 안정되고, 피킹 흐름도 매끄러워집니다.

**첫 박자: 점8분음표 + 16분음표**

→ 점8분음표는 다운, 이어지는 16분음표는 업

**두 번째 박자: 16분쉼표 + 16분음표 + 16분쉼표 + 16분음표**

→ 실제 연주되는 음은 업 피킹

**세 번째, 네 번째 박자: 8분음표 4개**

→ 전부 다운으로 연주하거나, 다운·업을 섞어서 연습해 보세요.

#### ▶ Tip

같은 2마디 패턴을 두 가지 방식으로 연습합니다.

**8분음표 전부 다운으로만 연주**

**8분음표에 다운·업을 섞어서 연주**

이 과정을 번갈아가며 반복해 보세요. 손의 움직임이 점점 더 자연스러워지고, 리듬도 안정적으로 느껴질 겁니다.

# 🎵 11주 차 응용 연습곡

이번에 연습할 곡은 베이스 라인이 굉장히 멋지고, 톤도 독특해서 연습곡으로 꼭 한 번 다뤄보고 싶어 선곡했습니다.

## 연습 방법

INTRO: 피크 방향부터 꼼꼼히 체크하세요.

음정, 박자, 음 길이, 슬라이드 같은 테크닉도 하나하나 확인합니다.

특히 쉼표와 붙임줄 구간에서는 헛피킹을 연습해 보세요. 여기서 헛피킹을 사용하면 피킹 흐름이 끊기지 않아 다음 박자가 훨씬 자연스럽습니다.

INTRO는 한 음씩 또렷하게, 8마디를 천천히 반복해 보면서 연습해 보세요.

A: INTRO에서 했던 방법 그대로 연습합니다.

피크 피킹 방향, 슬라이드, 붙임줄, 헛피킹을 하나씩 점검해 보세요. 템포를 올리기 전에 반드시 천천히 정확하게 연주하는 게 중요합니다.

B: 이번 파트에서는 옥타브 연주가 나옵니다.

줄을 건너뛰며 빠르게 다운·업 피킹을 해야 하므로, 처음에는 무리하지 말고 아주 느린 속도로 연습해 보세요.

줄 이동 시에도 피킹 방향이 흔들리지 않도록 주의하는 것이 핵심입니다.

C: INTRO와 같은 라인입니다.

# Lauren

작사 CARON JESSY 외 2명
작곡 CARON JESSY 외 2명
노래 Men I Trust

♩ = 97

**INTRO**
**Pick Picking**

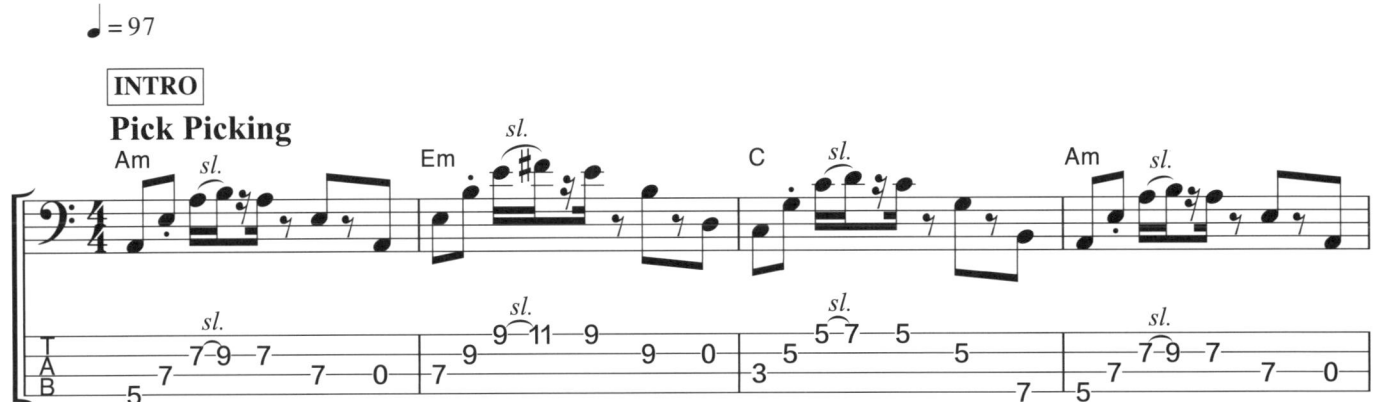

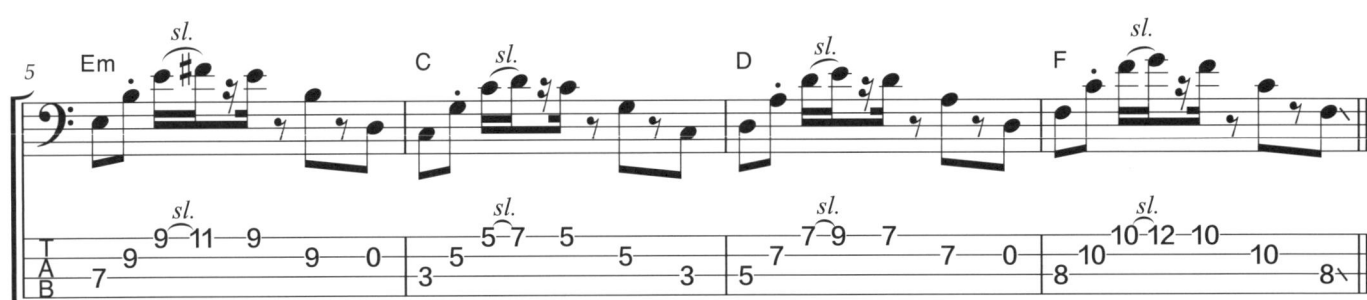

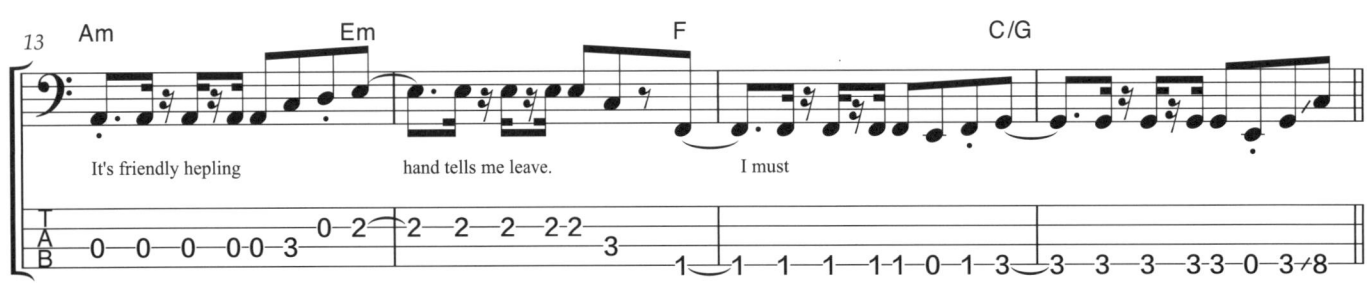

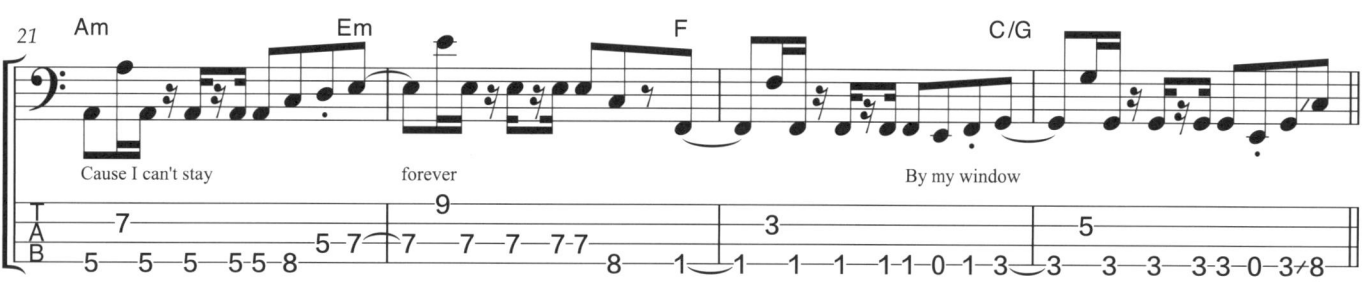

## 연습 방법

정말 인기가 많은 밴드죠. 더베이스레슨 실제 레슨 곡에서 항상 빠지지 않는 필수 곡, 'bad'를 배워보겠습니다.
이번 곡은 피크 피킹 + 16분음표 바운스 리듬을 활용하는 것이 핵심입니다.

Ⓐ: 피크 피킹 방향을 꼭 체크하세요.
4분음표와 8분음표는 다운 피킹으로, 16분음표는 4개 기준으로 1·3은 다운 / 2·4는 업 피킹으로 연주합니다.
리듬은 스트레이트하게 치지 말고, 바운스 느낌을 살려서 연주해 보세요. 쉼표나 붙임줄이 나오는 부분에서는 헛피킹을 사용해서
피킹 흐름이 자연스럽게 이어지도록 합니다.

Ⓑ: 위와 같은 원리로 연습해 주세요.
음정, 박자, 테크닉을 하나씩 점검하고, 특히 16분음표 바운스 리듬이 잘 느껴지는지 귀로 확인해 보세요.

Ⓒ: 이 구간도 마찬가지로 피크 방향과 바운스 리듬을 유지하는 게 핵심입니다.
빠른 템포로 치기보다는, 처음에는 메트로놈을 켜고 아주 느리게부터 정확하게 연주해 보세요. 익숙해지면 속도를 조금씩 올려서
원곡 템포에 맞춰 가는 식으로 연습하면 훨씬 안정적입니다.

# bad

**작사** 김다니엘
**작곡** 김다니엘
**노래** wave to earth

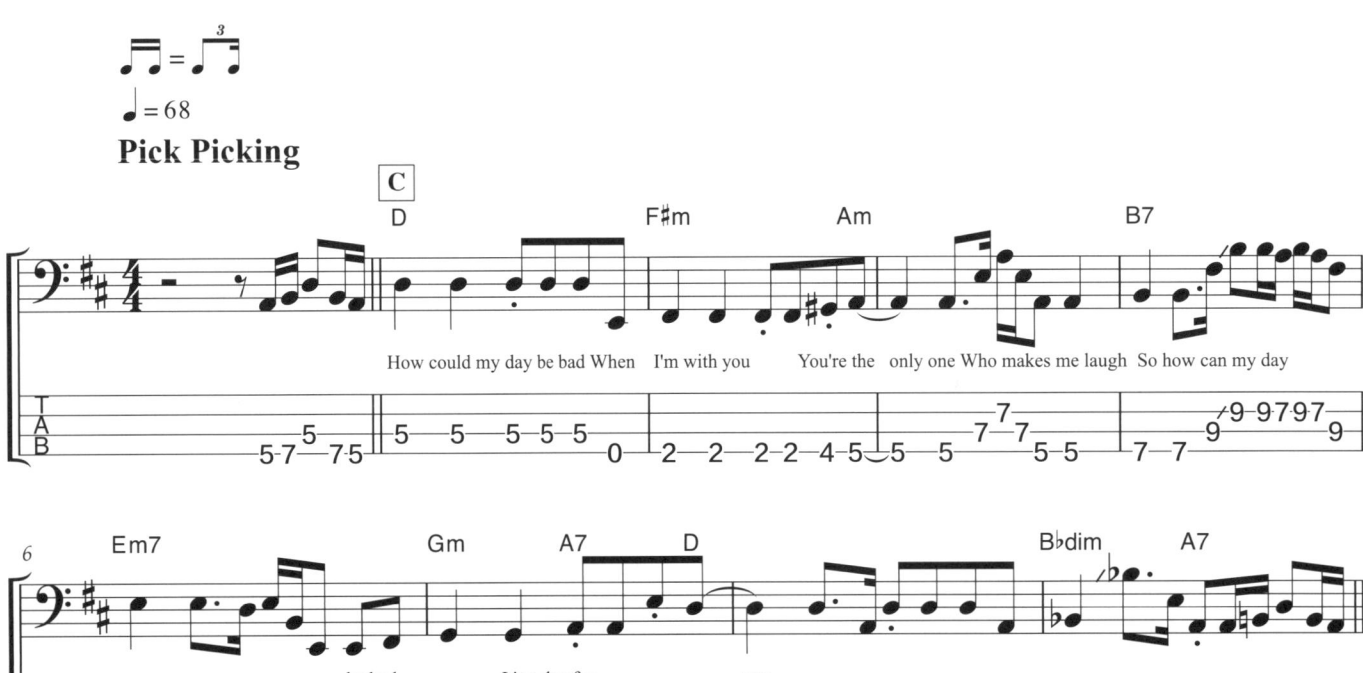

# 연습 노트

🕐 **주 차 :**     [     /     ~     /     ]

🕐 **날짜 :**

🕐 **연습 시간 :**     분

🕐 **이전 주 차의 연습 내용** 피크 피킹, 11주 차 응용 연습곡

🕐 **체크 포인트** 오늘 연습에서 확인해야 할 부분

❗ **어려웠던 부분** 특히 손에 잘 안 붙거나 헷갈렸던 부분 기록

🕐 **오늘의 깨달음 및 메모** 연습하면서 새롭게 느낀 점, 개선할 부분, 아이디어 등

🕐 **다음 주 차의 연습 목표**

🕐 **연습 만족도**
😌 아주 잘했다 ☐
🙂 괜찮았다 ☐
😟 어려웠다 ☐
😕 다시 복습 필요 ☐

# 베이스 기타의 하이라이트, 슬랩!

**1** 슬랩

🎸 Bruno Mars — Treasure
🎸 Cory Wong — Cosmic Sans

theBass
Lesson, 슬랩은 베이스 기타의 꽃이자 하이라이트예요. 많은 사람들이 베이스 기타에 빠지게 된 결정적인 순간도, 바로 이 슬랩 사운드를 보고 듣고 매료됐기 때문이죠.
흥미로운 점은, 슬랩이 처음부터 의도된 테크닉이 아니라는 점이에요. 밴드의 드러머가 자리를 비우자, 베이시스트가 드럼의 리듬을 베이스 기타로 대신 표현하려다 자연스럽게 만들어진 주법이라고 전해집니다.
이제 베이스 기타의 매력이 가장 강하게 빛나는 이 하이라이트 속으로 함께 들어가 볼까요?

 # 슬랩

## 슬랩이란?

베이스 기타 줄을 때리거나 뜯어 연주하는 주법으로, 핑거 주법보다 더 강한 리듬감과 개성 있는 톤을 만들어낼 수 있습니다. 주로 엄지 손가락과 검지 손가락을 사용하며, 엄지로 줄을 때리는 동작을 '썸(Thumb)', 검지로 줄을 뜯는 동작을 '플럭(Pluck)'이라고 부릅니다.

영상으로 썸과 플럭 동작을 눈으로 확인하고, 손목 반동과 힘의 흐름을 몸으로 익히면서 연습해 보시길 추천합니다.

## 썸

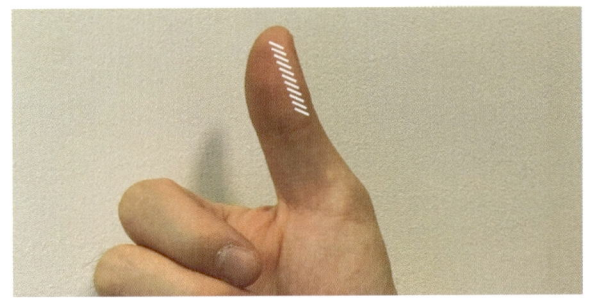

엄지를 들어 올려 '따봉' 자세를 만든 뒤, 줄과 수평이 되도록 맞춰 주세요. 연주할 때는 손목의 회전으로 줄을 때리며 타점은 엄지 마디 위쪽 부분, 그리고 지판의 마지막 프렛 근처가 좋습니다. 썸 연주에는 돌려치기와 내려치기 두 가지 방법이 있습니다.

### 돌려치기 연주의 자세

손목을 돌리며 줄을 때리고, 반동으로 손이 튕겨 나오듯 연주하는 방식입니다. 처음엔 소리가 잘 안 날 수 있지만, 중요한 건 손목의 반동입니다.

  **Tip**

줄을 친 뒤 손이 줄 바로 앞에서 멈춘다고 상상하며 연습하면 훨씬 수월하게 연주할 수 있습니다.

**내려치기 연주의 자세**

엄지로 줄을 찍어 내리듯이 치는 방법입니다.

아래 줄에 엄지를 걸면서 연주하기 때문에, 직관적이고 안정적입니다. 슬랩을 처음 배우는 사람들은 보통 이 방법부터 익히게 됩니다.

---

 **Tip**

손목을 살짝 들어 올린 상태에서 연주해 보세요. 돌려치기 사진과 비교하면, 손목이 자연스럽게 들려 있는 것을 확인할 수 있을 거예요.

---

**플럭**

Good                                        Bad

플럭은 검지로 줄을 걸어 손목을 돌리며 아래로 뜯는 동작이에요.

검지만 따로 쓰기보다는 손 전체가 줄과 함께 움직인다는 느낌으로 접근하면 더 안정적입니다. 처음에는 손목을 활용한 큰 동작으로 연습하고, 익숙해지면 손가락만 사용하는 작은 플럭으로 자연스럽게 이어가 보세요.

---

 **Tip**

슬랩은 특히 영상으로 보는 것이 가장 빠르니, 동작과 손목 반동을 눈으로 확인하며 따라해 보시는 걸 추천합니다.

---

# 🎸 12주 차 응용 연습곡

원곡에서는 핑거 피킹과 슬랩을 섞어서 연주하지만, 이번에는 슬랩만 활용한 버전으로 연습해 보겠습니다.
기본은 썸으로 리듬을 만들고, 악센트(>) 표시가 있는 부분에서는 플럭으로 표현해 주세요.

## 연습 방법

### 1 쉼표 처리

쉼표는 정확하게 멈춰서 연주해도 좋고, 피크 피킹에서 헛피킹을 하듯, 슬랩에서는 헛스윙으로 자연스럽게 넘기는 연주도 가능합니다. 헛스윙을 하다가 줄에 닿아 뮤트 피킹(고스트 노트)처럼 소리가 나도 괜찮습니다. 오히려 이렇게 하면 리듬이 자연스럽게 이어지는 느낌을 줄 수 있어요.

### 2 패턴 익히기

이 곡은 기본적으로 4마디 패턴이 반복되는 구조라 전체 흐름이 단순합니다. 다만, B 파트와 C 파트 마지막 부분에는 미묘한 변화가 있으니, 그 구간은 따로 확인하며 연습해 보세요.

# Treasure

작사 Bruno Mars 외 4명
작곡 Bruno Mars 외 4명
노래 Bruno Mars

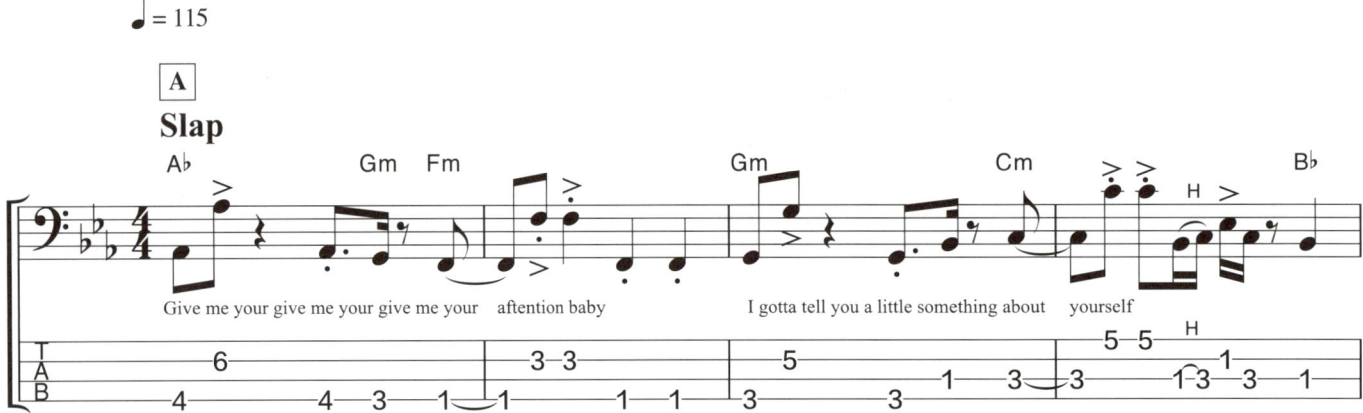

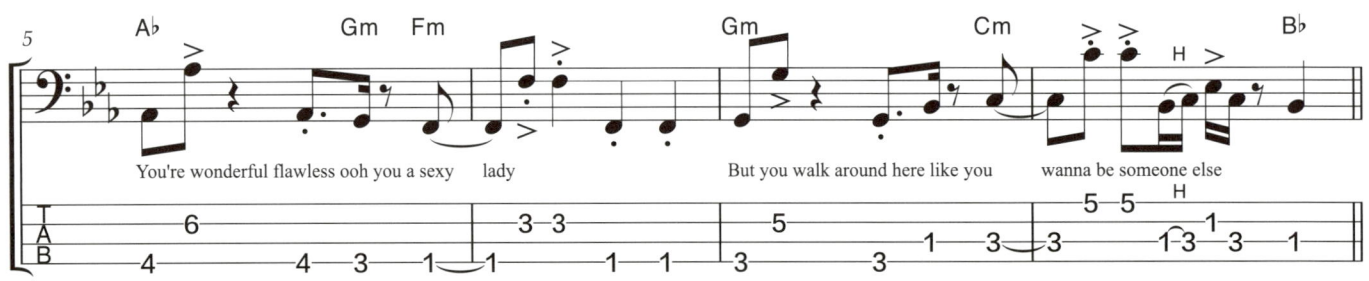

I know that you don't know it    but you're fine so fine

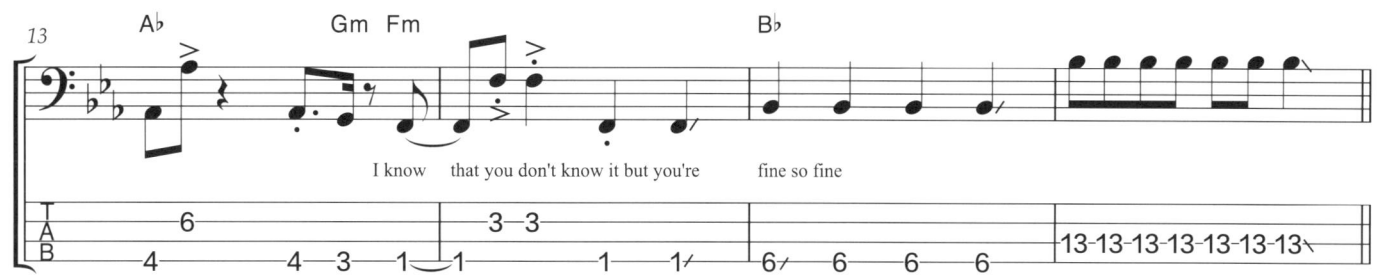

I know    that you don't know it but you're    fine so fine

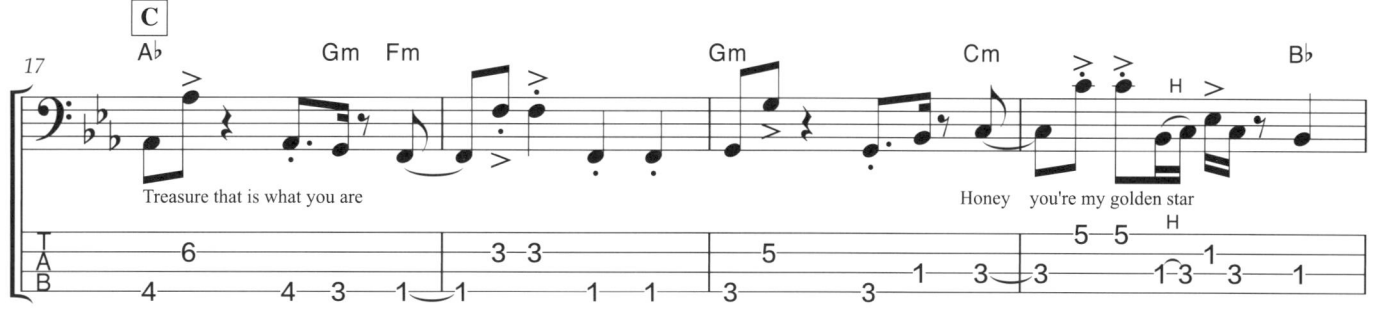

Treasure that is what you are    Honey    you're my golden star

And if    you could make my wish come true    If you    let me teasure you

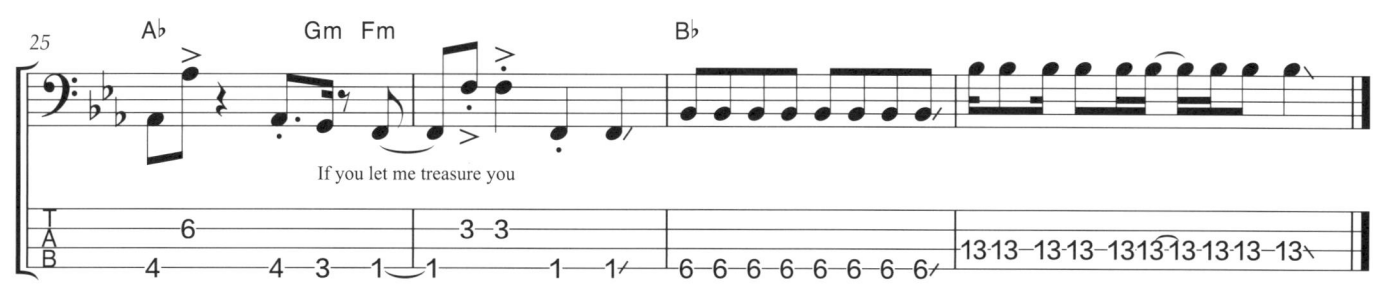

If you let me treasure you

## 연습 방법

이 곡의 핵심은 썸과 플럭이 16분음표로 반복되는 리듬 패턴입니다.

중간중간 등장하는 뮤트 피킹(고스트 노트)이 그루브를 만들어 주기 때문에, 왼손과 오른손의 타이밍을 정확히 맞추는 것이 무엇보다 중요합니다.

뮤트 피킹을 연주할 때는 왼손 네 손가락 전체로 줄을 덮는 것이 안정적이에요. 한두 손가락만 사용하면 잡음이 섞이기 쉬우므로, 손 전체를 이용해 줄을 눌러 소리를 막아 주세요.

### 1 플럭 연주

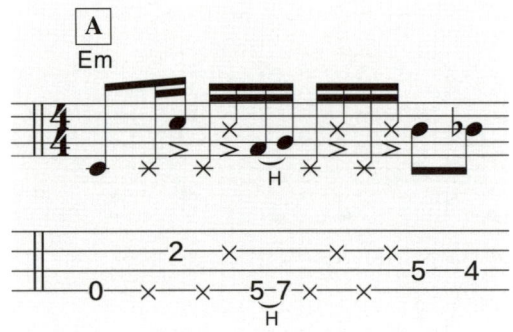

각 마디마다 반복되는 리듬 속에서 작은 변화를 놓치지 않도록 체크하며 연습해 보세요.

특히 플럭이 들어가는 악센트 부분은 소리가 또렷하게 들리도록 의식하면서 연주해 보시면 좋습니다.

### 2 뮤트 피킹 연주

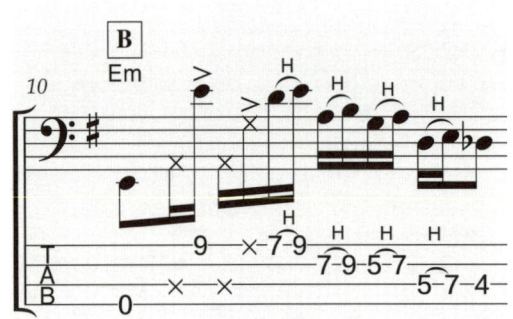

뮤트 피킹은 악보에 표시된 줄 그대로 연주하지 않아도 괜찮습니다.

가장 중요한 것은 정확한 박자와 타이밍이에요. 다른 줄을 연주할 때도 리듬감이 유지되는지 꼭 확인해 보세요.

작사 Cory Wong
작곡 Cory Wong
노래 Cory Wong

# Cosmic Sans

# 연습 노트

🕐 **주 차 :** 〔      /      ~      /      〕

🕐 **날짜 :**

🕐 **연습 시간 :**       분

🕐 **이전 주 차의 연습 내용** 슬랩, 12주 차 응용 연습곡

🕐 **체크 포인트** 오늘 연습에서 확인해야 할 부분

❗ **어려웠던 부분** 특히 손에 잘 안 붙거나 헷갈렸던 부분 기록

🕐 **오늘의 깨달음 및 메모** 연습하면서 새롭게 느낀 점, 개선할 부분, 아이디어 등

🕐 **다음 주 차의 연습 목표**

🕐 **연습 만족도**
😉 아주 잘했다 ☐
🙂 괜찮았다 ☐
🙁 어려웠다 ☐
😟 다시 복습 필요 ☐

# 완주 기념 실전
# 연습곡

🎸 Vaundy — 무희
🎸 10cm — 너에게 닿기를
🎸 Redbone — Come and Get Your Love
🎸 NMIXX — SPINNIN' ON IT
🎸 실리카겔 — Desert Eagle
🎸 QWER — 고민중독
🎸 Red Hot Chili Peppers — Can't Stop
🎸 Stevie Wonder — Sir Duke
🎸 Muse — Hysteria
🎸 Yonezu Kenshi — KICKBACK

# 무희

**작사** Vaundy
**작곡** Vaundy
**노래** Vaundy

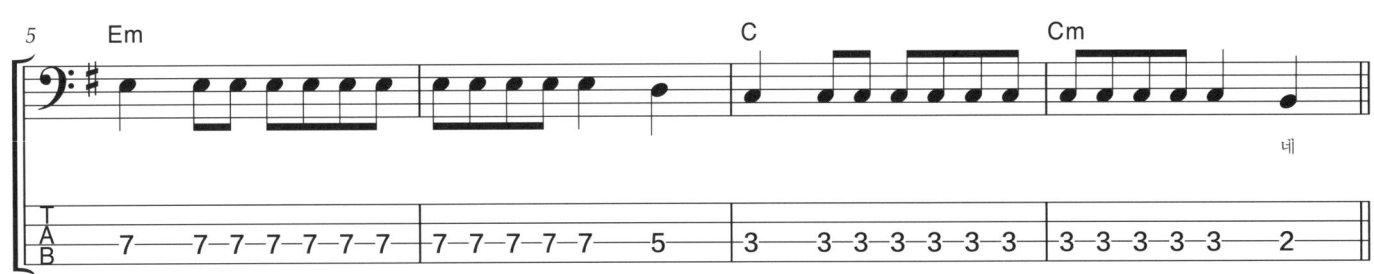

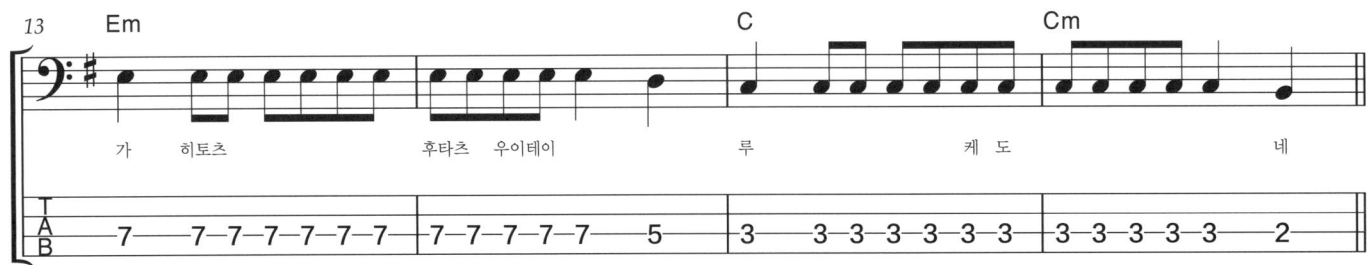

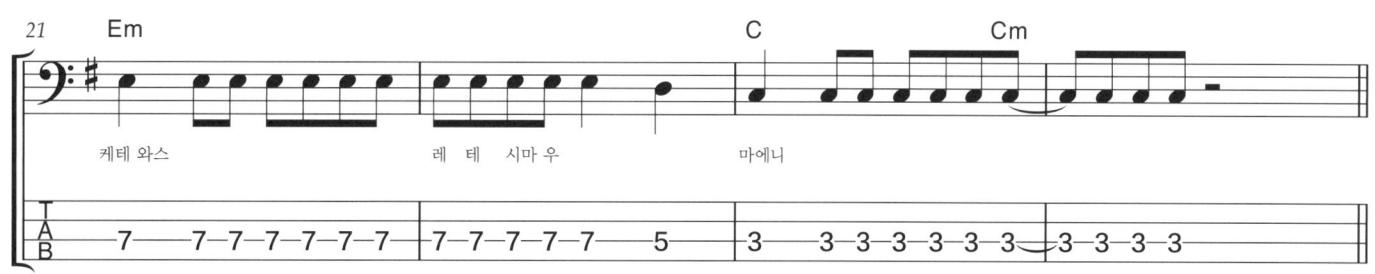

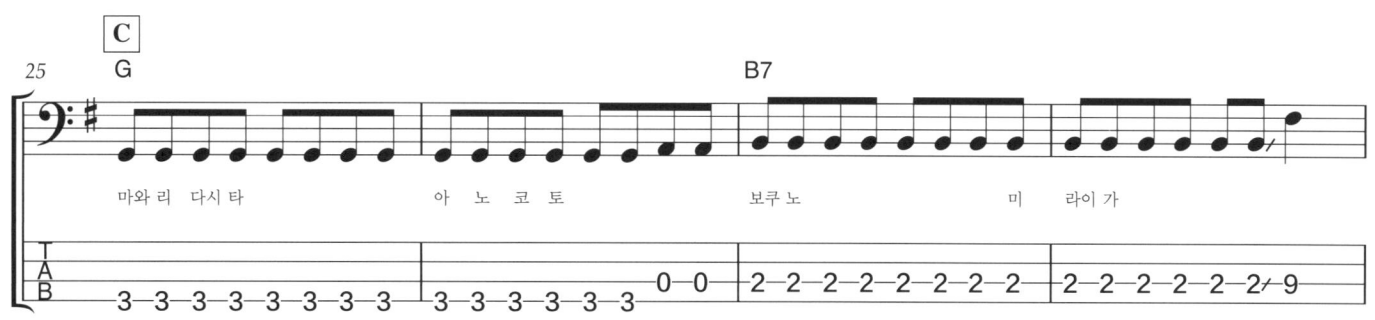

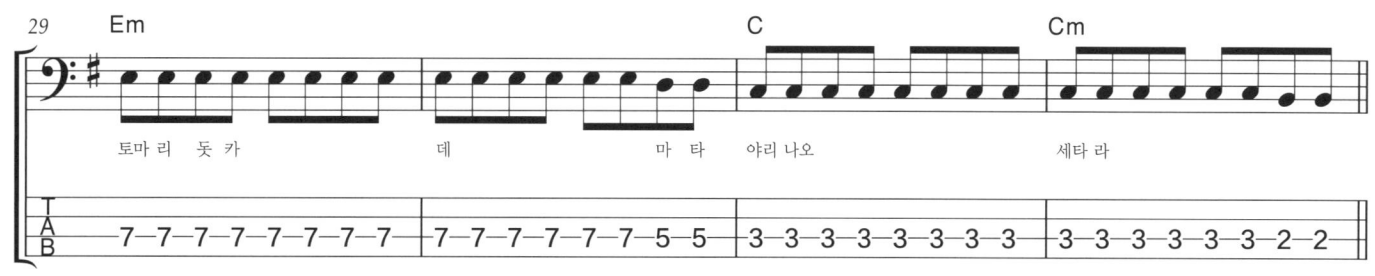

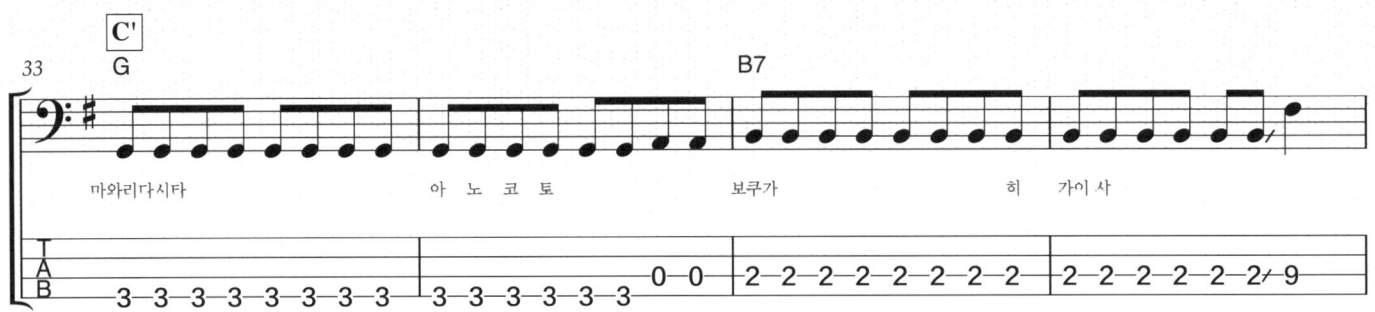

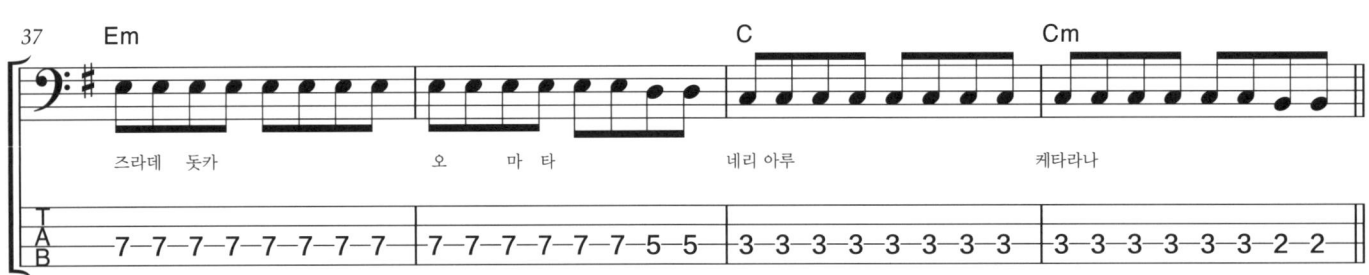

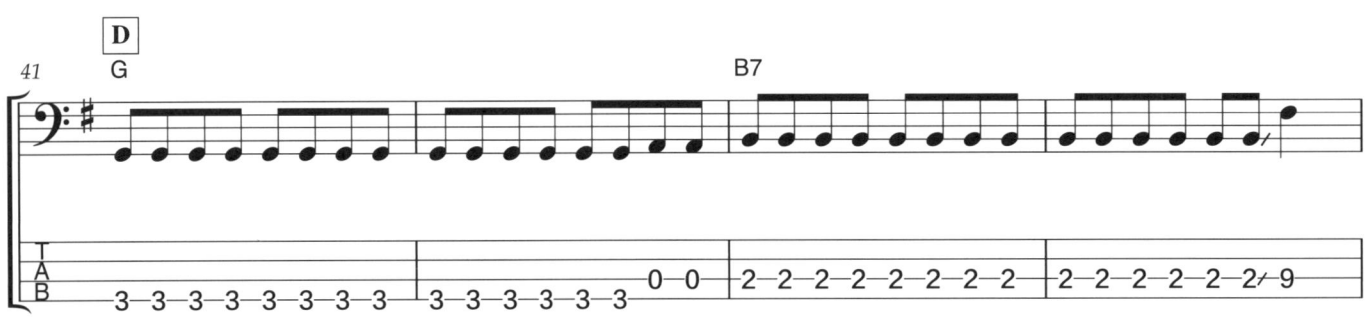

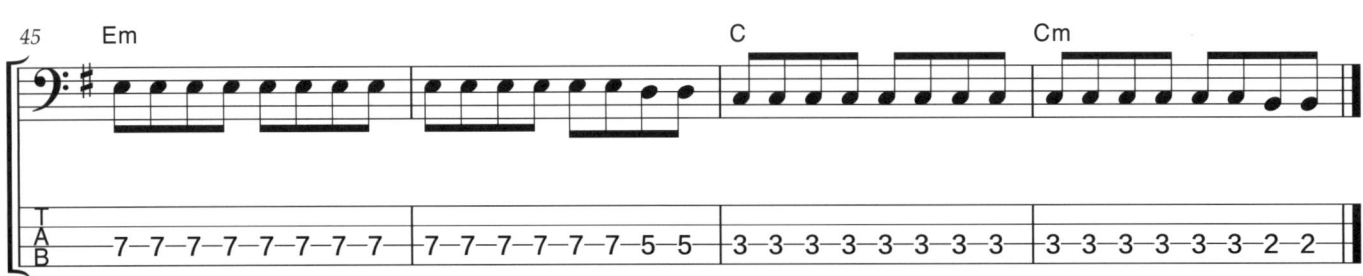

작사 Tomofumi Tanizawa
작곡 Tomofumi Tanizawa
노래 10cm

# 너에게 닿기를

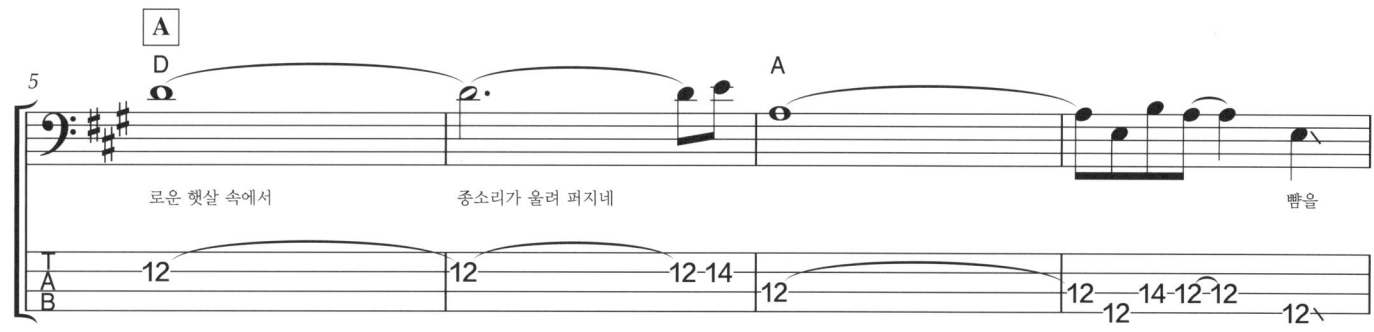

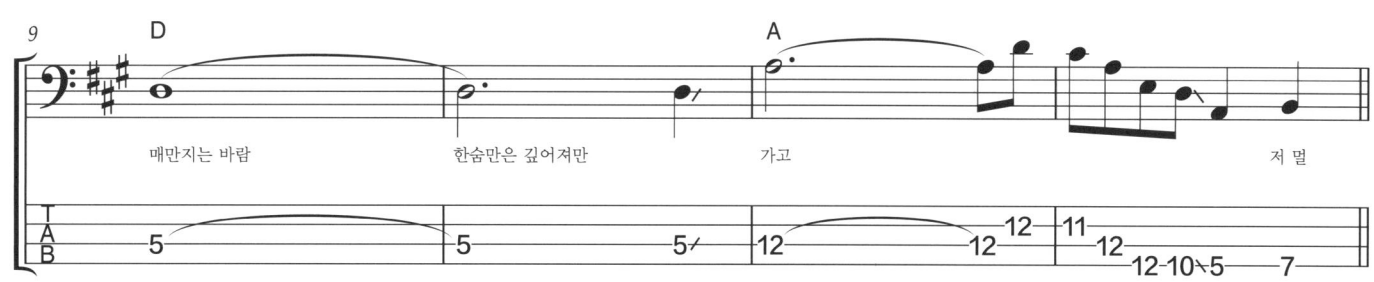

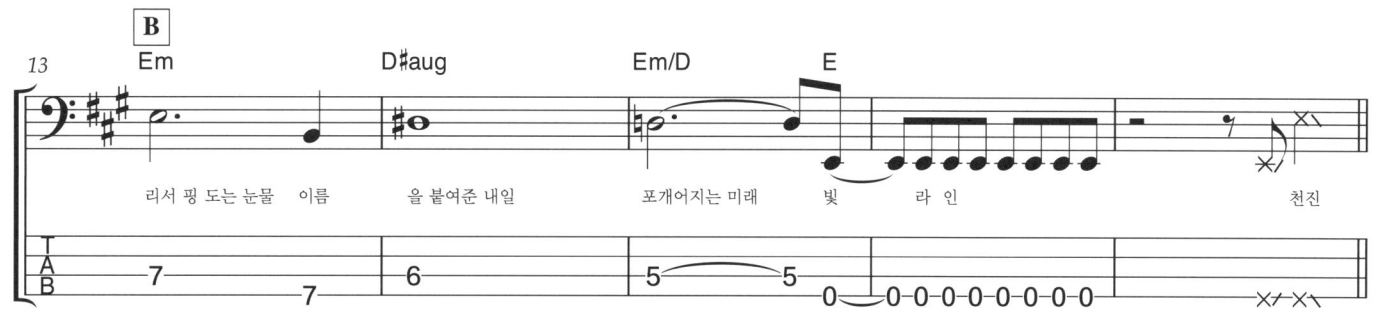

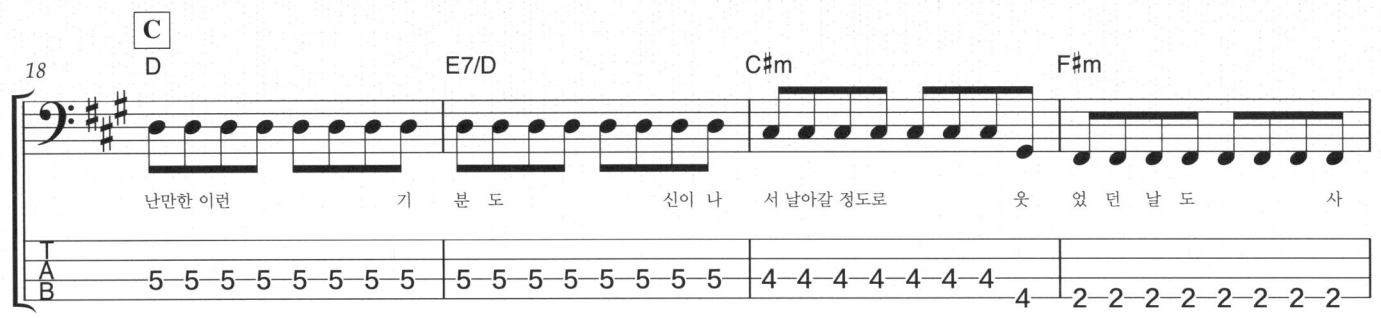

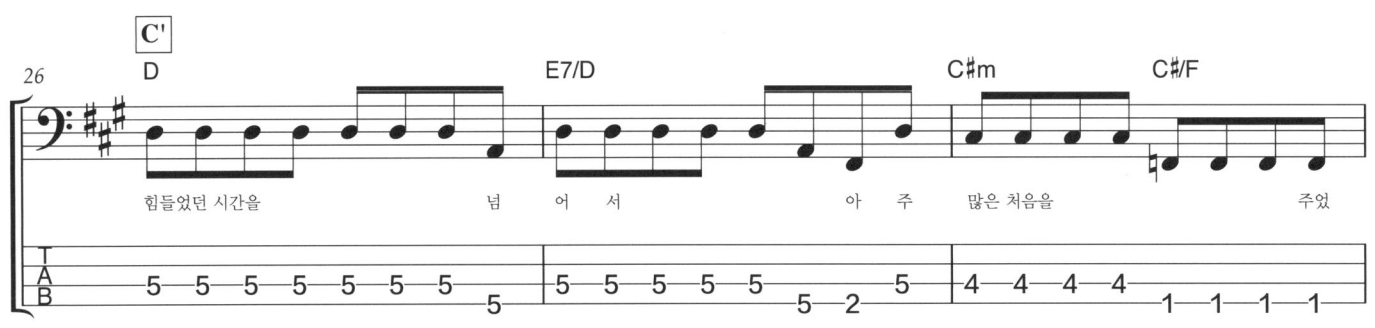

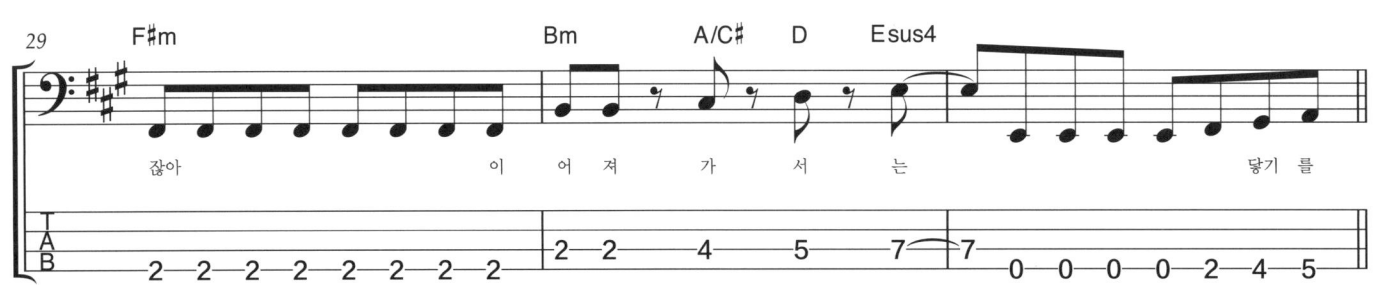

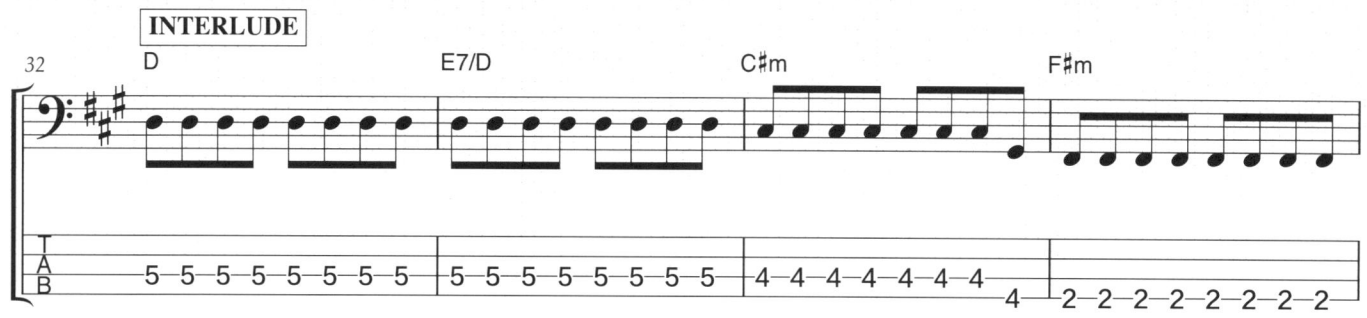

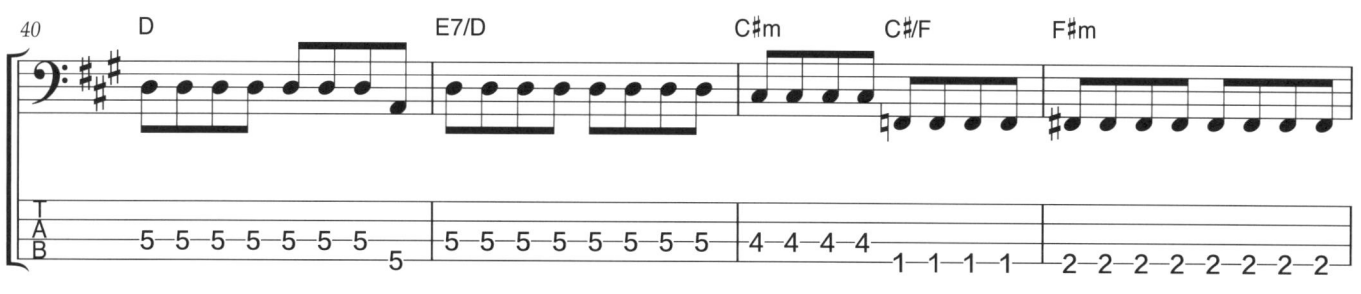

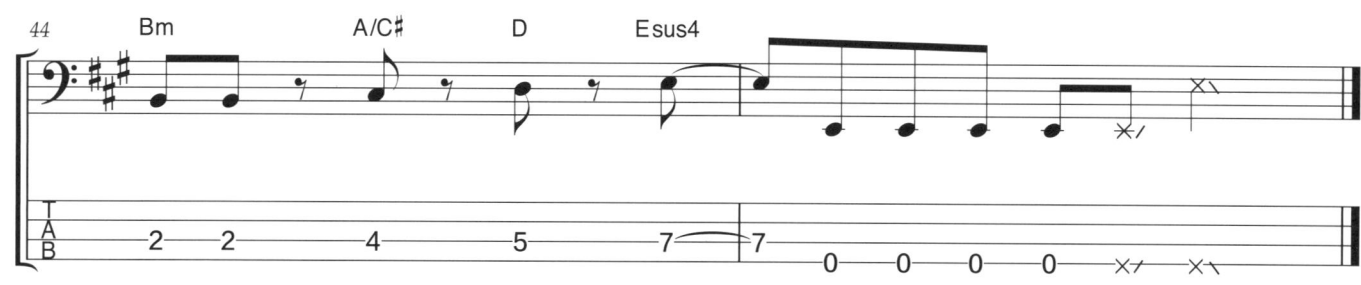

# Come and Get Your Love

작사 VEGAS LOLLY
작곡 VEGAS LOLLY
노래 Redbone

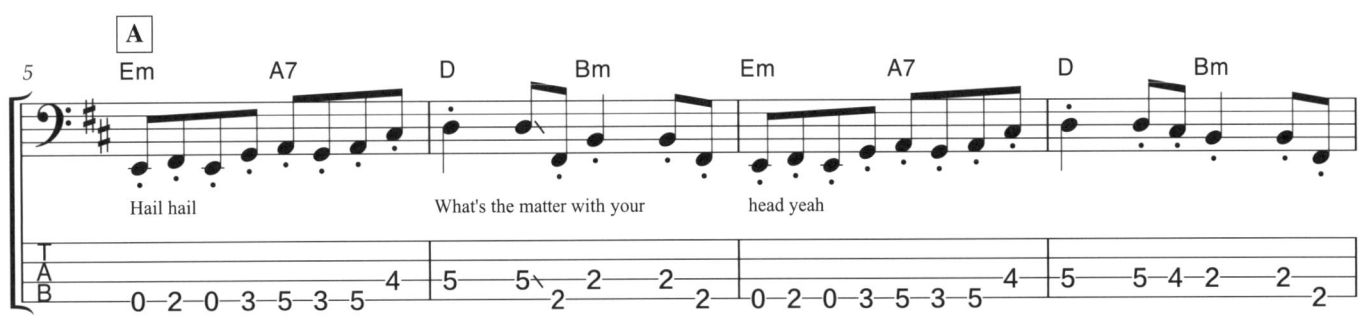

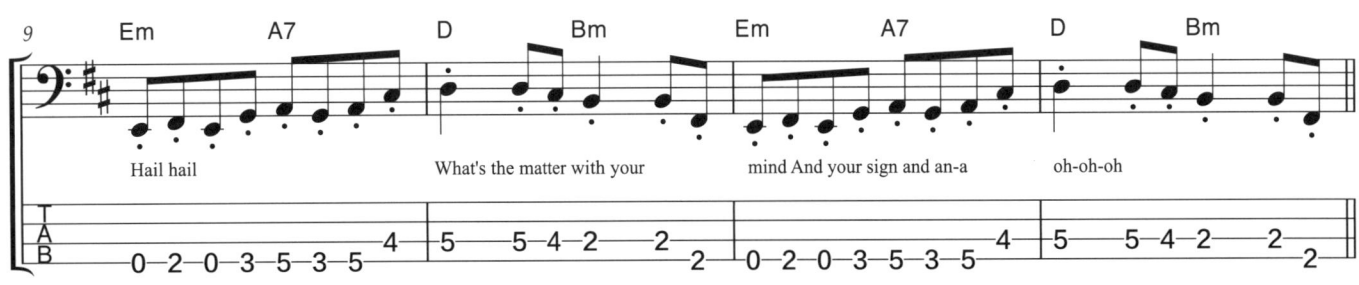

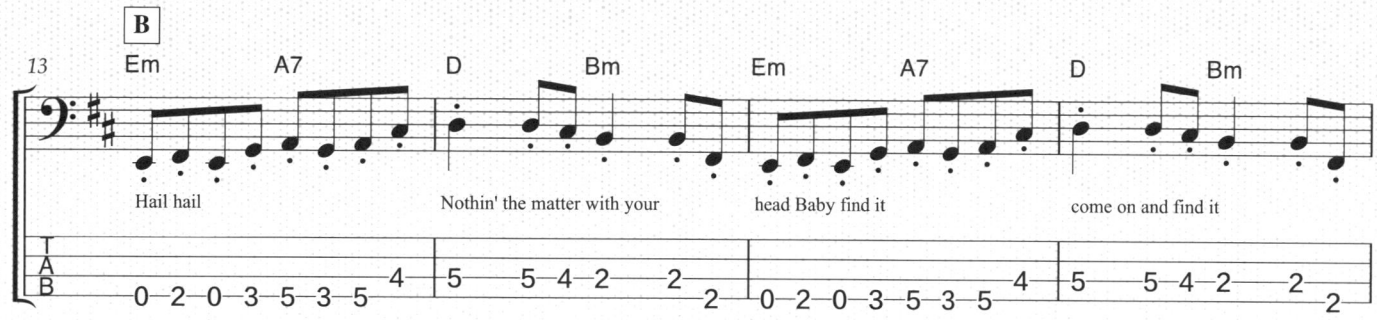

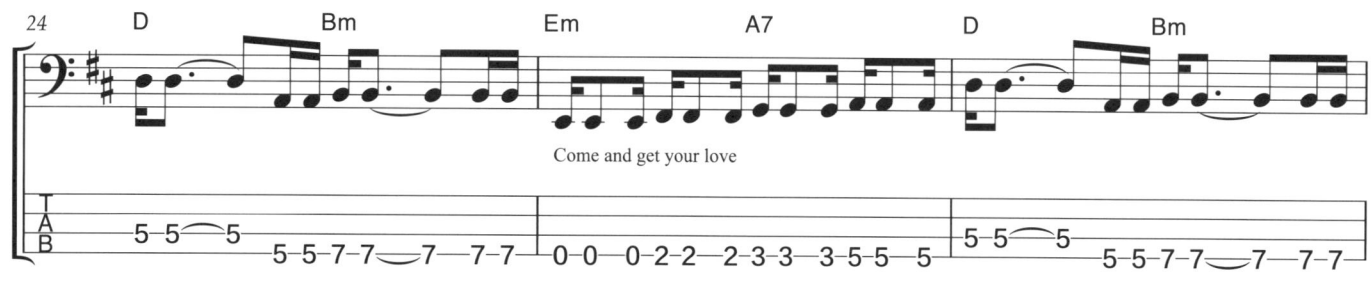

# SPINNIN' ON IT

**작사** 강은정 외 8명
**작곡** C'SA 외 6명
**노래** NMIXX

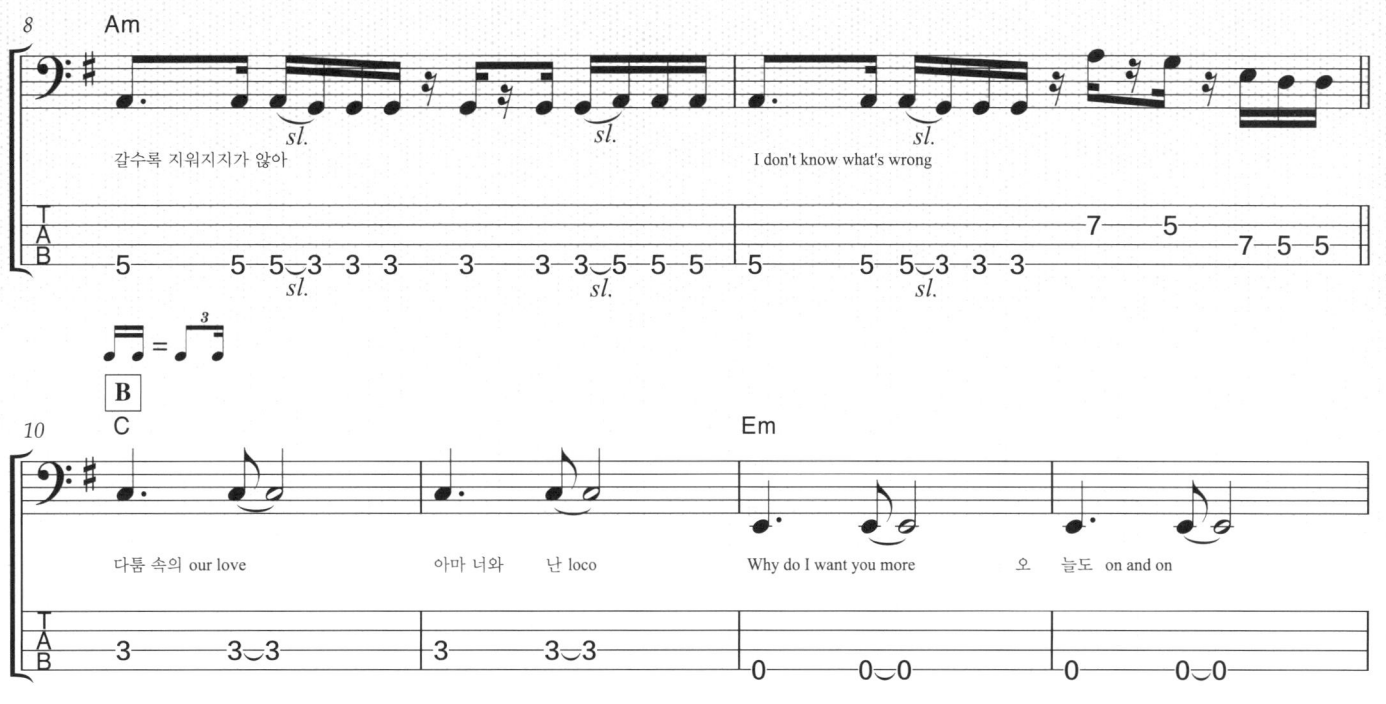

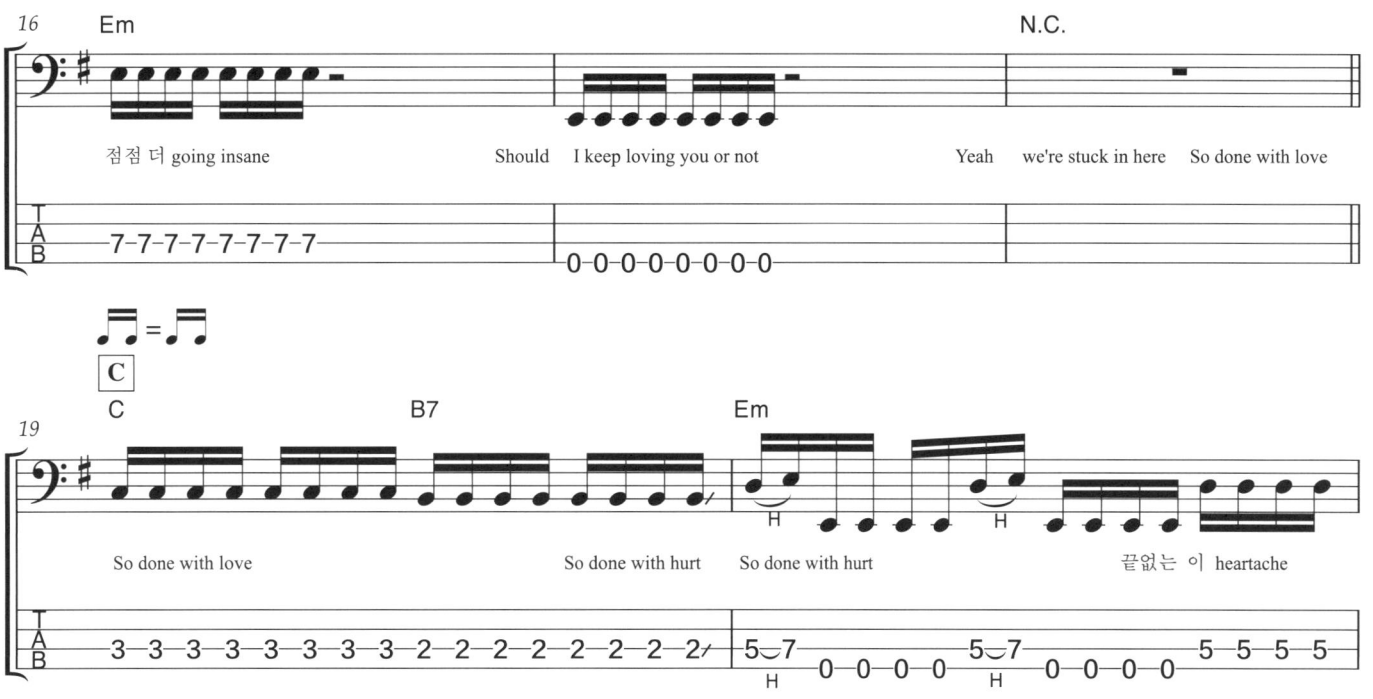

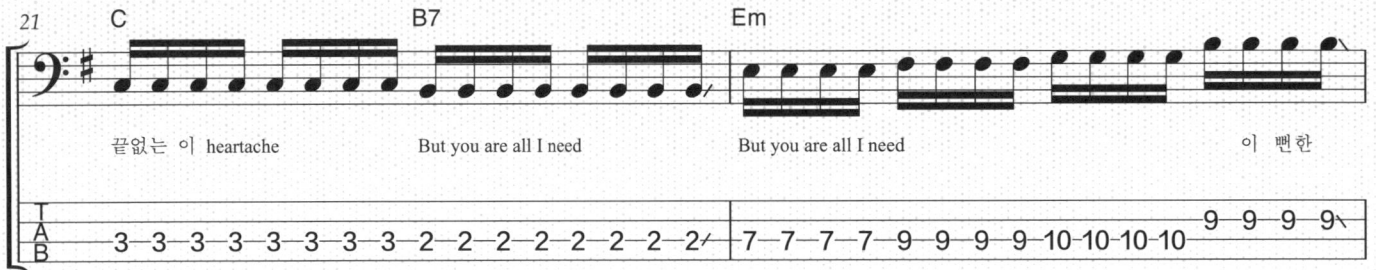

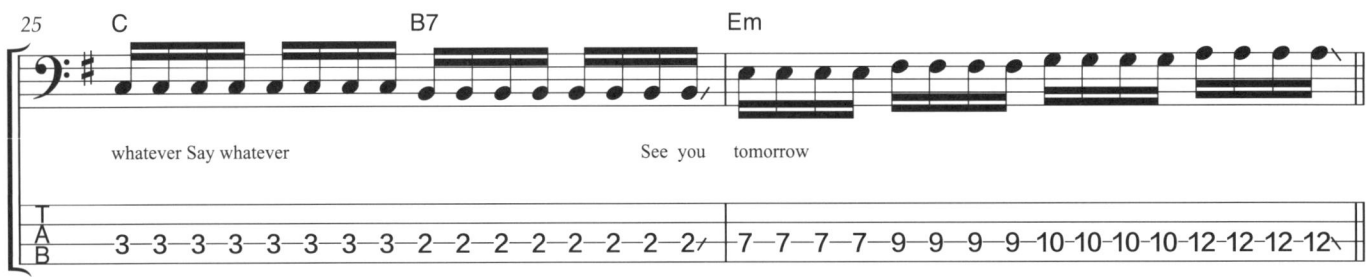

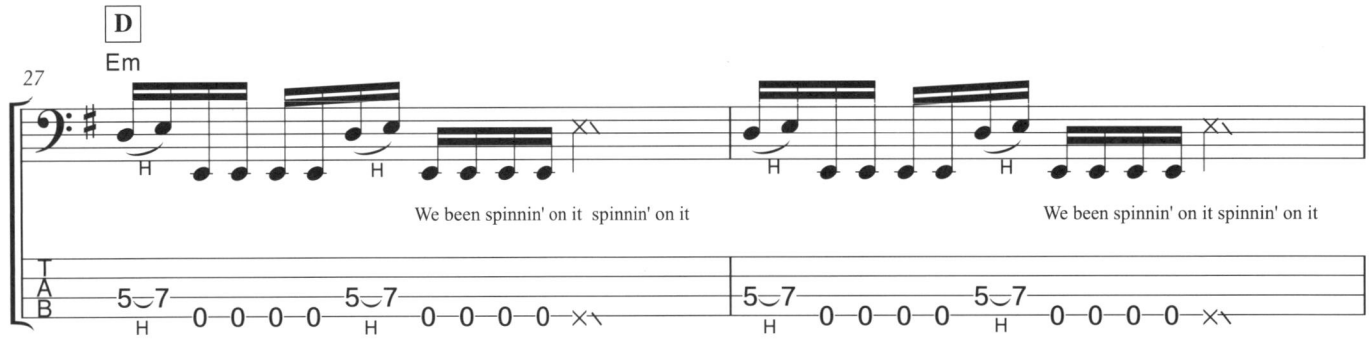

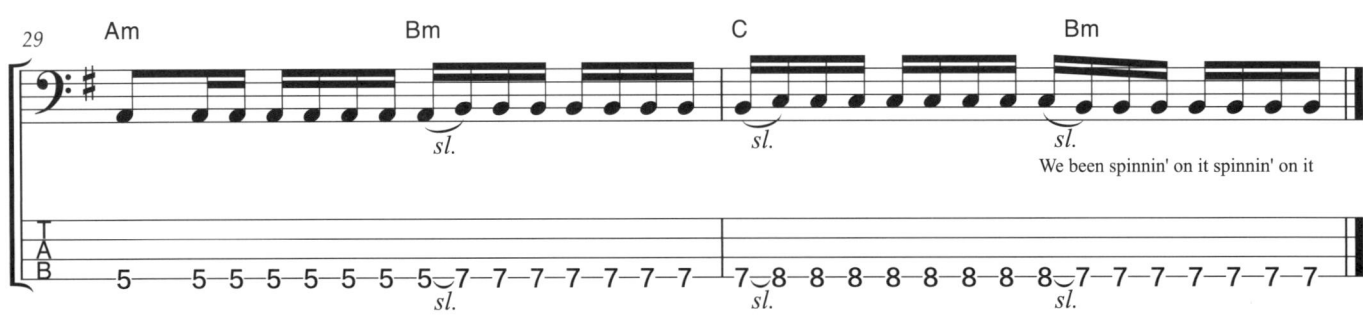

작사 실리카겔 A 외 3명
작곡 실리카겔 A 외 3명
노래 실리카겔

# Desert Eagle

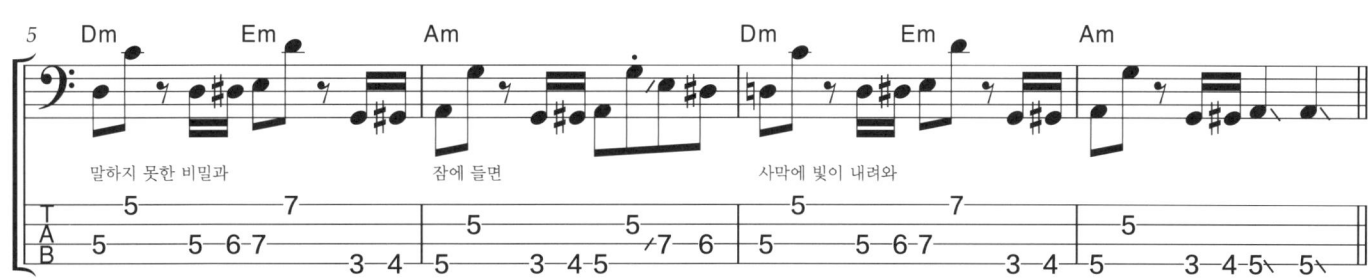

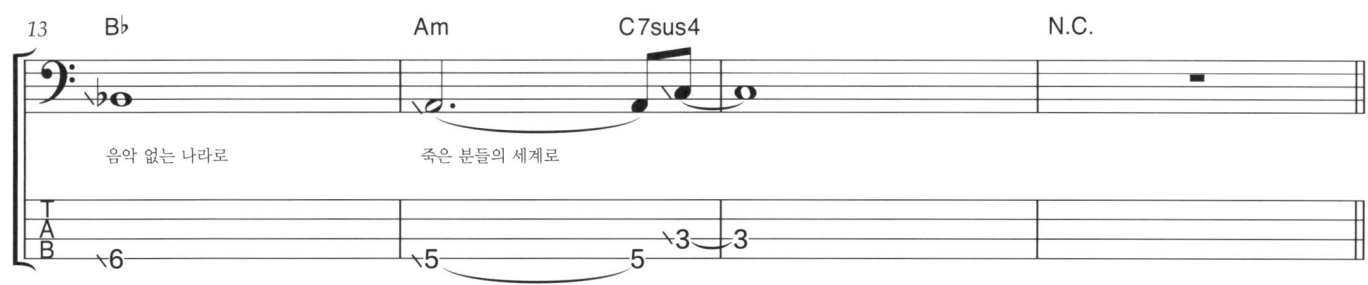

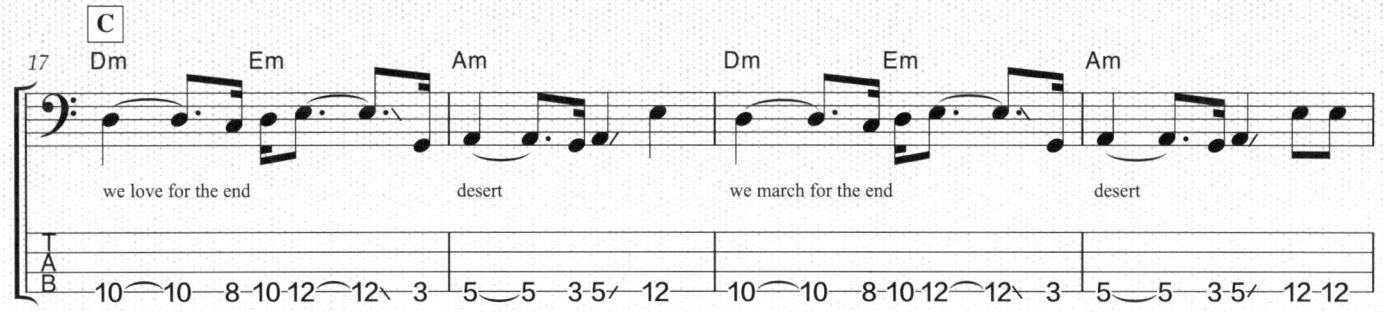

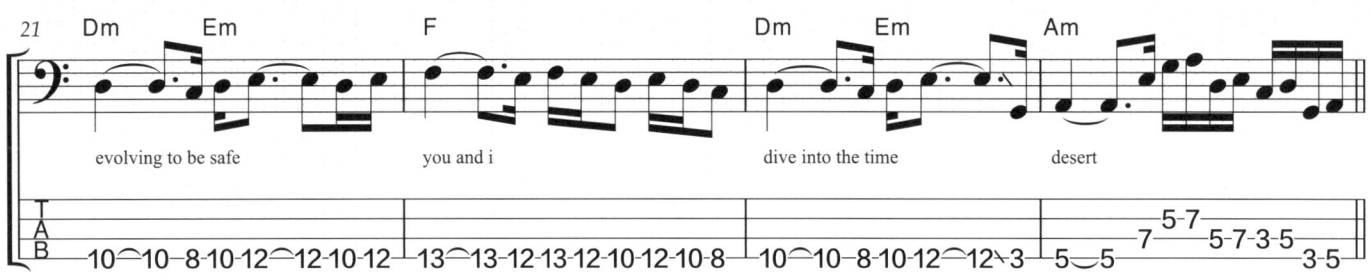

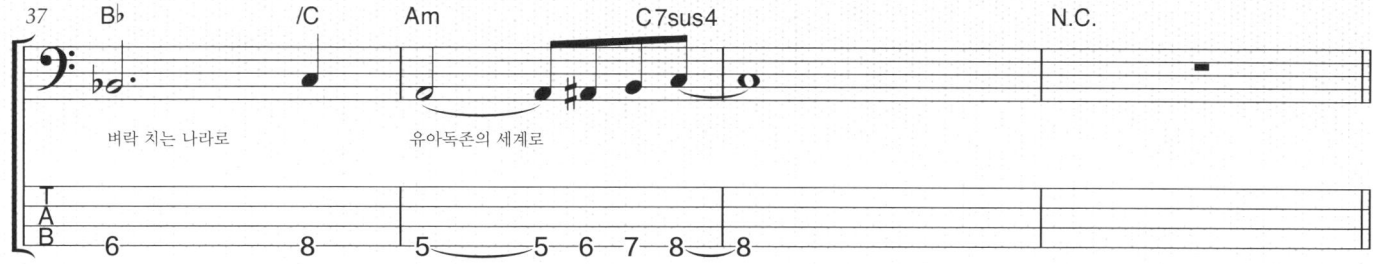

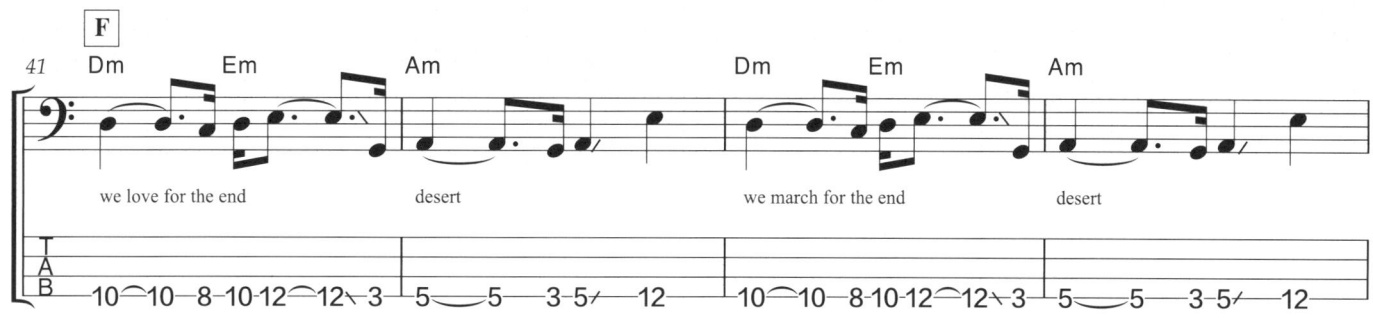

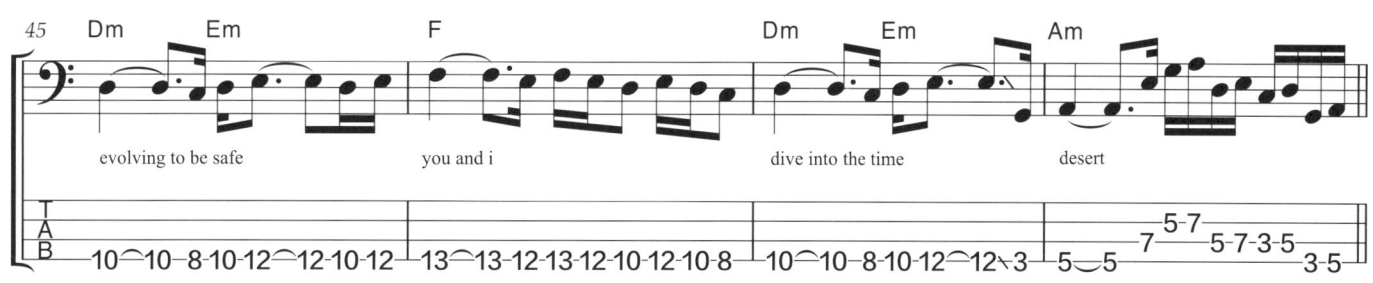

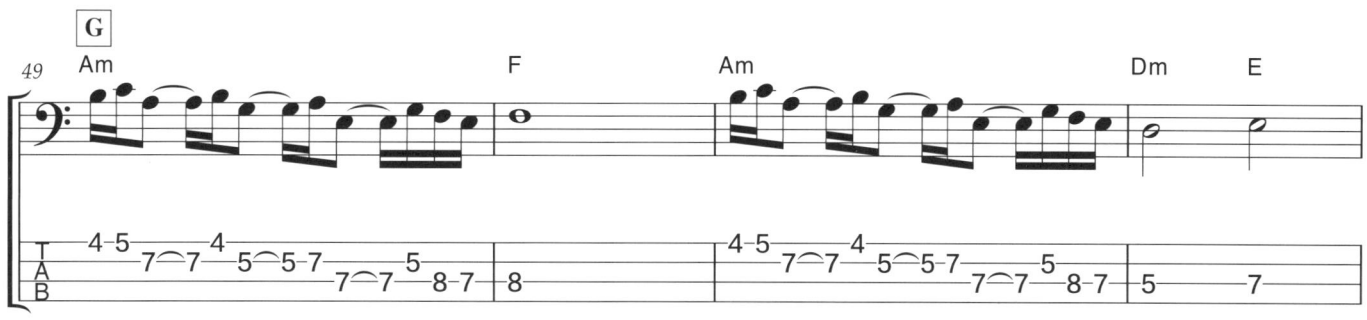

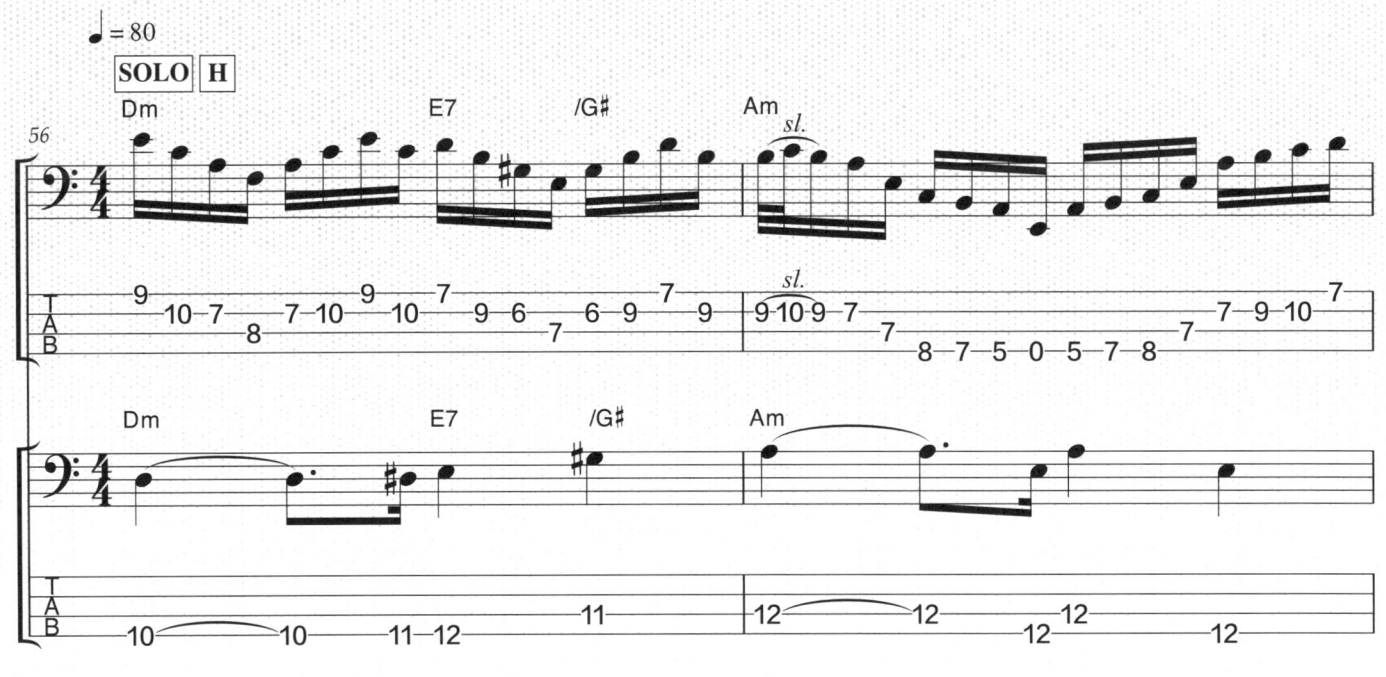

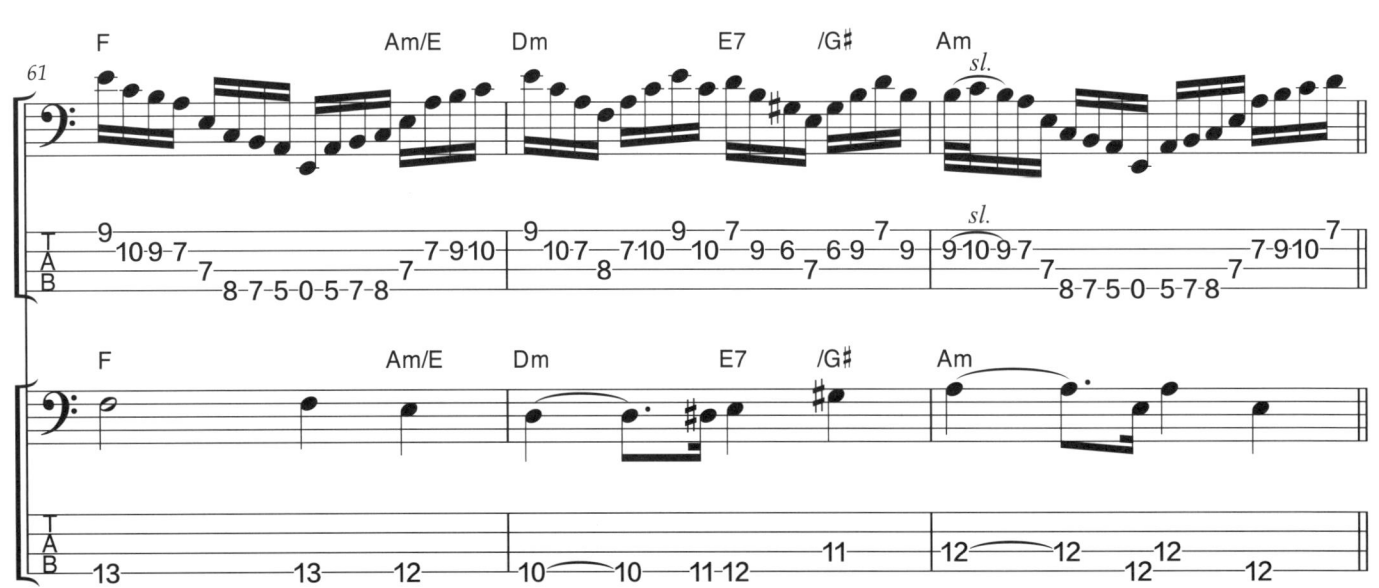

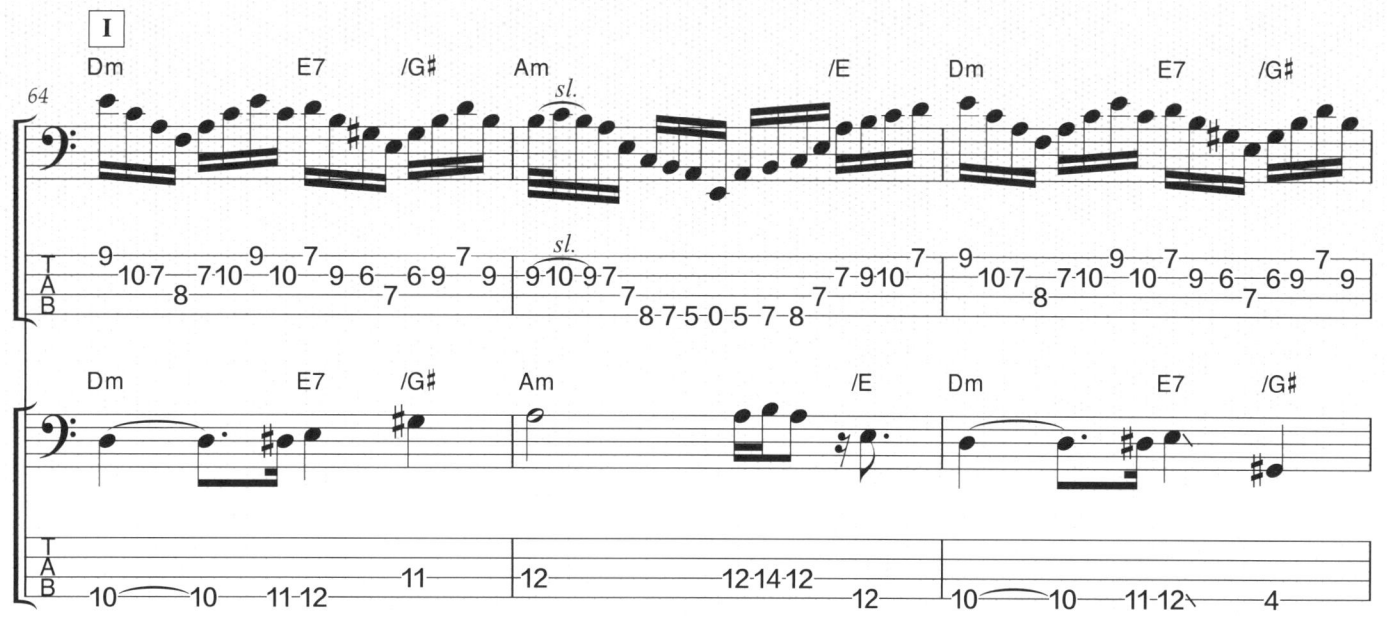

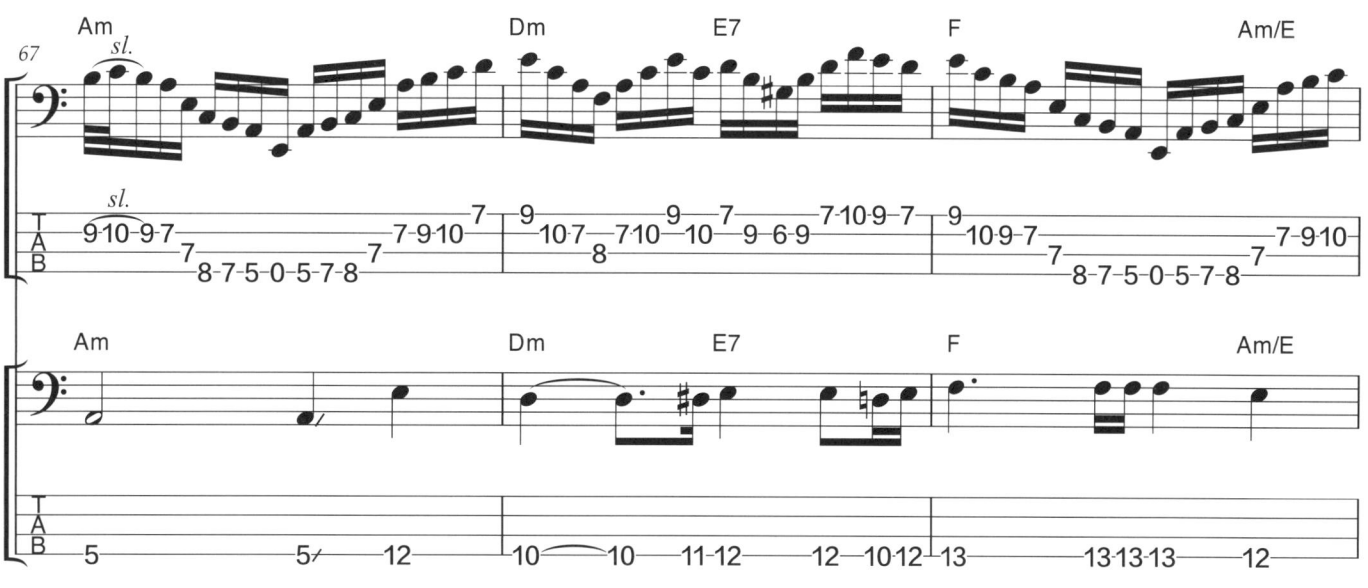

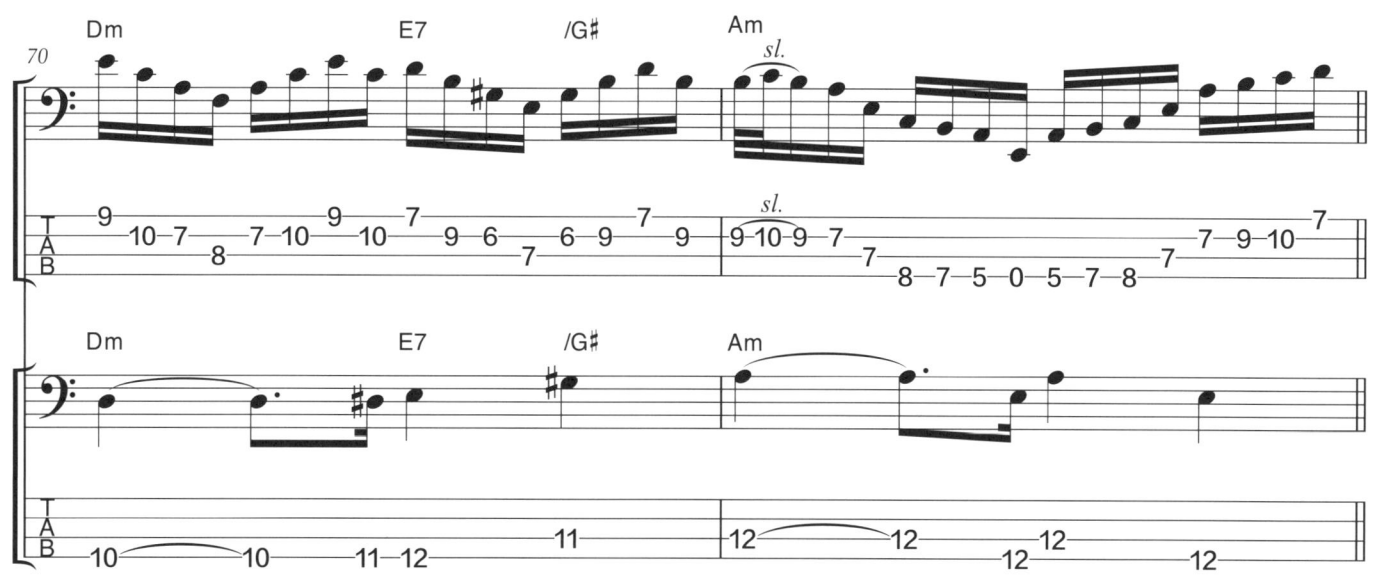

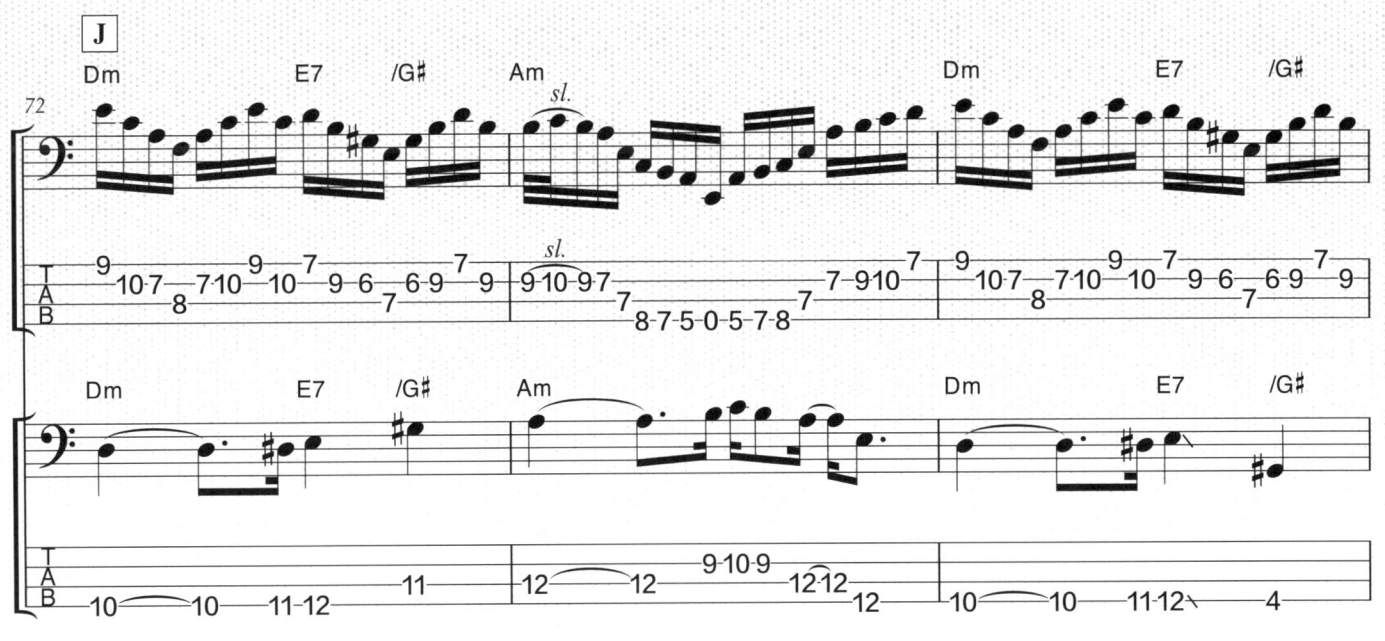

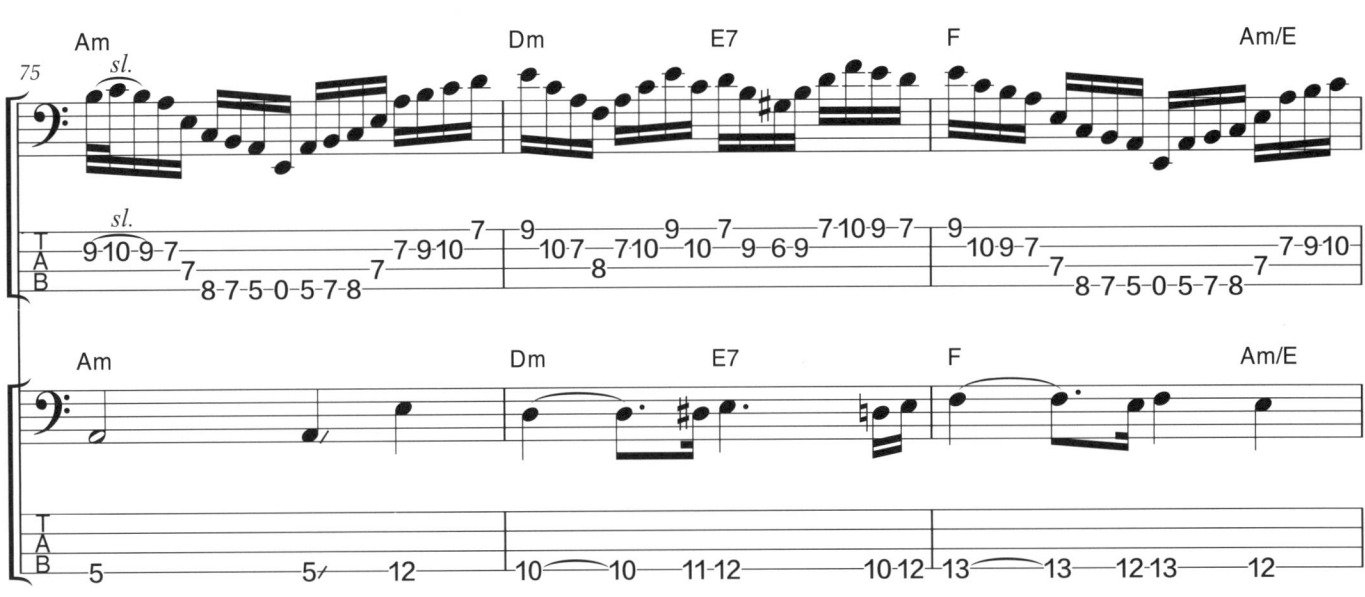

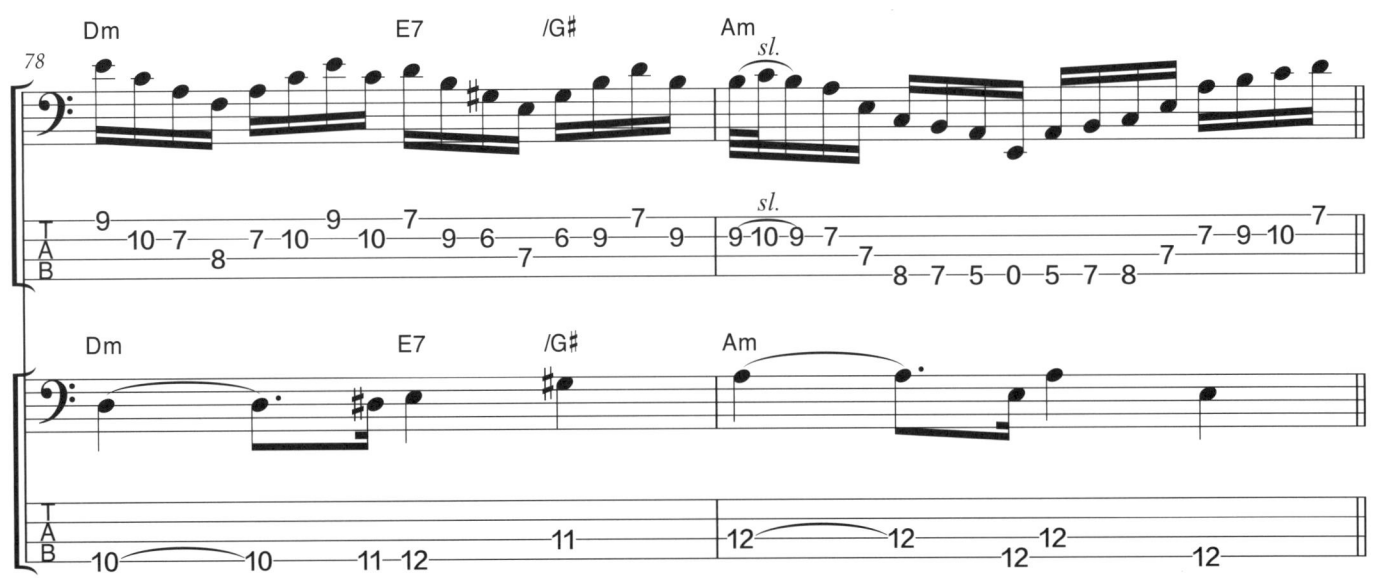

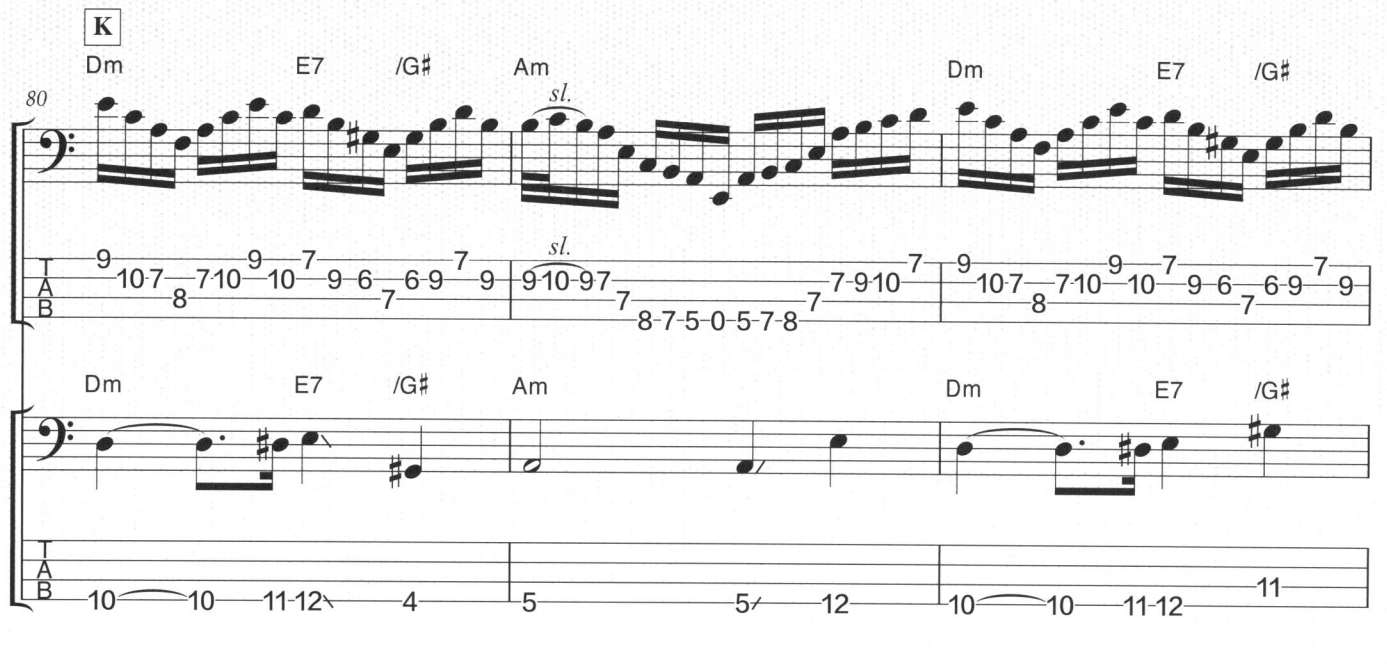

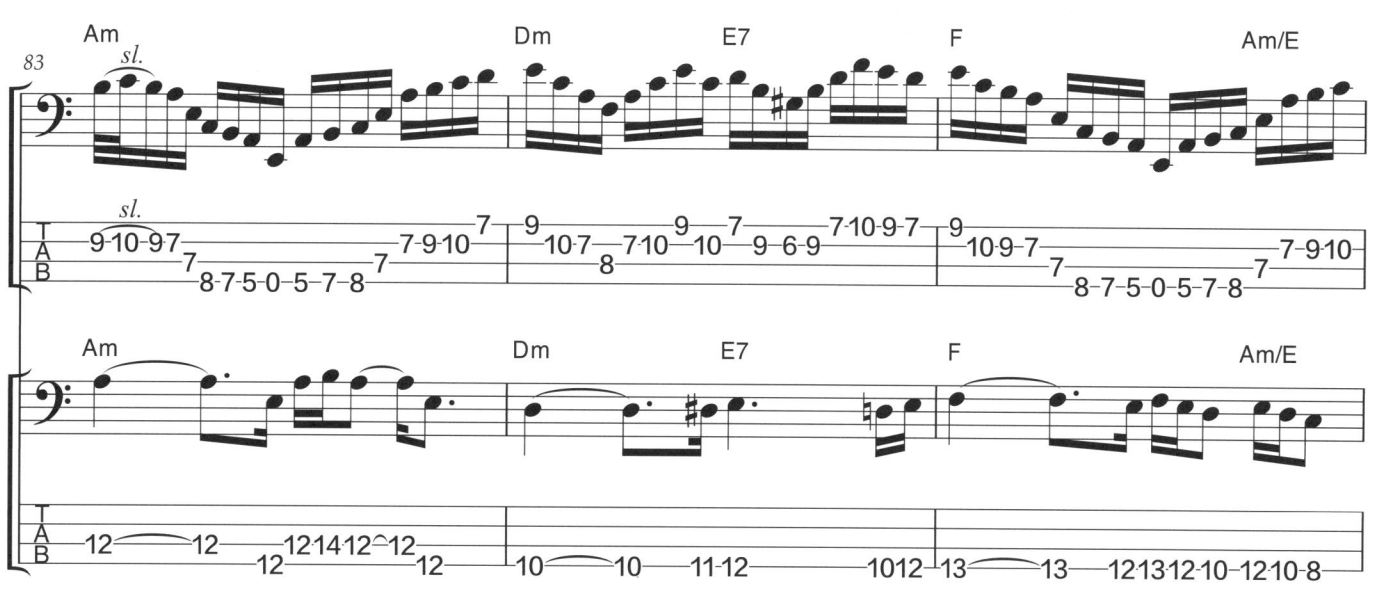

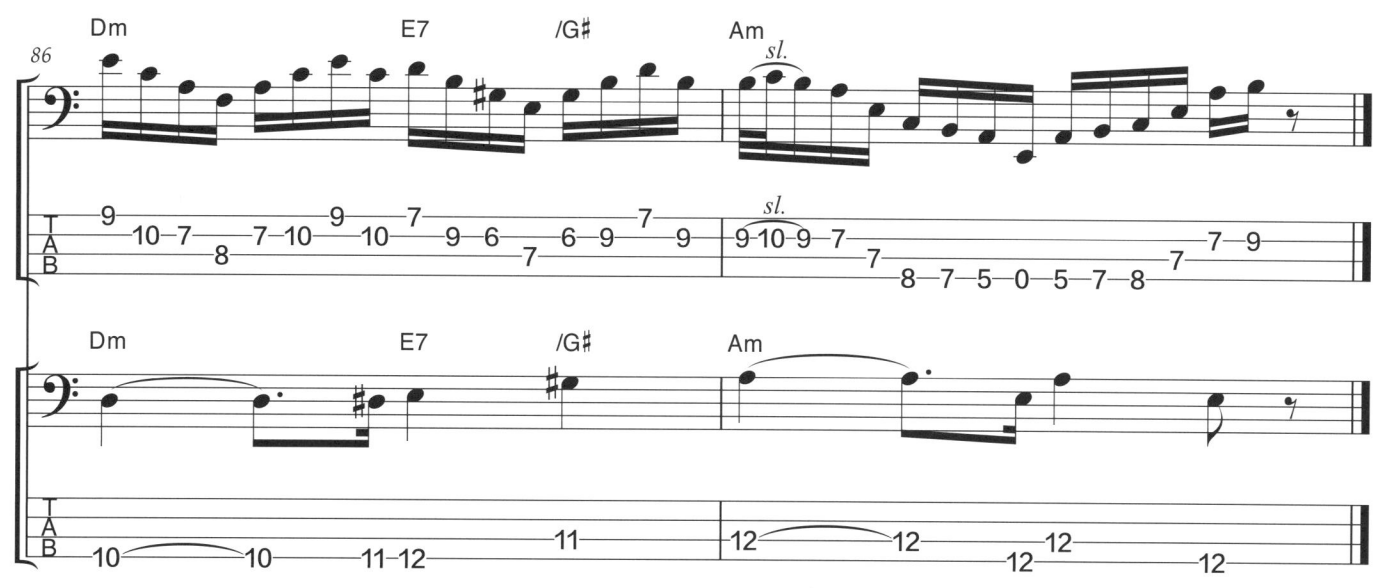

# 고민중독

**작사** 이동혁 외 4명
**작곡** 이동혁 외 4명
**노래** QWER

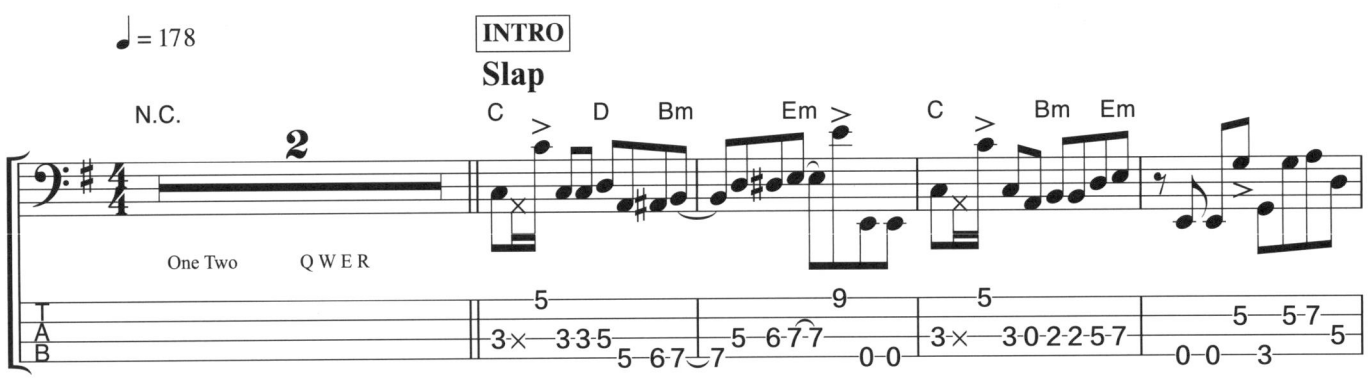

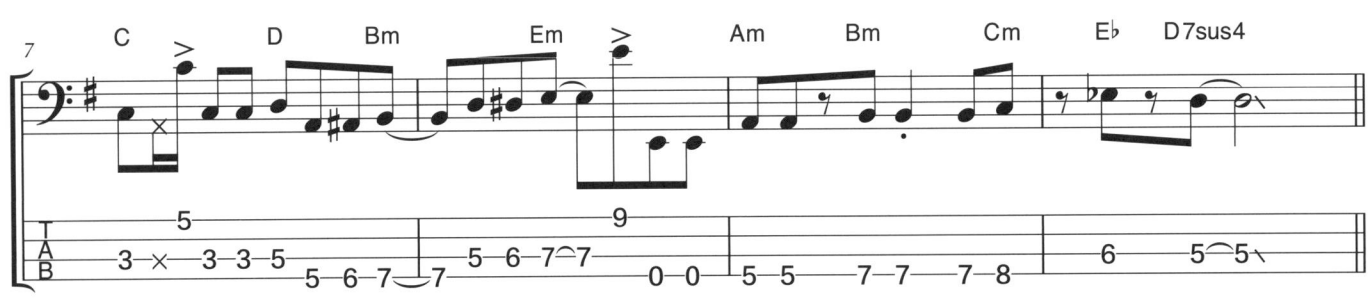

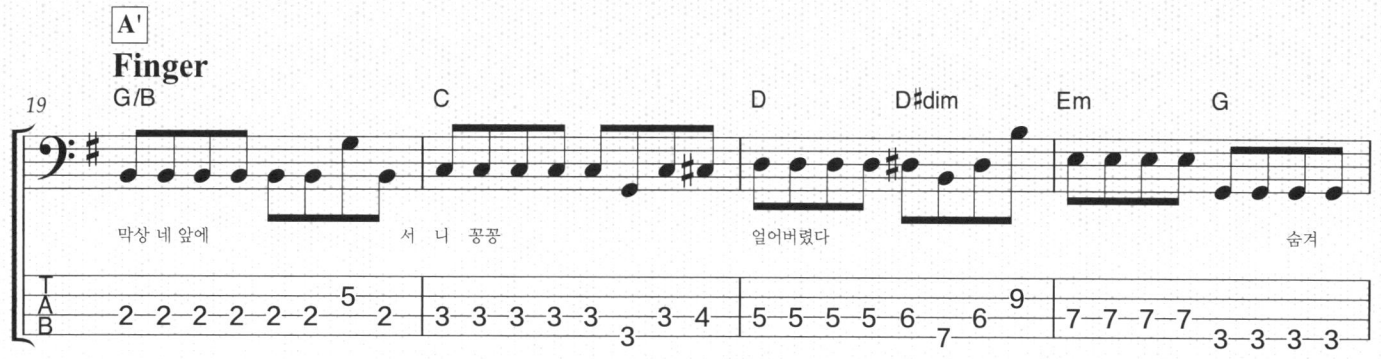

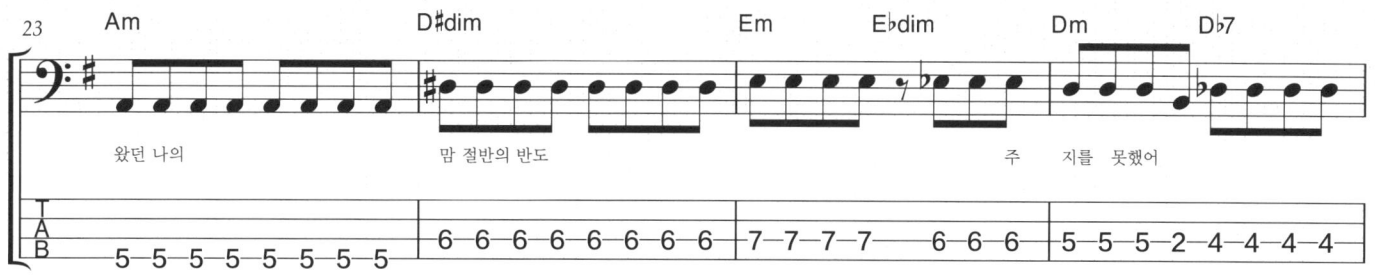

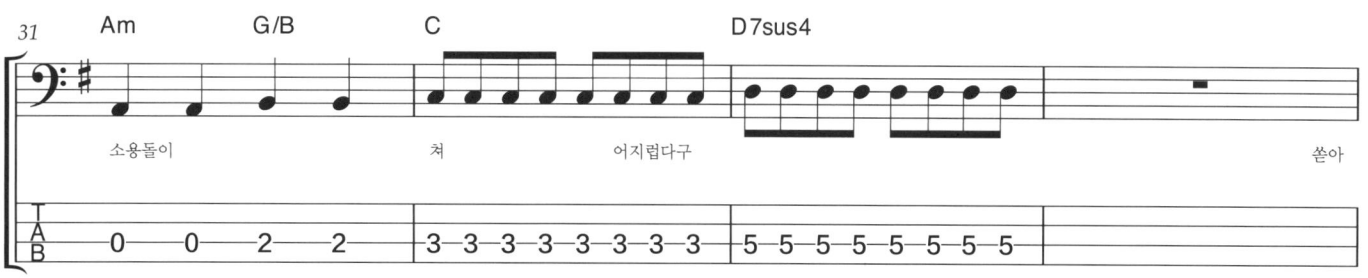

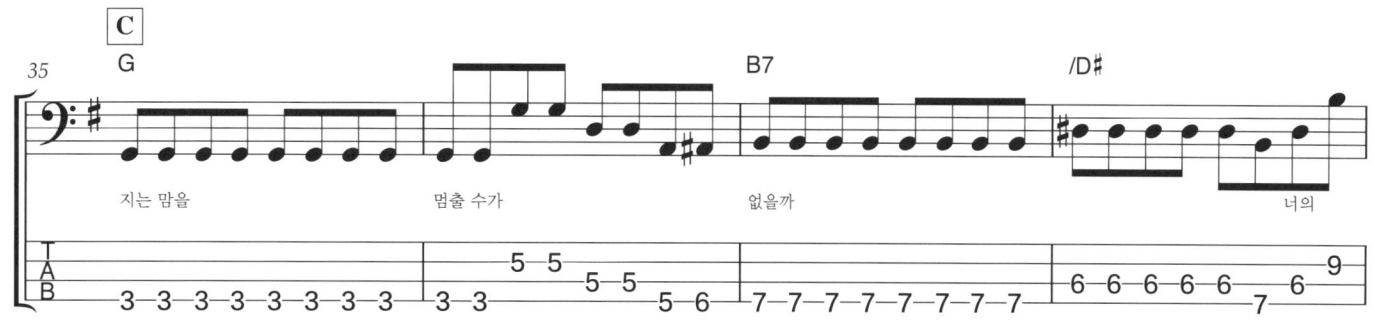

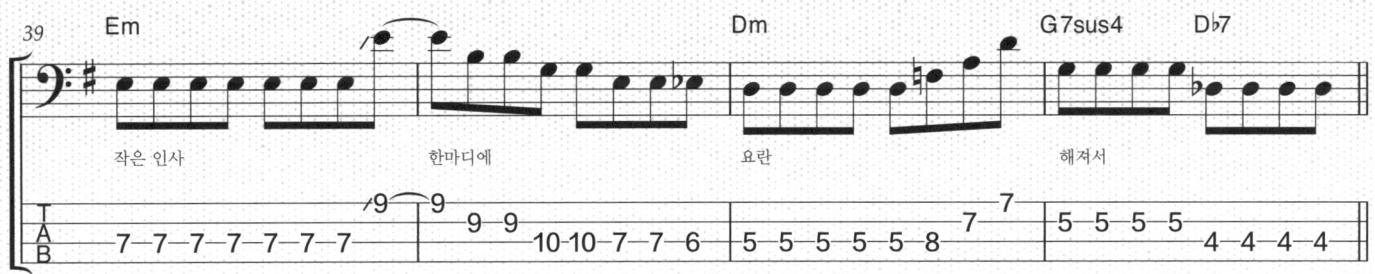

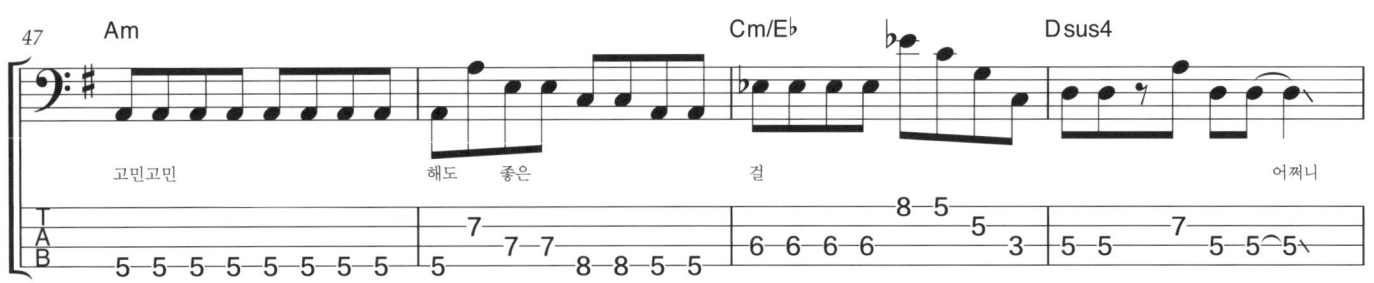

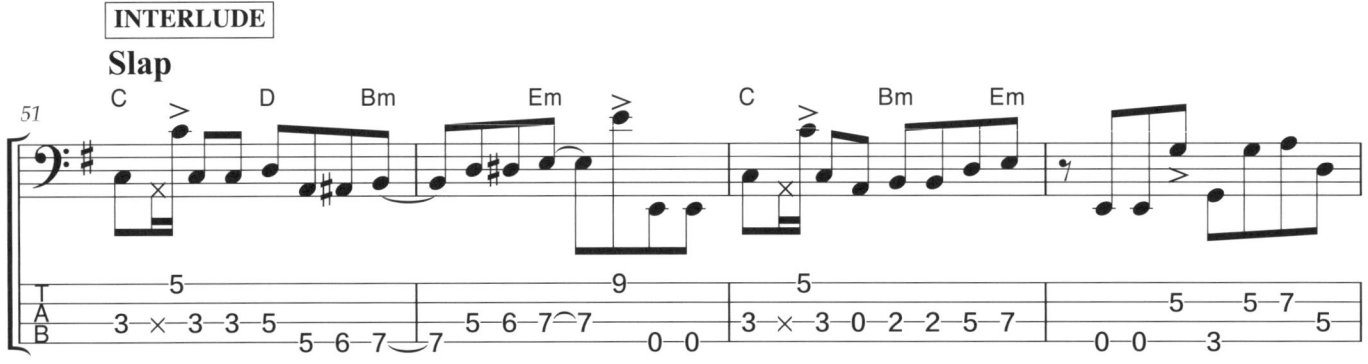

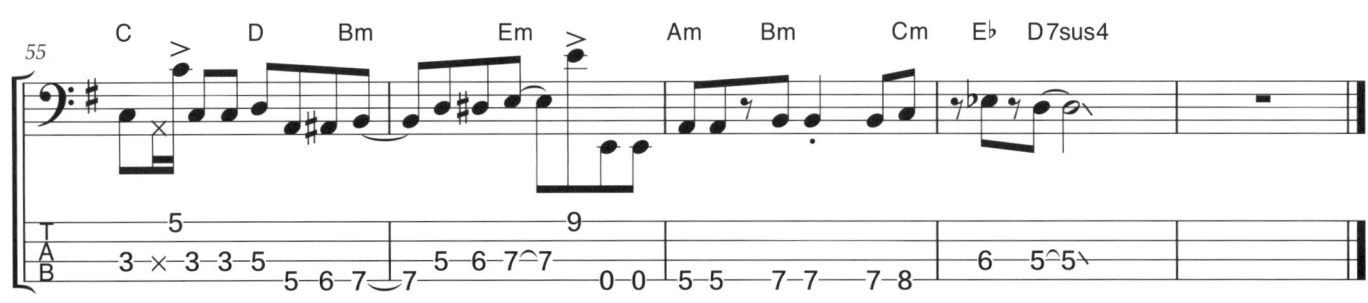

**작사** KIEDIS ANTHONY 외 3명
**작곡** KIEDIS ANTHONY 외 3명
**노래** Red Hot Chili Peppers

# Can't Stop

♩ = 91

**INTRO**
**Finger**

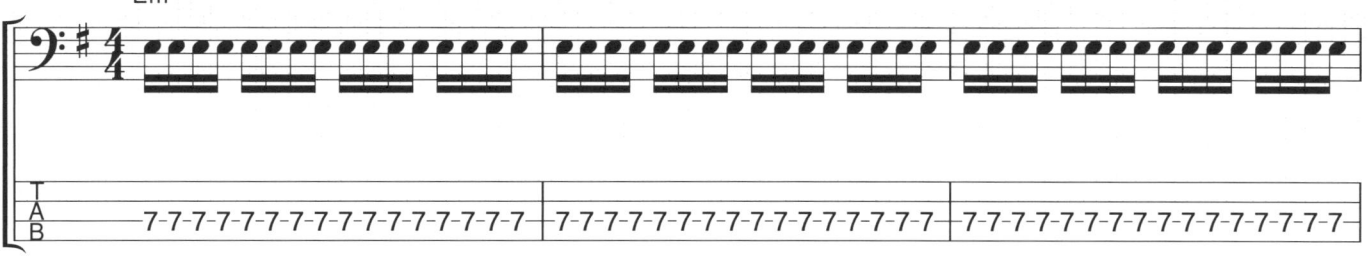

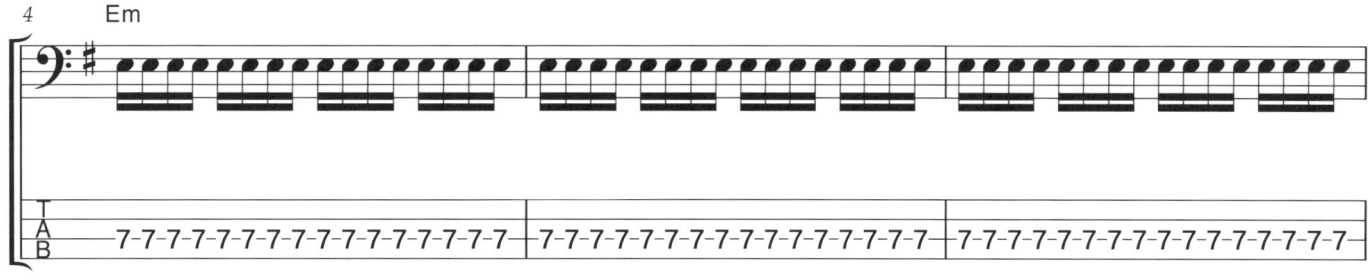

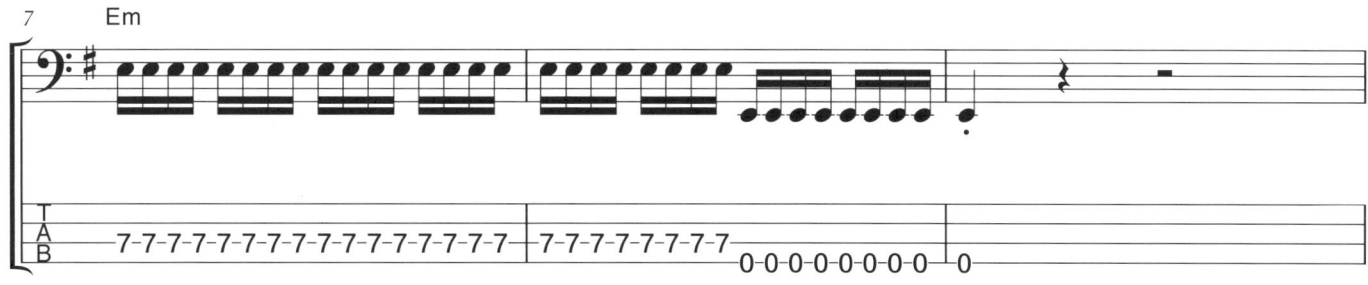

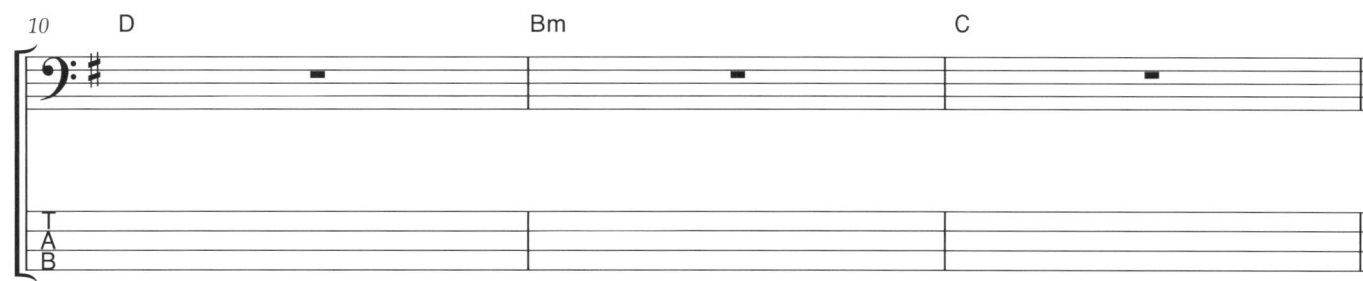

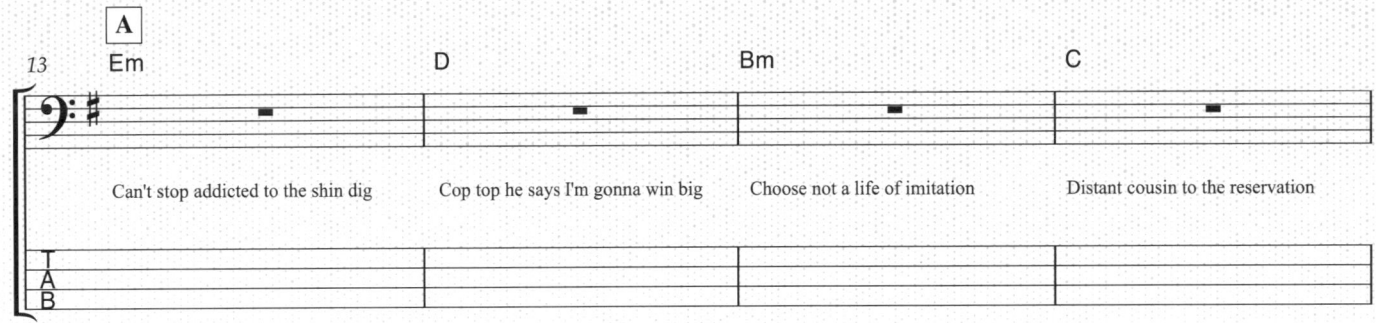

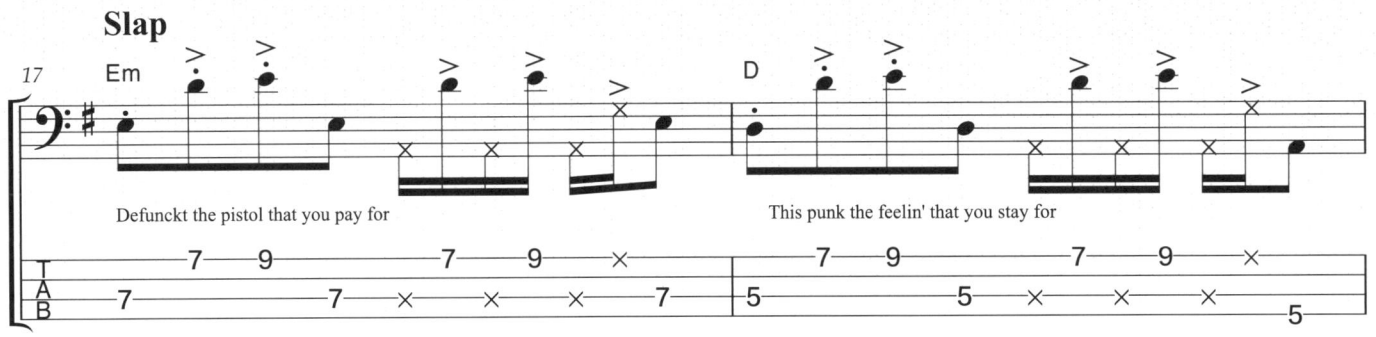

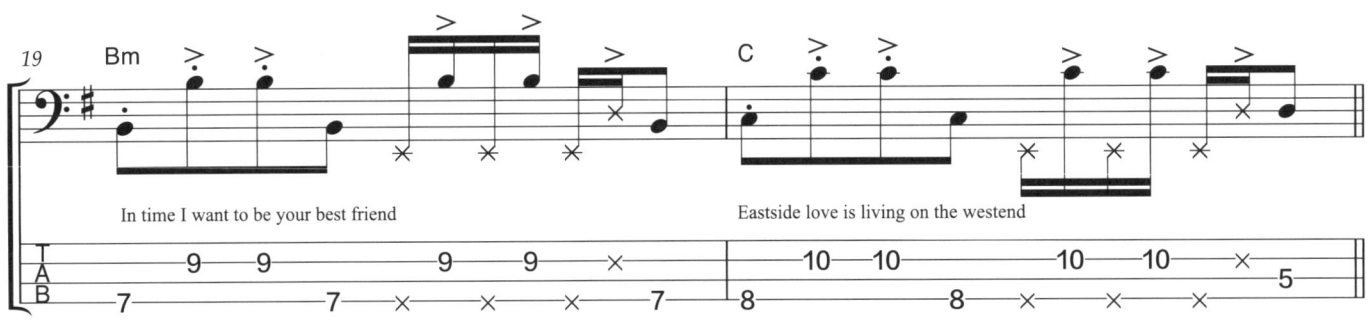

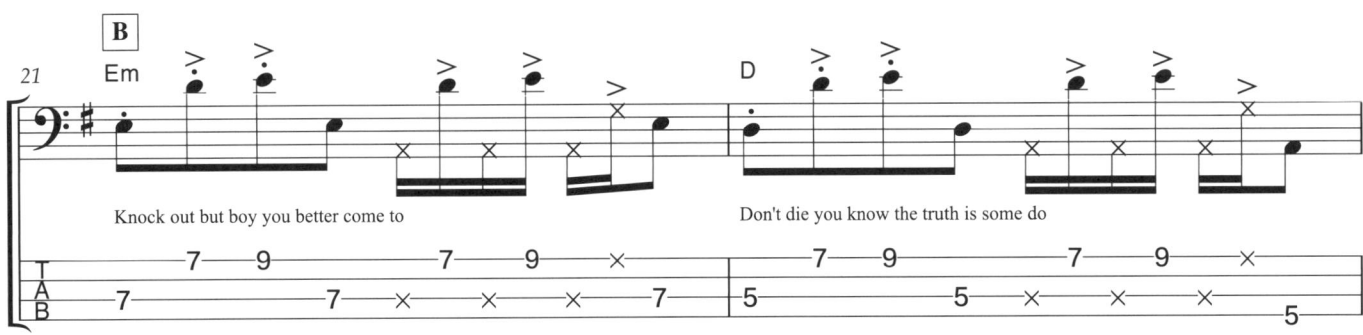

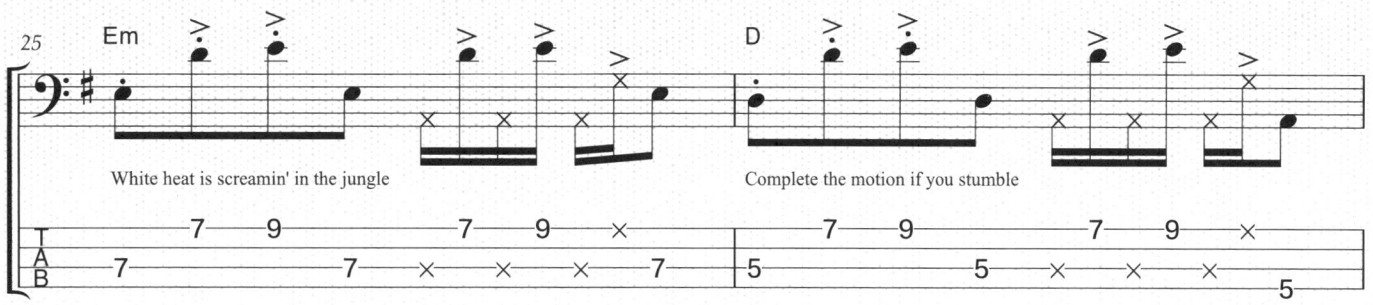

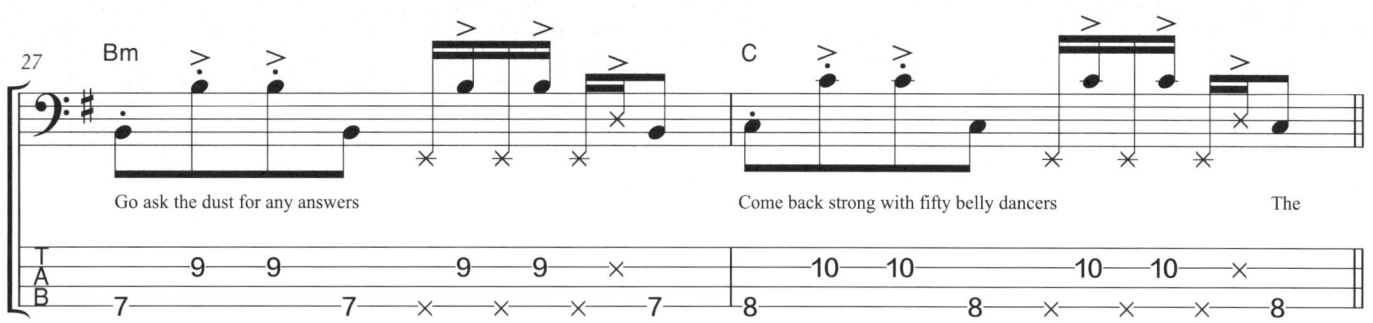

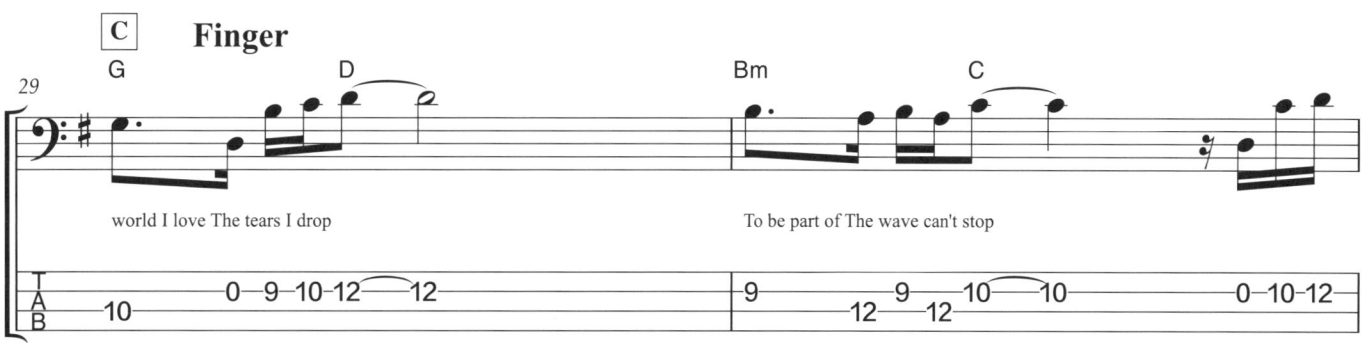

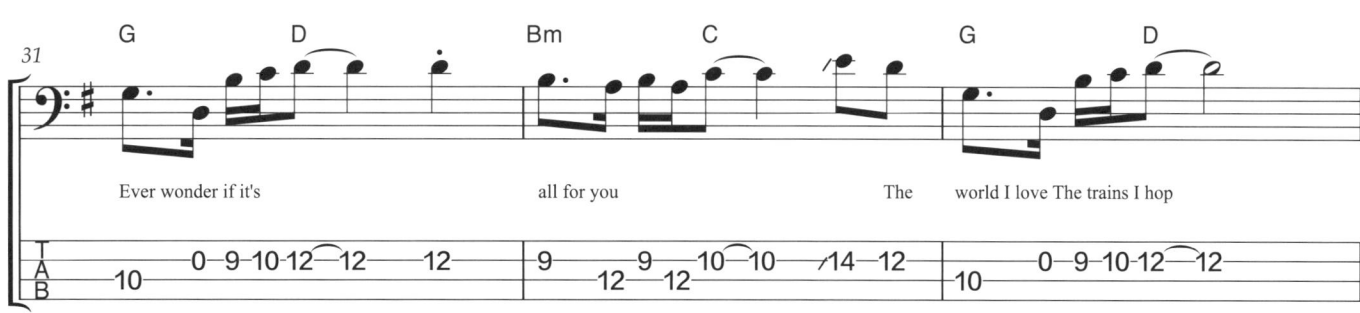

# Sir Duke

작사 Stevie Wonder
작곡 Stevie Wonder
노래 Stevie Wonder

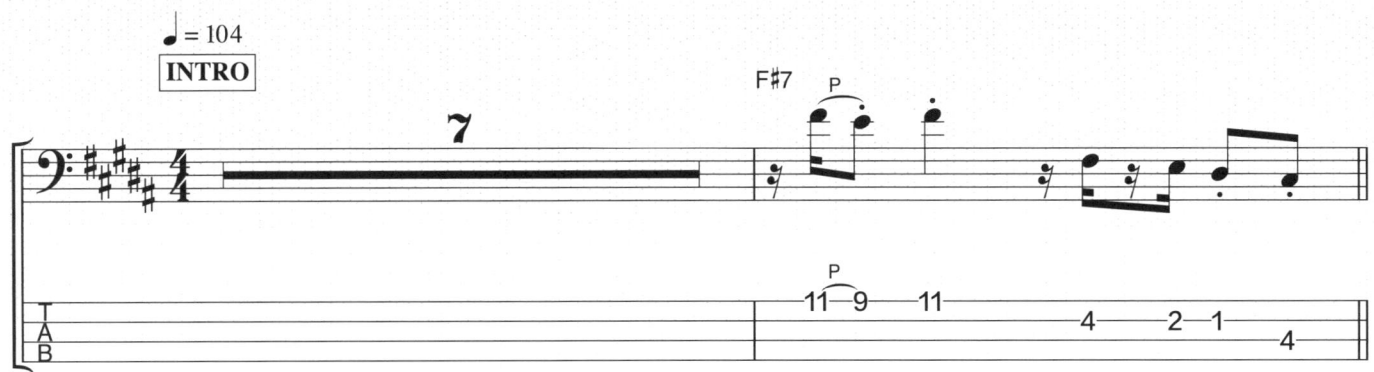

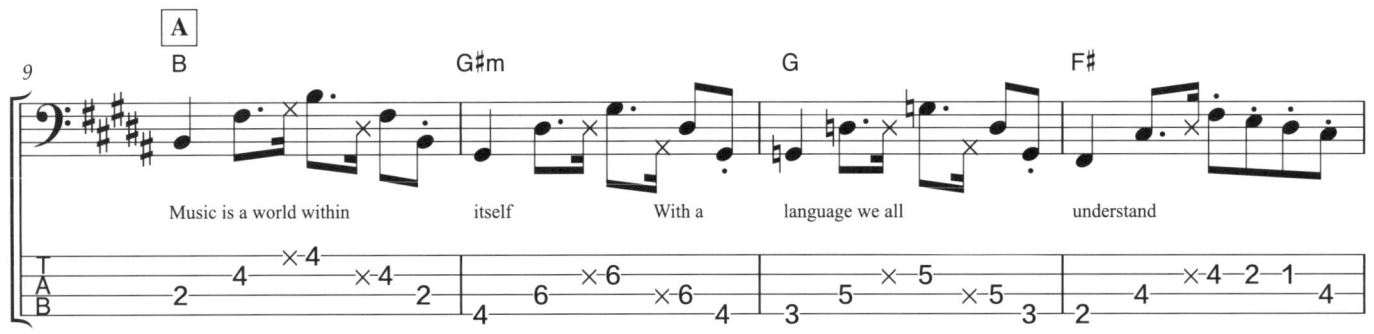

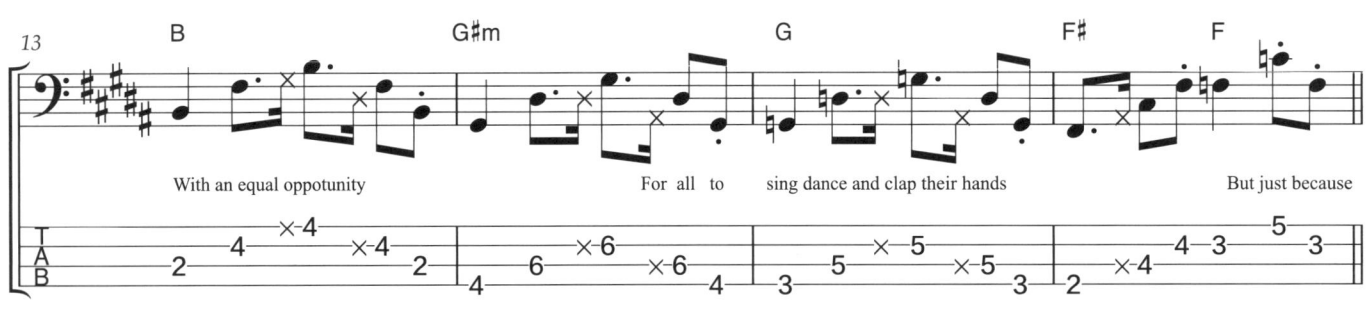

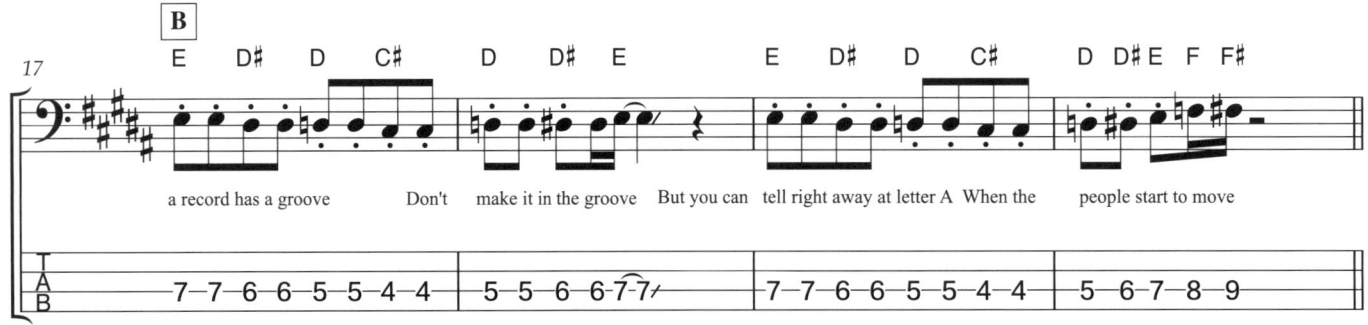

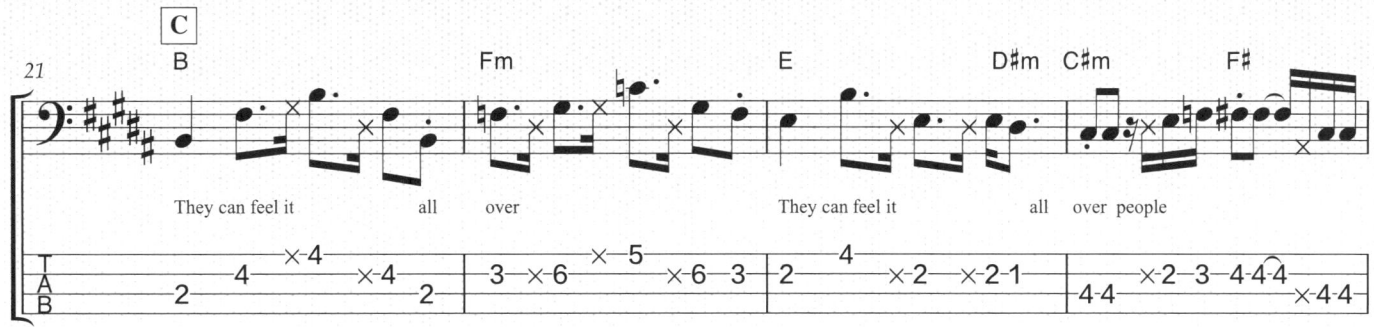

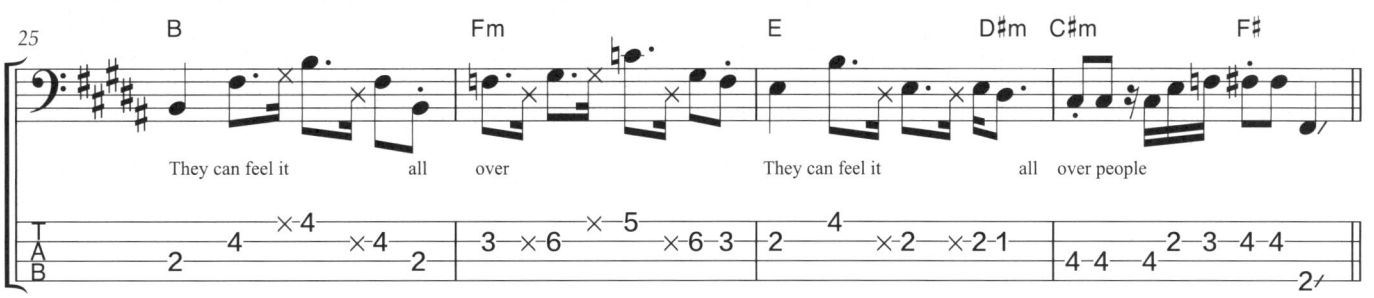

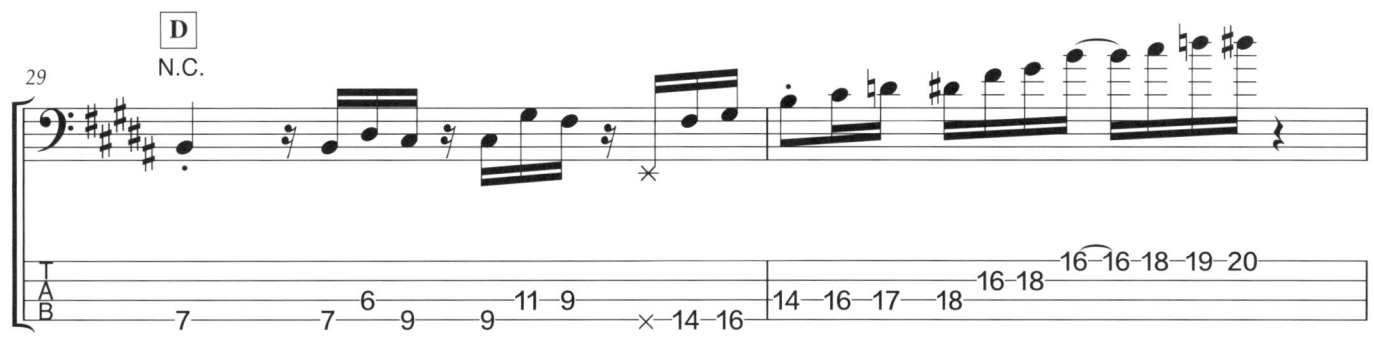

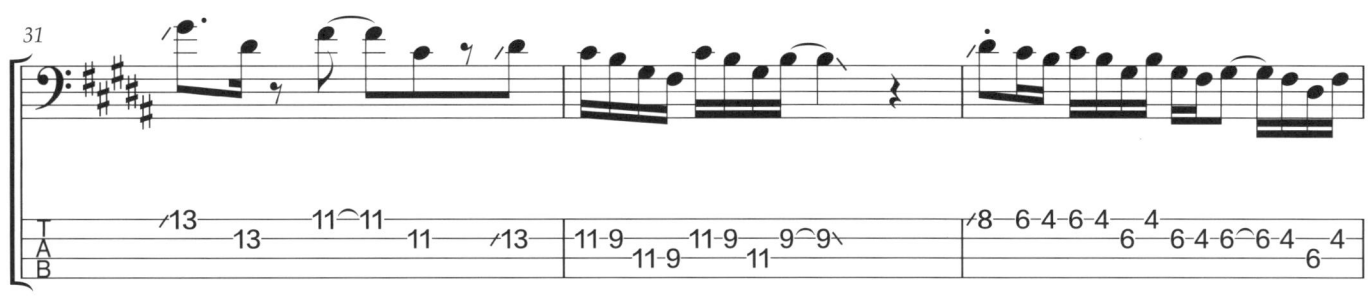

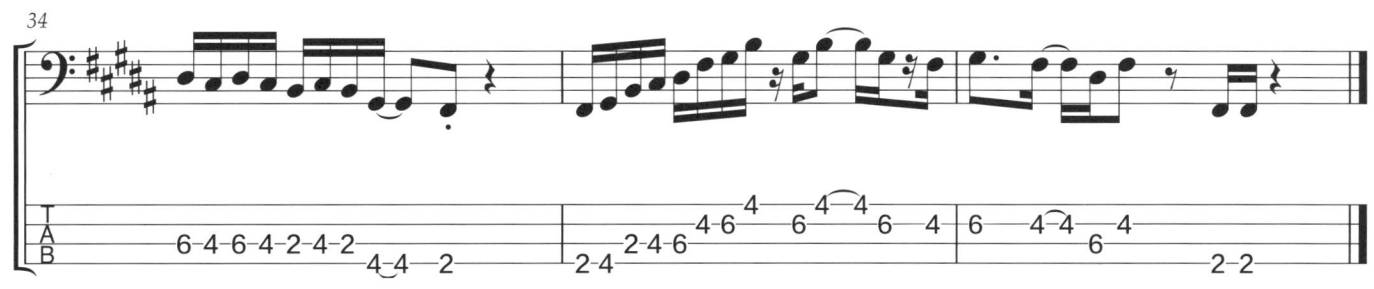

# Hysteria

작사 BELLAMY MATTHEW JAMES
작곡 BELLAMY MATTHEW JAMES
노래 Muse

♩ = 93

**INTRO**

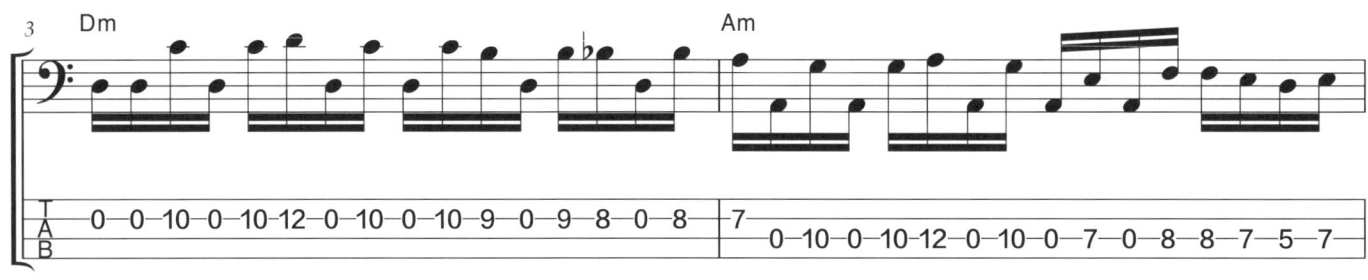

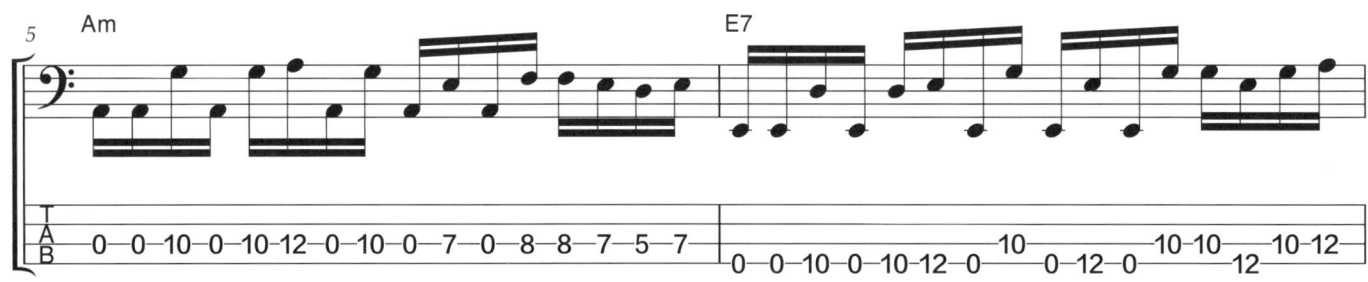

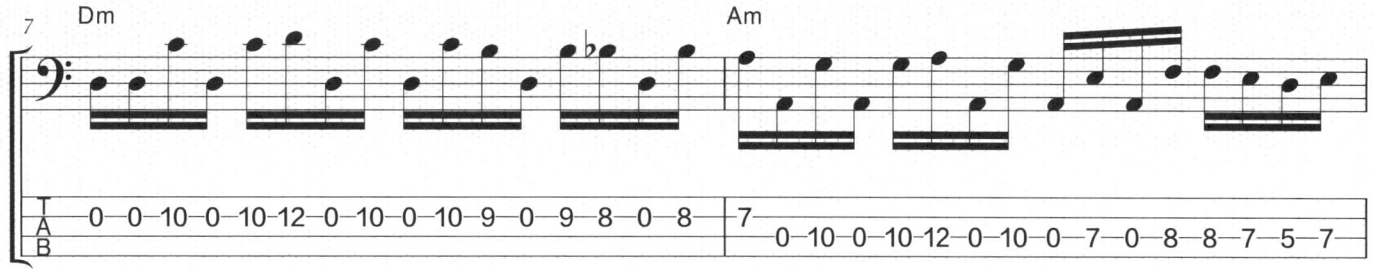

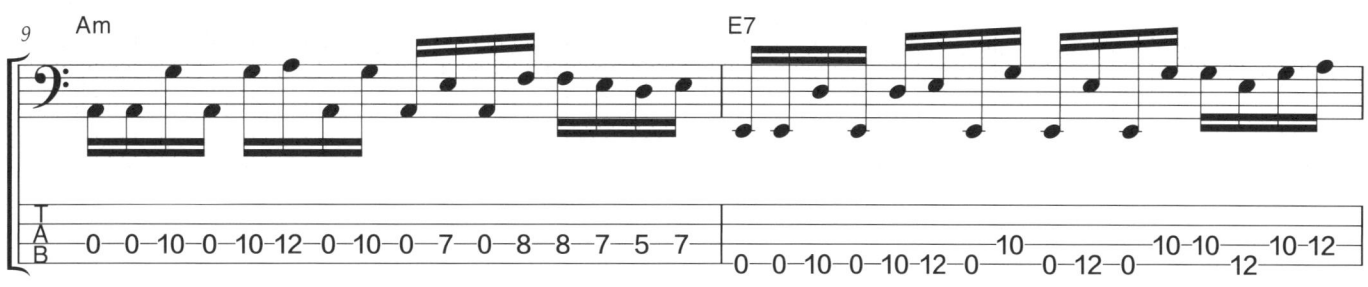

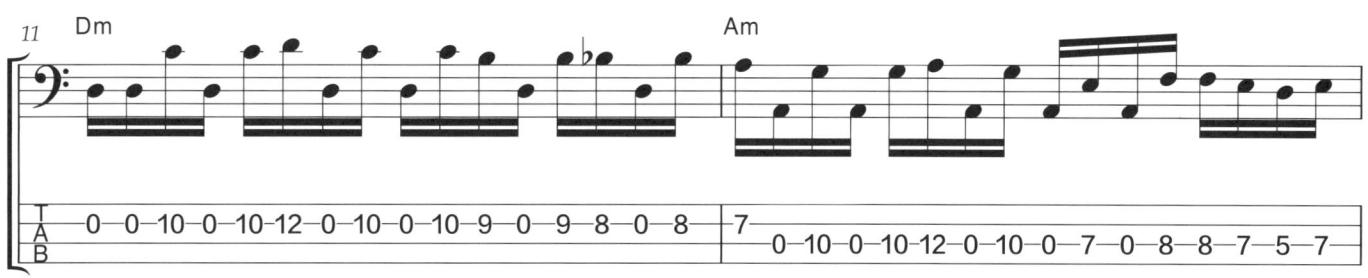

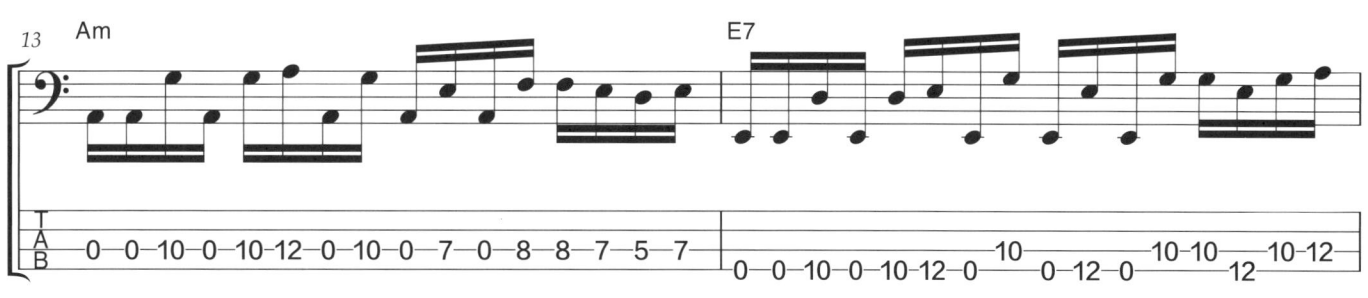

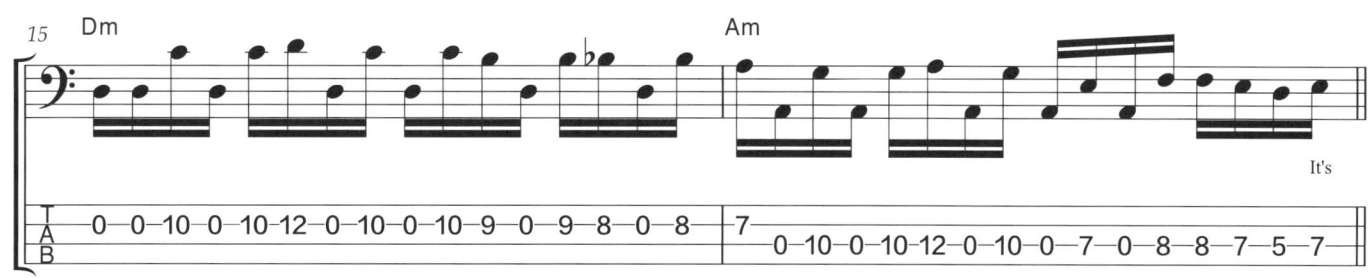

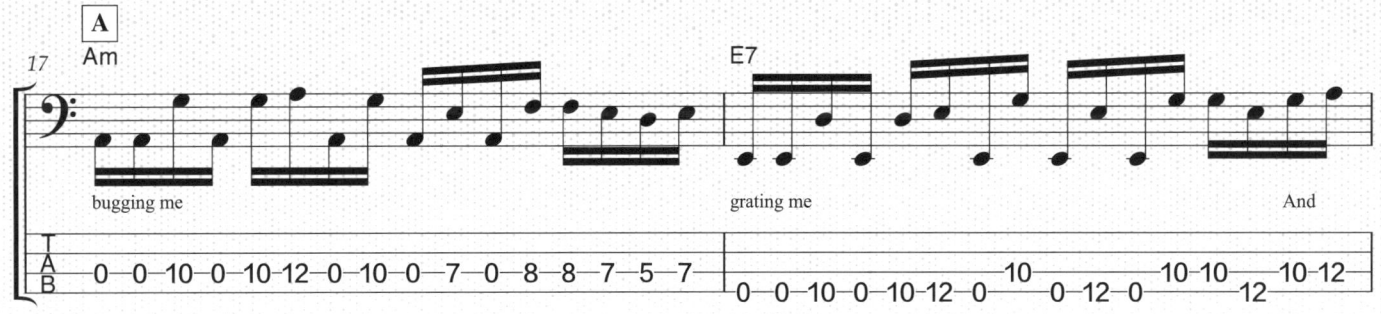

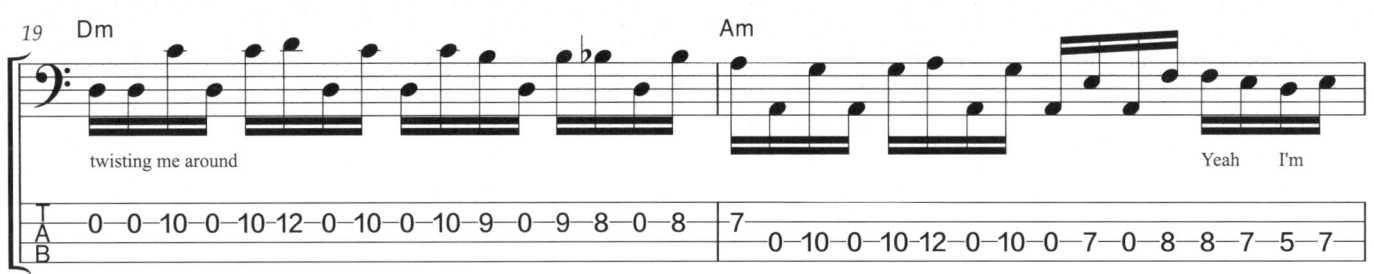

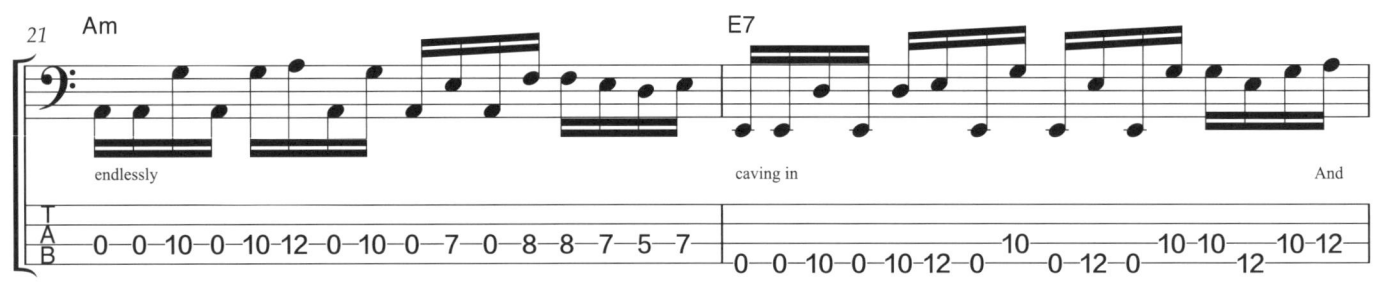

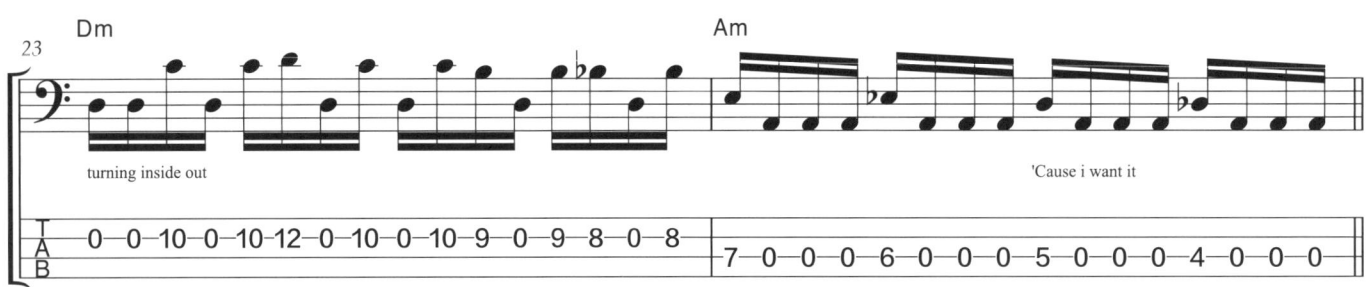

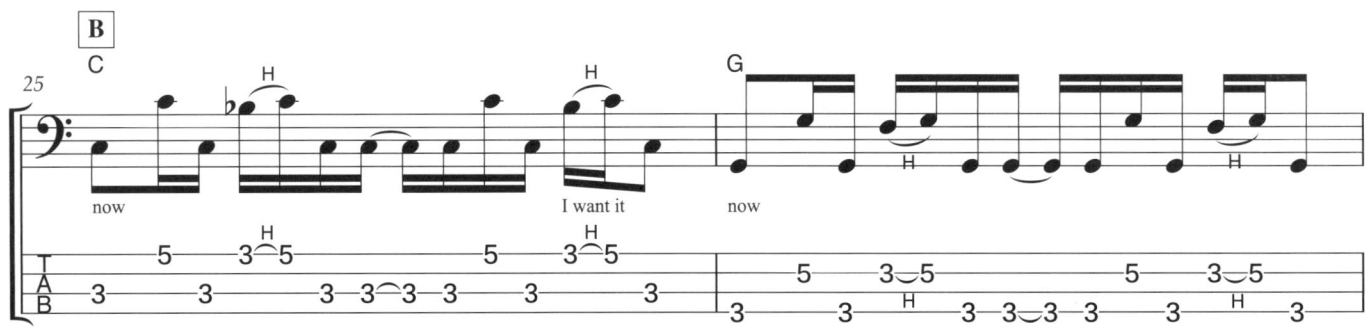

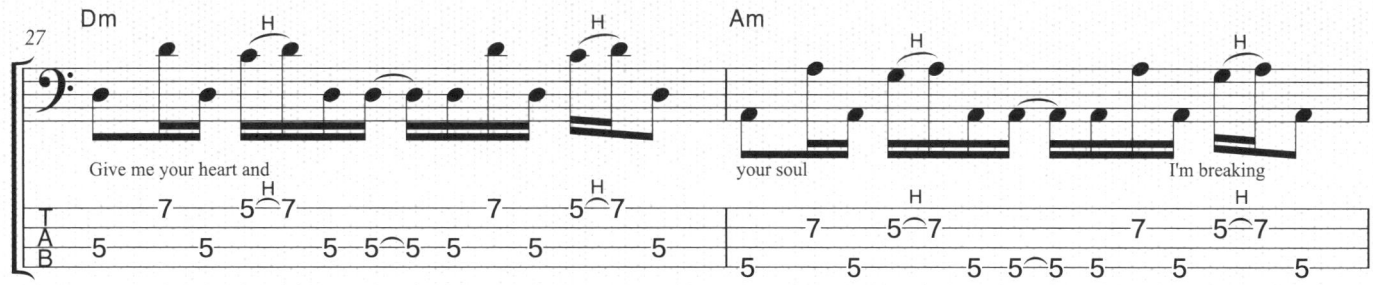

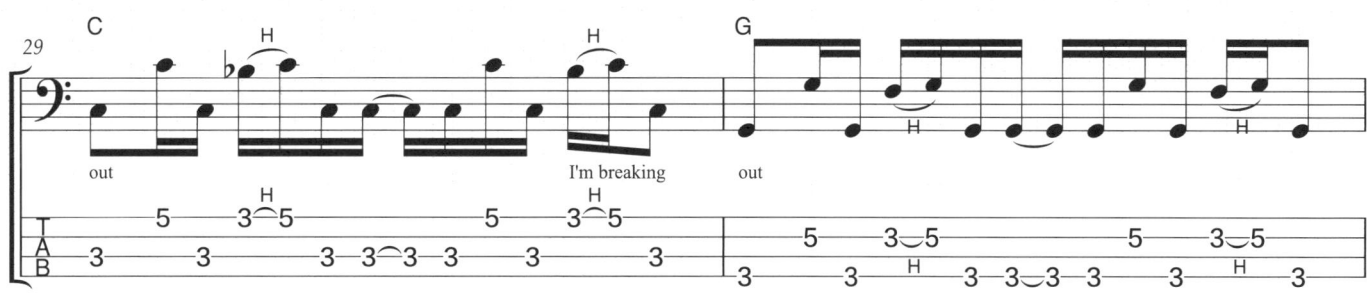

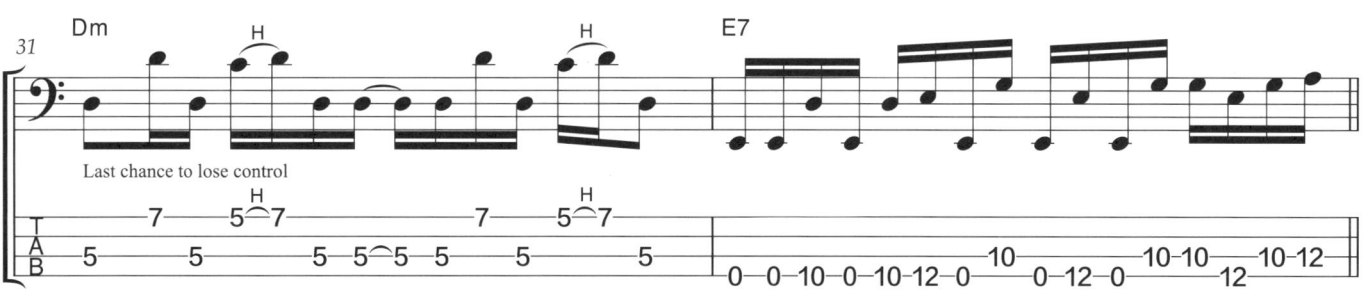

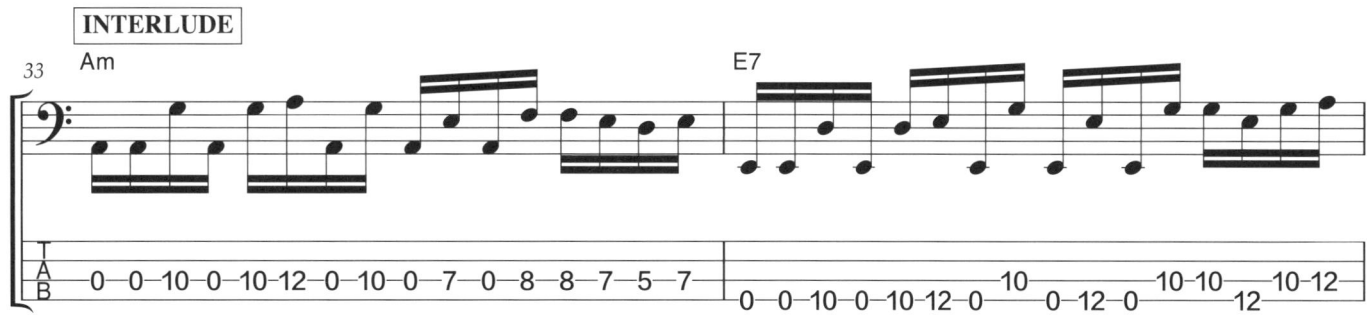

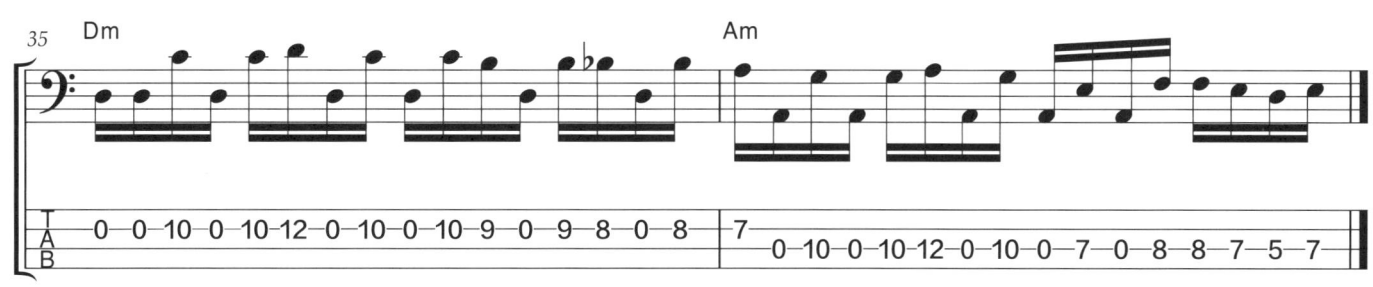

# KICKBACK

작사 Yonezu Kenshi
작곡 Yonezu Kenshi
노래 Yonezu Kenshi

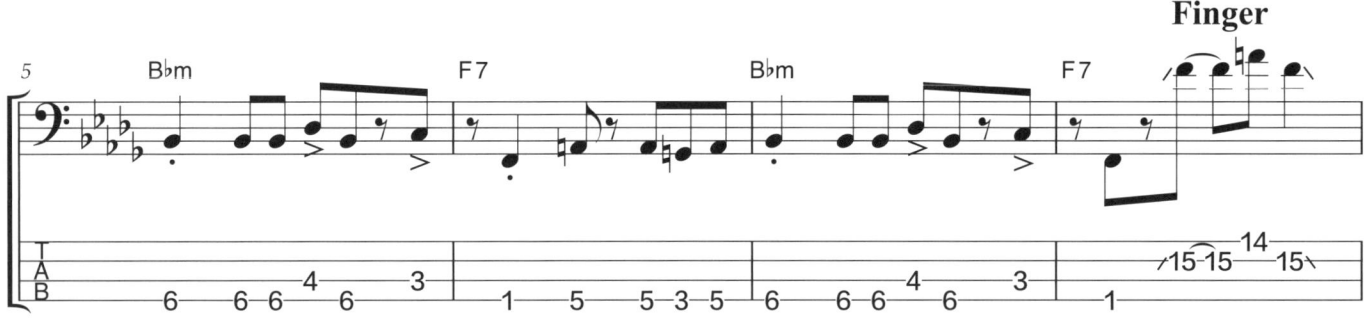

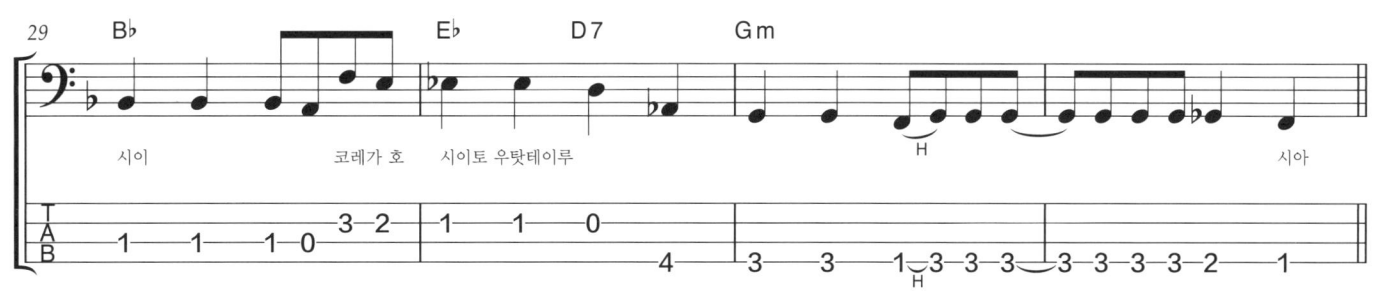

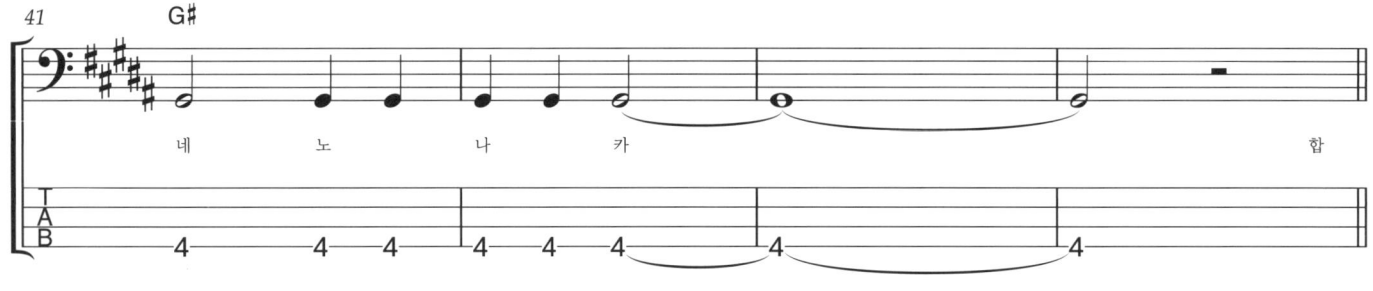

# 맺음말

드디어 12주의 여정을 완주하셨습니다.

이 교재를 집필하면서 저는 늘 한 가지를 생각했습니다.

"베이스 기타를 막 시작하는 분들이 가장 먼저, 가장 정확하게 알아야 하는 건 무엇일까?"

15년 넘게 레슨을 하며 수없이 들었던 질문,

누구나 겪는 시행착오,

혼자 연습하다가 한참을 돌아가야 했던 순간들…

그 모든 과정 속에서 "입문자에게 정말 필요한 내용만 모아 한 권으로 정리해 보자"는 마음이 생겼습니다.

그래서 이 책에서는 불필요한 설명을 최대한 덜어내고, 정말 '지금 알아야 하는 것'만 빠짐없이 담으려고 했습니다.

순서도 기존 교재들과 다르고, 레슨하면서 효과가 좋았던 방법들을 그대로 녹여냈습니다.

배우는 분들이 혼자서도 막히지 않고 끝까지 갈 수 있도록, 이 책이 옆에서 함께 걸어주는 안내서가 되길 바랍니다.

베이스 기타는 겉으로 보기에는 조용하고 존재감이 작아 보일 수 있지만, 실제로는 음악 전체를 움직이고 지탱하는 핵심 역할을 하는 악기입니다.

요즘은 "베이스는 안 들린다", "4줄 기타다" 같은 농담이 오히려 유행하면서 베이스 기타라는 악기가 더 널리 알려지는 것 같아, 개인적으로는 참 기쁘게 느끼고 있습니다.

그만큼 이 악기를 좋아하는 분들이 점점 늘어난다는 뜻이니까요.

이 12주를 함께 걸어온 여러분, 정말 수고 많으셨습니다.

처음엔 어색하던 손이 이제는 자연스럽게 줄 위를 움직이고, 익숙하지 않던 리듬도 어느새 몸에 스며들었을 거예요.

이제부터는 그 기본기를 바탕으로 더 자유롭게, 더 자신의 스타일로 뻗어나가면 됩니다.

연습 속도는 중요하지 않습니다.

멈추지 않고 즐겁게 이어가는 것이 무엇보다 큰 힘입니다.

여러분의 그루브가 앞으로도 일상의 작은 순간들 속에서, 혹은 언젠가 무대 위에서도 자연스럽게 흐르길 바랍니다.

저는 앞으로도 계속, 더 많은 분들이 베이스 기타를 쉽고 즐겁게 만날 수 있도록 연구하고 만들고 공유할 것입니다.

이 교재도 그 여정의 한 부분입니다.

함께해 주셔서 진심으로 감사합니다.

그리고 앞으로도 저와 함께, 재밌는 베이스 기타를 계속 연주해 나가요.

2025년 12월

저자 더베이스레슨, 박종현

저자 **박종현**

## Profile

- 서울예술대학 실용음악과 졸업

- 해군 군악대 제대

- 정화예술대학교 실용음악과 출강

- 현) 국내 최초 베이스기타 전문 학원 The Bass Lesson 대표

## Recording & Session Works

XIA(준수), 린, 거미, 허각, 노을, 양다일, 임한별, 최유리 등 다수
아티스트 음반·공연 세션 참여

## Musical Works

뮤지컬 캣츠, 지킬 앤 하이드, 번지점프를 하다, 광화문 연가 등
다수 무대 연주

## Producing

AOMG 소속 아티스트 ELO 앨범 프로듀싱

더베이스레슨의
# 12주 완성 베이스 기타

**저자** 박종현
**발행인** 김두영
**전무** 김정열
**콘텐츠기획개발부** 김가람, 김하영
**디자인기획개발부** 정수진
**제작** 유정근, 강은별
**마케팅기획개발부** 신찬, 송다은, 김지연
**경영지원개발부** 한재현, 김아영

**발행일** 2025년 12월 24일(1판 1쇄)
**발행처** 삼호ETM (http://www.samhomusic.com)
　　　　경기도 파주시 문발로 175
　　　　마케팅기획개발부　전화 1577-3588　　　팩스 (031) 955-3599
　　　　콘텐츠기획개발부　전화 (031) 955-3589　팩스 (031) 955-3598
**등록** 2009년 2월 12일 제 321-2009-00027호

ISBN 978-89-6721-579-8